텃밭정원 도시미학

텃밭정원 도시미학

농사일로 가꾸는 도시, 정원일로 즐기는 일상

김문환, 배정한, 함성호, 황주영, 윤상준
송정섭, 정명일, 임거영, 김연금, 안명준 지음

안명준 엮음

서울대학교출판문화원

텃밭정원 도시미학

농사일로 가꾸는 도시, 정원일로 즐기는 일상

초판 1쇄 발행 2012년 6월 14일
초판 6쇄 발행 2022년 5월 20일

글쓴이 김문환, 배정한, 함성호, 황주영, 윤상준,
송정섭, 정명일, 임거영, 김연금, 안명준
엮은이 안명준

펴낸곳 서울대학교출판문화원
주소 08826 서울 관악구 관악로 1
도서주문 02-889-4424, 02-880-7995
홈페이지 www.snupress.com
페이스북 @snupress1947
인스타그램 @snupress
이메일 snubook@snu.ac.kr
출판등록 제15-3호

ISBN 978-89-521-1329-0 93520

서문 — 도시농사와 생산경관의 함수

우리나라에서도 '도시농업'(urban agriculture)이 주목받고 있다. 쉽게 자연상태의 흙을 접할 수 없고, 도시 밖으로부터 먹을거리가 날마다 새롭게 공급되는 도시공간에서 농사가 주목받는다는 것은 일견 아이러니하다. 외양만 보자면 쉽게 이해되지 않는데도, 도시농업은 이미 시민들에게 열광받는 도시 아이템이 되었다. 이런 갑작스런 열풍을 가만히 들여다보면, 우리는 도시농업의 본질적 측면에 의문을 갖게 된다.

그 의문을 한마디로 정리하면 "전통적 소비 공간인 도시에서 자연물을 대상으로 하는 생산 활동이 많은 사람들에게 유행처럼 번지게 된 사회적 배경은 무엇일까?"가 아닌가 싶다. 여기서 생산 활동은 반드시 도시농사만을 의미하지는 않는데, 다양한 유무형의 실체를 가지는 생산 활동 중에서 충분한 대체 수단이 있고, 산물에 비해 노력이 많이 들어가는, 공산품이 아닌 자연물과 관련된 생산 활동에 한정된다. 그렇지 않은 것은 이미 도시 내외부 생산시설에서 충분히 손쉽게 만들고 유통하며 소비한다. 따라서 여기서 말하는 생산 활동의 특징은 비용과, 노력, 시간이 많이 들어간다는 점과, 무엇보다 현대 도시 구성으로는 그 실현이 쉽지 않다는 데 있다.

쉽지 않은 일이 도시민 사이에서 유행처럼 번지므로 의문은 더욱 커진다. 여기에는 뭔가 사회적인 변화가 있기 때문일 것인데, 이 책의 콘셉트는 거기에서 시작되었다고 할 수 있고, 이러한 변화의 검토는 우리가 주의하지 않았던 부분들이 재설정되는 현상으로 이해함으로서 시작할 수 있다. 이를테면 그것은 그동안 '만들어진 것', '버려진 것', '알지 못하던 것' 사이에서 변화해온 도시적 관심의 전환으로 요약된다.

이를 통해 우리는 만들어진 것뿐 아니라 만들어지는 과정 속에서 버려지는 것과 알지 못하던 것에도 눈을 돌려야 함을 경험하고 깨닫게 되었다고 할 수 있다. 요약하듯 결론부터 언급하였지만, 보다 상세한 논의는 다음 장부터 이어질 도시농사에 대한 필자들의 시각을 통해 확인할 수 있다.

다시 도시농업으로 돌아와보면, 최근 몇 년 사이 '도시에서 하는 농사'가 사회적 반향을 일으키며 확산되고 있다. 그러나 아쉽게도 도시농업이라는 말은 현재 우리 도시에서 이루어지는 농사 활동의 실체를 제대로 담지 못한 것으로 보인다. 따라서 도시에서 하는 농사의 실체를 추적하는 것이 필자들이 지향하는 일관된 방향이고 그것을 우리는 도시농사이자 생산경관(productive landscape)이라 부를 수 있다고 보았다. 이러한 배경 아래 필진은 각자의 주제에 따라 도시농사를 살펴보게 되었다.

김문환과 배정한은 미학의 측면에서 현대 도시농사 현상의 이해를 살펴보았다. 김문환은 자연과 자연미에 대한 인류의 태도 변화를 대표적 철학자들을 통해 살펴보면서 도시농사로 자연을 미의 대상으로 회복해나가는 과정과 그로 인해 우려되는 점을 지적한다. 우리나라에서 도시농사를 인문학적으로 이해하고자 하는 첫 시도라고 할 수 있다.

배정한은 도시농사 활동을 생산경관의 측면으로 이해할 수 있음을 지적하며, 도시농사를 정원술의 하나로 보고 정원문화 회복 현상으로 진단한다. 생산경관을 '미적 장'(aesthetic field)으로서의 환경으로 재설정하고, '미적 경험'으로의 참여를 강조하며, 이를 동시대 조경의 새로운 과제로 꼽는다.

함성호와 황주영은 농사의 과거 모습을 살펴보았다. 함성호는 우리 전통의 생활모습에서, 황주영은 서양 미술에서 이를 추적한다. 함성호는 원림형 채마밭에서 도시농사의 과거 모습을 엿본다. 다산 정약용을 인용하여 원림형 채마밭의 정의와 원형을 지적하고, 사례를 통해 과거 사람이 꿈꾸던 삶터의 모습을 보여준다. 마음이 빠진 생태는 실현될 수 없다고 강조하며 도시농사에서 무엇보다 중요한 것이 어디에 정신적 가치를 두느냐에 있다면서 과거로부터 찾아온 현재의 방향을 일러준다. 황주영은 서양 미술에 재현된 배경 풍경을 통해 생산경관을 추적하였는데, 정원의 원형을 지적하고, 고대로부터 중세, 르네상스, 18~19세기 정원의 모습까지 회화에 나타난 생산경관을 통시적으로 살펴본다. 시대적으로, 정원을 보는 눈이 어떠했는지 확인할 수 있는 좋은 기회다.

윤상준과 송정섭의 글을 통해서는 도시농사의 국내외 사례를 비교해 볼 수 있다. 윤상준은 영국 얼로트먼트 가든(allotment garden)을 통해 정원문화 속 농사 모습을 본격적으로 살펴보았다. 우리 도시농업의 정책적 전개에 참고할 만한 사례로서 얼로트먼트의 시작과 전개를 보여주고 있다. 탄탄한 정원문화의 배경 속에서 농사일이 어떻게 전개되었는지 추적해볼 만하다. 송정섭은 우리나라 도시농사의 현황에 집중하였다. 도시농업의 정의에서 효과, 현황, 기술, 제도, 발전 방향 등까지 우리 도시농사의 전반적인 모습을 상세하게 지적한다. 이를 통해 향후 도시농사의 변화를 가늠할 수 있을 것이다.

정명일과 임거영, 김연금은 도시농사의 실천적 측면에서 각각 경제성, 스쿨가드닝, 커뮤니티라는 주제 아래 살펴보았다. 정명일은 도시농사를 위한 기본적인 방법들을 설명하고 그와 관련된 기술들을 소개한다. 특히 도시농사를 향한 우려들, 예를 들어 생산물의 가치, 안전성 등에 대하여 명쾌한 답을 제시해주며, 이는 그대로 우리나라 도시농업이 정원일의 차원에서 접근되어야 하는 것임을 강조해준다. 임거영은 농사 활동의 교육적 측면을 살펴본다. 그중 아직 우리나라에서는 활발하지 않은 스쿨가드닝(school gardening)의 개념을 소개하고, 현재 국내에서 진행되고 있는 유사 사례들을 살펴보았다. 김연금은 도시농사의 사회적 가능성에 집중하였고, 커뮤니티 측면에서 이를 살펴보았다. 공적 측면과 사적 측면에서 도시농사의 공공재적 성격과 그에 따른 우려도 지적한다. 도시농사를 커뮤니티 자원으로 설정하고 펼치는 상상에서는 도시농사의 방향을 짐작해볼 수 있다. 특히 공유(commons)의 회복이라는 화두는 의미심장하다.

마지막으로 안명준은 도시농사의 조경적 의미를 종합적으로 살펴보았다. 정원일로 이해할 수 있는 도시농사를, 도시를 보는 시민들의 시각이 전환되면서 나타나는 정원 재설정의 과정이라고 풀이하였다. 이렇게 볼 때 도시농사와 조경의 교집합이 분명해지며, 이렇게 접근할 때 도시농업이 한때의 유행으로 날아가버리지 않고 도시 안에서의 연착륙이 가능하다고 보았다. 도시텃밭을 정원일과 조경의 측면에서 공공정원(public garden)의 성격으로 접근해야 함도 강조한다.

필자들은 공통적으로 도시농사 이해의 변수들이 도시경관의 변화와 연계되며, 정원과 정원일을 통한 생산경관의 재등장이라고 지적한다.

텃밭은 정원이다. 특히 도시에서 텃밭은 다양성을 수용하는 삶의 정원이다.

이 책이 『텃밭정원 도시미학: 농사일로 가꾸는 도시, 정원일로 즐기는 일상』이라는 제목을 얻게 된 이유이기도 하다.

다방면으로 살펴보았지만 텃밭을 가꾸는 일은 오로지 나 혼자만을 위함이 아니다. 크게 보면 자연과 문화가 어우러지는 새롭고 아름다운 삶의 실천 마당이면서, 도시 문제를 해결하기 위한 효과적인 실천이다. 작게 보면 건강한 먹을거리를 직접 생산하고, 농사체험을 통해 건강을 회복하며, 푸드마일(식량의 수송거리)을 줄여 소비를 건전하게 한다는 의미도 있다. 이러한 모든 과정은 혼자만의 일이 아니고 주변 모두가 함께 이루어가는 것으로 궁극적으로는 도시의 커뮤니티를 복원하고 삶의 가치를 배양하는 공공의 정원 역할을 부각시켜준다. 우리 도시의 정원문화가 되는 것이다.

그러나 농사일은 우리의 낭만적인 생각만큼 만만한 일이 아니다.

생명을 기르는 것이 쉽지 않다는 것은 작은 화분 하나만 가지고 있어도 충분히 경험할 수 있다. 하물며 많은 수의 작물을 그것도 많은 손길이 필요한 먹을거리 채소를 키우는 것은 어떻겠는가. 특히 사람이 좋아하는 것은 다른 동물과 곤충도 좋아하기 마련인데 그런 모든 상황을 고려한 농사는 여간한 노력으로는 어렵다.

그렇기 때문에 꾸준한 노력과 관심, 끈기는 텃밭일과 정원일에 있어 중요한 마음가짐이다. 이러한 마음가짐으로 하는 정원일은 우리 몸과 마음을 건강하게 해준다. 적절한 육체노동과 정신적 고민, 그리고 그 결과로 얻어지는 신선한 먹을거리가 직접적으로 우리 몸과 마음을 그렇게 만들어주는 것이다.

정원일, 텃밭일은 이제 도시 속 삶의 질을 위한 중요한 방편이 되었다. 정원사 또는 농사꾼으로서 도시농사에 눈을 뜬 우리는 그 산물에만 집중할 것이 아니라 그것을 통해 얻는 내 삶의 풍요로움과 아름다움에 먼저 다가가야 할 것이다. 그것이 힘든 정원일에 대한 끊임없는 동기부여와 인내의 힘을 줄 것이며, 노동의 과정을 지나 얻는 달콤한 열매가 더 큰 의미와 건강이 되어 모두를 살리는 지속가능한 힘의 원천이 될 것이다.

정원문화로 접근하는 도시농사와 정원일은 사회적, 시민생활적 변화를 수용하고 지원할 방안도 요청하는데, 그러한 제도적 접근은 다음 기회로 미루었다. 다만 여기에서는 정원문화라는 측면에서 공공적 실천을 지원하는 데 기본이라 할 수 있는 두 가지 화두를 던지며 서문을 대신하고자 한다. 이 책이 주고자 하는 이 책 이후의 메시지는 여기에서 시작될 수 있다.

첫 번째로 시민 주도 공공정원 활동으로 바라보고 지원해야 한다.

도시에 살면서 우리는 점차 우리 삶의 주인공이 우리 자신이며, 개개인은 그런 우리의 '삶의 질'을 도시와 결부하여 생각하게 되었다. 주어진 도시 환경을 수동적으로 소비할 것이 아니라 도시의 주인공이 되어 우리 주변 환경을 직접 가꾸고 바꾸어보려는 생각들이 여기저기서 등장하고 있는 것이다. 삶이란 관조의 태도가 아니라 참여의 생성적 태도가 주가 되어야 함도 많은 시민이 실천하고 있다. 그러는 와중에 우리 자신의 '아름다운 삶을 실천하는 장'으로서 정원이 이미 폭넓게 자리하고 있는 것을 쉽게 발견할 수 있다. 도시농사와 정원일(가드닝)은 그러한 배경에서 자라난 여러 실천 주제 중 하나로 볼 수 있다.

그것은 이미 우리 도시민들이 도시의 주인공으로 재생성되고 있음을 보여준다. 넓은 의미로 소통과 협력이 도시민 모두에게 작용하는 시대(협력적 계획의 시대)로 접어든 것이다. 편차가 있고 아직 평균을 이룰 만큼 충분하지는 않다고 하더라도 그 흐름은 분명하다. 이러한 상황을 충분히 검토하여 시민 주도로 향후 정원문화가 확산될 수 있도록 지원해야 한다.

특히 현시대의 공원과 정원은 그 경계가 모호해지면서 새로운 생성적 공간으로 변신하고 있는데, 여기에 주목하여 공공정원이 활성화되도록 지원해야 한다. 그 옛날 영국에서 파크(park)가 시민에게 개방되며 공원(public park)으로 재탄생되었듯이, 고밀 도시에서 자연을 그리워하며 사는 우리에게 정원이 이제 새로운 모습으로 변신하여 나타날 때가 된 것이다.

우리에게는 정원과 공원을 별개의 다른 것이라 생각하는 전통적 태도와 법제적 접근이 있지만, 그 둘은 본래 자연을 다룬다는 동일한 태도에서 시작된 것임을 잊지 말아야 한다. 그런 만큼 융합과 통합의 시대에 굳은 편견을 버리고 자연을 즐기고자 하는 시민들의 요청에 귀 기울여야 한다. 이미 새로운 실천으로 시민들의 큰 호응을 얻고 있는 사례가 많은데, 그 중심에 어떤 형식으로든 시민들의 참여와 노력이 자리하고 있음을 기억하고 지원해야 한다. 도시농사, 정원일, 스쿨가드닝 등을 필두로 자연을 모두 함께 사적으로 즐기게 하는 공공정원의 역할이 그래서 기대되는 것이다.

둘째, 정원문화의 과정 중심 실천에 방점을 두어야 한다. 시민 주도 공공정원 활동은 지금까지 알게 모르게 우리의 몸에 배게 된 결과 중심 사고와 실천으로는 제대로 그려내기가 어렵다. 무언가 행위를 통해 만들어진 결과물에만 집중하다보면 그것이 이루어지는 동안 느끼게 되는 무형의 결과물(가치, 기억, 소통, 행복감 등 보다 뜻 깊은 결과들)로부터는 멀어지게 되기 때문이다. 정원문화는 결과물 속에 담겨 있다기보다 자연을 즐기고 자연을 가꾸는 과정 속에서 형성되는 것이며, 그것이 우리의 몸과 마음을 튼튼하게 하는 측정하기 어려운 결과로 나타나게 된다. 그러므로 쉽지 않은 일이라 하더라도 이제부터는 눈에 보이는 결과물 중심으로 접근할 것이 아니라 문화적 가치와 소통의 결과에 먼저 방점을 두어야 한다.

정원일은 본디 자연을 이롭게 사용하려는 생활문화의 하나였다. 그것은 자연의 다채로운 과정(process)을 사람의 생활과 함께 버무리려는 것이었다. 그러나 근대적 사고는 우리 도시에서 자연을 내쫓고 우리 도시를 이성 중심의 기계적 도시이자 삶터로 탈바꿈시켰다. 과정이 빠진 결과 중심의 도시가 만들어진 것이며, 도시는 점차 장소가 아닌 기계적 공간으로 고착되게 된 셈이다. 지금 우리가 아무 거리낌 없이 필요에 따라 집을 옮기며 살게 된 것에는 문명의 이기 발달도 한몫했겠지만 무엇

정원일은 우리 모두를 도시의 주인공으로 만든다. 생산자이자 주인공으로서의 인간 가치를 회복시켜준다.

보다도 장소와 맺었던 끈끈한 감성이 현대 도시에서는 사라졌기 때문이다. 도시를 장소화해야 한다는 주장, 각종 장소 만들기 사례들은 성장한 우리 사회가 이런 문제에서 벗어나려는 노력으로 이해할 수 있다. 이 지점에서 정원일의 가치가 새롭게 부각된다.

정원일은 본질적으로 과정을 중시하는 자연 즐기기이자 돌보기 행위임을 기억해야 한다. 정원에 들이는 노력이 '페스트'(fast)하게 생산될 수 없기 때문이다. 시간이 필요하고 노력이 쌓여야 한다는 점에서 정원일은 그 자체로 삶의 태도를 바꿔주는 역할도 한다. 그것이 문화가 된다면 시간에 쫓겨 느림을 즐기고자 과속하며 일상을 정리하는 모순은 점차 사라지게 될 것이다.

시간과 돌봄이 주가 되는 정원일은 따라서 자연히 과정에 중점을 두게 한다는 점을 놓치지 않아야 한다. 정원일 자체가 하나의 실천하는 철학인 셈이다. 그리고 이제 우리 사회가 콘크리트(고정된 것, 결과물 중심)를 벗고 그와 같은 과정의 철학, 의미의 차원을 요청하고 있음을 잘 이해해야 한다.

이미 우리는 점차 주인공으로서 삶의 질을 생각하지 않을 수 없는 자신을 발견하게 되었다. 삶이란 관조의 태도가 아니라 참여의 생성적 태도가 주가 되어야 함도 널리 이해할 정도로 성숙해졌다. 그러는 와중에 우리의 아름다운 삶을 실천하는 장으로서 정원이 새롭게 부각되고 있고, 정원과 정원일이라는 것이 그다지 멀리 있지 않음도 알게 되었다. 또 새롭게 눈뜬 실천적 삶과 실천 욕구가 생산과 여가가 통합된 도시로의 재탄생이라는 시대적 요청을 그려내고 있기도 하다. 그리고 이제 그 정원과 텃밭이 어떠한 관계에 있는지, 어떻게 우리를 실천의 주인공으로 만들어주는지, 그리고 그것으로 만들어지는 우리식의 정원문화가 어떻게 삶을 풍요롭게 하는지 성찰할 때가 되었다.

정원문화란 느림의 문화이고, 충분히-천천히의 문화이자, 생각과 고민의 문화다. 지금 정원문화를 공간과 장소에 펼쳐놓으며 새로운 풍경을 만들고자 할 때 우리는 그러므로 너무 조급해 하지 않아야 한다. 당장의 결과물에 조급해 하지 말고 다각도로 살피고 그 안에 나와 우리가 어떻게 자리해야 하는지 고민해야 한다. 이 점에서 이 책이 우리 정원문화의 지속가능한 성장에 도움이 되길 바란다.

* 이 글은 엮은이 안명준이 필진을 대표하여 썼습니다.

| 차 례 |

| 일 러 두 기 |

1) 이 책은 도시농사 관련 인문서로 기획되었습니다. 도시농사는 현대 도시의 활력 요소로 주목받으면서 그 가능성이 새롭게 부각되고 있습니다. 도시에서 농사를 짓는 것은 푸드마일을 줄여 지속가능한 지구환경에 기여한다는 의미부터 노령화, 고령화 시대를 맞는 현대 사회의 복지 대안으로까지 주목됩니다. 이러한 현상의 배경과 도시농사에 대한 이론, 역사, 현황 등을 각계 전문가들과 함께 살펴보고 우리 도시농사의 과거와 미래의 모습을 통합적으로 그려보고자 하였습니다. 또한 도시농사가 도시경관의 성격 변화와 경관에의 참여 문화 등 도시 커뮤니티 가든으로 확장되길 기대하며, 이러한 문화적 경관의 특성 변화를 생산경관의 측면에서 접근하였습니다. 이를 위해 미학자, 조경가, 원예학자, 건축가 등이 각자의 분야에서 미학, 전통, 미술, 조경, 원예, 정원, 커뮤니티, 교육 등의 주제로 뛰어들었습니다.

2) 이 책은 『월간 환경과조경』의 도시농업 특집호(환경과조경사, 2010년 10월호, 2011년 7월호)와 「신경관 심포지엄 - 프로슈밍 경관」(서울대학교 지역개발연구소, 2011)이 모태입니다. 당시 필자 중 김문환, 배정한, 송정섭, 정명일, 윤상준, 안명준이 도시농사 및 생산경관과 관련된 원고를 발표하였고, 이를 보완, 재작성하여 이 책에 수록하였습니다. 여기에 함성호, 김연금, 임거영, 황주영의 새로운 원고를 추가하여 도시농사 이해의 전체적인 얼개를 구성하였습니다. 이 자리를 빌려 환경과조경사에 감사드리며, 도시농업의 실천 방법, 해외 사례, 제도화 방안 등은 당시 특집호를 참조하실 수 있음을 알려드립니다.

3) 이 책은 안명준이 필자들의 위임을 받아 대표로 기획 · 구성 · 편집하였습니다. 이 과정에서 '도시농업'과 '도시농사' 두 단어를 함께 사용하였으며, 이는 글의 내용에 따라 정원일(가드닝)의 차원일 경우 도시농사로, 농업생산의 차원일 경우 도시농업으로 구별하고자 하였기 때문입니다. 그러나 명확하게 구분되지 않는 경우에는 혼용하였습니다. 복합명사의 경우 붙여 쓰는 것을 원칙으로 하였으나, 문맥에 따라, 필자에 따라 띄어쓰기한 경우도 있습니다.

4) 길이, 무게, 수효 등 단위는 한글로 표기하였습니다. 다만, 묶음표 안 단위에서는 기호를 사용하였습니다. 외래어 표기에서는 국립국어원의 외래어표기법을 따랐으나, 예외적으로 인명은 현지 발음에 준하여 표기한 것도 있습니다. 사진의 저작권은 장별 글쓴이에게 있으며 다만 필자와 사진 저작권자가 다를 경우에는 저작권자를 표기하였습니다. 또한 각 장별 표지 글과 사진은 엮은이 안명준이 작성하였습니다.

Chapter 1

도시농사와
인문학

자연미와 환경미에 대한 인문학적 이해

김문환

우리는 손대지 않은 자연의 상태로 되돌아가겠다는 희망을 품어서는 안 된다. 이는 더 이상 존재하지도 않는다. 자연은 이미 손질되고 또한 일궈졌다. 우리가 문제 삼고 있는 조경과 도시농사의 재통합이 여전히 또 다른 유형의 자연지배를 암시적으로 또는 명시적으로 함의하고 있다면, 논의에 앞서 과연 우리가 무엇을 목표하는지에 대한 반성적 검토가 있음직 하다.

이끔말 — 예술로서의 자연

칸트(Immanuel Kant, 1724~1804)는 자신의 『판단력비판』(1790)에서 조원술(造園術)을 '자연 산물의 미적 배치'라고 규정하였다. 이는 풀, 꽃, 관목(灌木), 수목(樹木), 하천, 구릉, 계곡과 같은 다양성을 가지고 대지를 장식하되, 자연과는 다르게 배치하는 것을 뜻한다.[1] 나아가 그는 온갖 꽃들이 피어 있는 화단을 넓은 의미에서 회화에 넣고자 했는데, 이때 회화는 당시에 널리 퍼진 대로 '아름다운 자연을 모방함으로써 마음에 다른 어떤 것도 줄 수 없는 독특한 쾌를 생산하는 활동'이라는 예술 정의의 기본성격을 공유한다. 이에 반해 농업(또는 농사)은 자연이 운행하는 순리를 파악하고, 이에 따라 자연을 가꿈으로써 인간 생활에 이익을 가져오는 활동이다. 근대미학의 특징은 예외가 없지 않으나, 미 곧 쾌를 목표로 하는 관조 활동과 실용적 이익을 추구하는 생산 활동을 서로 조화될 수

1 I. Kant, *Kritik der Urteilskraft*, hrsg. v. Karl Vorländer (Der philosophischen Bibliothek Bd. 39 7. Aufl.,), (Hamburg: Felix Meiner Verlag, 1924), 이석윤 역, 『판단력비판』(박영사, 1974), 51절. 미적 예술의 구분에 관하여. 칸트의 『순수이성비판』과 『판단력비판』으로부터의 인용은 각각 KdrV와 KdU로 표시하여 본문 속에 삽입한다.

없을 정도로 갈라놓았다. 그로 인해 '예술을 위한 예술'이 마치 예술의 최고 경지인 양 내세워지는 경향마저 낳게 되었는가 하면, 그에 대한 반발로 예술을 현실적 이익의 관점에서만 보아 급기야는 선동이나 선전을 정당화하는 궤변이 출현하기도 했다. 그리하여 예술 공예 운동을 주도한 윌리엄 모리스의 제자이기도 한 도시학자 루이스 멈포드는 그의 『예술과 기술』에서 양자의 재통합을 위기에 처한 현대문명이 구원받을 수 있는 유일한 처방이라고 강조하기에 이르렀다.[2]

조경과 도시농업에 대해서도 유사한 처방을 내릴 수 있다. 사실상 로마어 '쿨투라'(kultura)는 각종 유럽 언어에서 문화의 어원으로 통용되는데, 그 근본이 농사임을 상기해봄 직하다. 더구나 도시화가 급속하게 진행되는 현대생활에서 양자의 재통합을 시도하는 일은 실로 중차대한 의의를 가질 수 있다.

예술과 과학을 보존하는 장소였던 중세 수도원은 채소원과 약초원을 관리하기도 했으며, 실제 당시를 묘사한 한 판화에는 수도사들이 정원을 갈아 자급자족하는 모습이 새겨져 있다. 수도사들은 성서에 기록된 전통적인 정원관(觀)을 지니고 있었는데, 그들은 정원일을 통해 이미 잃어버린, 그러나 미래에 약속된 낙원의 환영을 지상에 실현함으로써 생기를 되찾고자 한 것이다.[3] 동양의 경우에도, 불교가 인도에서 중국으로 전해지면서 많은 사찰이 생겨났는데, 그곳에서도 서양과 비슷한 모습의 정원이 발전하면서 농사가 수도(修道)의 한 방편이 되기도 했다. 오늘날 '지속가능한 발전'(sustainable development)이 하나의 세계적인 화두가 되

2 루이스 멈포드, 김문환 역, 『예술과 기술』(민음사, 1999)

3 Anthon Huxley, *An Illustrated History of Gardening* (NY: Paddington Press, 1878, 1998)

어 있지만, 그렇다고 우리가 자연으로, 하다못해 중세로 되돌아갈 수도 없는 노릇이다. 이에 우리로서는 이 시대에 적합한 환경 철학 내지 미학을 탐색해야 할 것이다.

자연미학의 철학적 전제

철학적 인간학이 밝힌 대로 인간은 자연환경과 함께 자연을 이용하여 자연에 없는 제2의 환경을 만들어온 독특한 존재이다. 그러나 환경이 인간의 삶에서 오늘날처럼 문제시된 적은 일찍이 없었다. 산업혁명 이래 인류가 과학 기술을 무기로 삼아 자연과 인간을 정복해온 데 특히 문제가 있다. 자연은 인간의 유익을 위해 착취되는 존재로 당연시되었고, 그러한 인간 이기주의의 결과, 자연은 더 이상 인간을 담아낼 수 없는 지경에 이르렀다.

이렇게 보면 환경이 왜 문제가 되는지에 대한 답변은 자명한 듯하다. 이제야 비로소 인간의 행복이 물질의 양적 확대 재생산에 있지 않다는 인식이 상식화되고, 인간이 자연의 신음소리를 듣게 된 것이다. 이른바 도구적 이성의 한계가 인정된 것이다. 여기에서 현대의 환경미학이 전통미학에 대한 하나의 반성으로 시도되고 있음은 주목할 만하다.[4] 이 점에서 자연이 전통미학의 테두리 안에서 어떻게 수용(또는 거부)되어 왔으며, 그에 대한 반성으로 현대의 환경미학은 어떠한 강조점을 지니는지

4 김문환, 「환경미학의 이론적 과제: 자연미를 중심으로」, 『철학과 현실』(철학과 현실사, 1994, 가을호), p.266

묻는 것이 우선적인 과제일 듯싶다. 그런 맥락에서 그동안 자연이 미학의 관심에서 멀어졌던 이유와 미학이 다시 자연을 수용한다면 어떤 점에서 그럴 만한지도 따져 보아야 한다.

여기에서 우리는 자연을 이용의 대상으로 간주했던 도구주의적 이성이 발흥했던 18세기의 정황 속에서 자연을 관조의 대상으로 간주하는 미학이 일종의 평형추로서 기능했던 점을 상기해봄 직하다. 18세기 영국의 미학자 샤프츠베리와 그를 따른 허치슨은 인간의 모든 행위가 이기심에 근거해 있다고 하는 토마스 홉스의 학설을 논박하면서, 그러한 논의를 미학의 영역으로 끌어들였다. 이를 통해 윤리의 영역과 미의 영역을 매개하는 무관심적인 태도 내지 관조를 강조한 18세기 영국의 미학자들이 이기심으로 가득 찬 사회 속에서 소외를 인식하게 된 근대적 개인들의 본래적 소통에 어느 정도 기여한 것으로 볼 수 있다.

내용적으로 볼 때, 칸트는 전통적 사고를 상당한 정도로 이어받으면서 자신의 독자적인 비판철학을 통해 근대미학의 실질적인 출발점을 이루었다. 그러나 칸트까지만 해도 지지되어오던 신조, 즉 예술미에 대한 자연미의 특권이 도덕적 감정을 함양하는 데 도움을 준다는 사고가 헤겔에 오면서 반박된다. 헤겔에게 미학의 대상은 미 일반이 아니라 예술미의 영역에 한정된다. 예술미가 가치 있는 것은 그것이 정신에 의해 잉태되었고, 정신에 의해 복원된 아름다움이기 때문이다. 그에게 정신의 산물은 자연 현상보다 상위에 있으므로, 예술미도 자연미에 앞선다. 이로써 미학은 이제 예술철학과 동일시되기에 이른다. 더구나 20세기에 들어오면서 미학이 더욱 실증주의화되어 가치지향성을 상실한 채 예술작품의 분석에만 초점을 맞춰온 것은 숨김없는 사실이다. 이런 관점에서 우리는 우선 칸트와 헤겔에서 이루어진 자연미의 의의를 더욱 분명하게 밝히고, 나아가 근대미학이 오늘날의 과제를 위해 어떤 구실을 할 수 있을지를 탐색해보고자 한다.

물론 칸트 이전에도 자연미의 개념은 여러 가지로 논의되었다. 이는 대체로 다음의 두 가지 관점에서 전개되었다.[5] 두 관점은 종종 서로 병행해서 나타났는데, 그 대표적인 대변자들로서는 라이프니츠, 샤프츠베리, 니들러, 멘델스존 등의 인물들을 예거할 수 있다.

① 세계 구조의 완전성 내지는 그 몇몇 구성요소들 — 예컨대 천체체계, 유기체의 체계 등 — 에 대한 형이상학적 · 자연과학적 지적 고찰들에서 나온 관점: 여기에서는 신의 현존재와 신적인 지혜로 인도해주는 미적 만족에 대한 목적론적 내지 신학적-물리학적 개념이 주된 역할을 수행한다.

② 하늘, 풍경, 특히 동식물과 같은 특수한 자연 대상들에 대한 직접적 · 구체적 · 시각적인 직관에 의거하는 관점.

라이프니츠에게 자연미의 주된 표징은 '단일성과 다양성의 조화'였다. 즉 우리는 행복, 쾌, 사랑, 완전성, 본질, 힘(권능), 자유, 조화, 질서, 미가 서로 연결되어 있음을 바로 자연에서 보고, 그럼으로써 영혼은 쾌를 느끼고 나아가 덕성에로 인도되는 것이었다. 샤프츠베리에게 자연미와 미 일반은 '대칭과 질서'에서 유래한다. 한 대화록에서 샤프츠베리는 신성(Deity), 즉 최고의 창조주에로 향하는 가운데 존재하는 이 지상의 장엄한 미를 찬미하였다. "나, 즉 인간은 피조물들 속에 깃들어 있는 자

5 Hrsg. v. Joachim Ritter, "Naturschönheit / Kunstschönheit," *Historisches Wörterbuch der Philosophie* (Basel/Stuttgart: Schwabe & Co. AG Verlag, 1971)

연의 질서와 이 모든 아름다움과 완전함의 근원이요 원리인 조물주 속에 녹아 있는 아름다움을 찬미합니다." 니들러(Niedler)에게 우주미 만큼 신의 존재와 선을 확연하게 입증해주는 것은 없었다. 멘델스존은 보편적 자연의 미와 '모든 천체의 경이로운 섭리에서 자연과학적 지식만으로는 성취할 수 없었던 전체 영혼의 충만을 발견했다.' 즉 자연미는 자연의 완전성이자 합목적성 자체인 것이다.

이러한 자연미의 개념은 궁극적으로 자연모방론 미학으로 편입되었다. 가령 바퇴(Batteux)는 예술가의 정신은 실제로 존재하는 자연에 미치지 못하므로, 오로지 자연미를 모방해야 한다는 명제를 주요법칙으로 설정하였다. 그러나 여기에서 아름다운 자연이란 존재하는 진리가 아니라, 존재할 수 있는 진리, 즉 아름다운 진리(le beau vrai), 마치 그 진리가 실제로 존재하는 양, 그리고 그 진리를 수용할 수 있는 모든 완전성을 지니고 있는 양 표상하는 진리이다. 그에 반해 고트셰트(Gottsched)에게는 존재하는 그대로의 자연이 그 미 속에서 모방되어야 한다. 자연계의 사물들은 그 자체로 아름답다는 것이다. 따라서 예술이 어떤 아름다움을 산출하고자 한다면, 그것은 자연이라는 전범을 모방해야 한다. 브라이팅어(Breitinger)에 따르면, 우리는 미에 대한 모든 개념을 바로 자연에 힘입어 가지므로, 가령 시인이 자연의 완전성을 능가하려는 것은 그 자체로 무의미하고 헛된 노력에 불과하다. 줄처(Zultscher)에 의하면 예술가는 이 위대한 지배여신(자연)의 각각으로 특수한 모든 작품에 입각하여 완전성과 미에 속하는 것에 대한 가장 정확한 고찰을 발견하며, 그 때문에 예술론 또한 가장 정확한 고찰을 통해 자연의 취급에 의거하는 법칙의 체계에 다름 아니다.

칸트의 미학이론은 이와 같은 전통을 배경으로 하면서도 자신의 비판철학에 입각하여 여러 이론들을 종합해낸다는 점에서 근대미학의 실질적인 출발점을 형성한다. 우리가 근대미학의 자연이해를 다룰 때, 칸트에서 논의를 시작하는 것은 바로 이러한 이유 때문이다.[6]

칸트의 자연미학

자연미에 대한 칸트의 이론은 그의 미학 전반과 함께 취미판단의 결정근거가 주관적인 것, 즉 쾌 · 불쾌라는 생명감정 이외의 다른 것일 수 없는 판단(KdU, §1)이라는 입장에서 출발한다. 그렇다고 해서 그가 대상적 측면을 완전히 배제한 것은 아니다. 다만 취미판단은 색, 맛, 냄새, 혹은 소리가 주는 즐거움, 즉 질료의 쾌적성에 대한 판단이 아니라, 대상의 형식에 대한 판단이라고 함으로써 고급인식능력들에 대한 설명을 스스로 요청한다. 다시 말해, 칸트는 취미판단이 주관적인 쾌 · 불쾌의 감정에 근거한 것이며, 취미판단에는 수동적인 감성과 능동적인 오성, 그리고 이 양자를 매개하는 구상력이라는 인식능력들 간의 활발한 상호작용이 이루어진다는 주장을 내세운다. 『순수이성비판』의 한 단락(KdrV, B574-5)에 따르면 인간이 아닌 동물은 감성만을 가질 뿐, 오성은 결여한 반면, 천사는 그 반대이다. 따라서 어떤 대상을 아름답다고 경험하는 미는 인간만의 특권으로서, 구상력과 오성이 특별한 방식, 즉 그가 고급인식능력들의

---

6 칸트의 자연미학에 대한 최근 연구로는 다음이 참고할 만하다. Malcom Budd, "Delight in the Natural World: Kant on the Aesthetic Appreciation of Nature. Part I : Natural Beauty," *The British Journal of Aesthetics*, vol.38, No.1; "Part II: Natural Beauty and Morality," vol.38, No.2 ; "PartIII: The Sublime in Nature, vol.38, No.3."

'자유로운 놀이'라고 명명한 축약적인 방식으로 작동함으로써 발생한다.

이는 칸트가 미를 "목적의 표상 없이 지각되는 합목적성"(KdU, §17)으로 특성화하는 것과 연결된다. 곧 대상이 마치 우리의 인식능력들을 활성화하고자 하는 목적만을 위해 고안된 것처럼 여기는 경우이다. 이때 자연대상은 마치 그 형식이 우리의 인식능력의 활성화만을 목적한 것처럼, 다시 말해, 예술작품인 것처럼 여겨지게 된다는 것이다.

칸트에 의하자면, 자연미에는 그 형식 속에 하나의 합목적성이 있는데, 이를 통해 대상은 우리의 판단력을 위해 미리 규정되어 있는 것처럼 보이기도 한다. 이 경우 "자연은 이미 예술처럼 보이는 것으로서 판정되는 것이 아니라, 그것이 실제로 예술(비록 초자연적 예술이지만)인 한에서 판정된다."(KdU, §48, B189) 만일 우리가 이 상당히 숙고된 표현인 '초자연적 예술'이라는 표현을 예컨대 샤프츠베리 식으로 번역한다면, 혹시 '신적인 예술'이 될 수도 있을 것이다. 그러나 신은 오로지 일종의 통제적 이념으로서 신앙의 대상일 뿐이다. 따라서 신의 존재는 증명 가능하지 않다고 생각하는 칸트로서는 자연을 신의 예술작품으로 표시하는 것을 합당하게 여기지 않았을 것이다. 물론 칸트는 자연의 기계적 조직이 하나의 목적론적인 세계 고찰을 통해 오성적인 세계창시자의 건축술에 종속될 수 있음을 인정하기도 한다.(KdU, §85, B402f) 칸트는 목적론적 세계 고찰이 다음과 같은 문제, 즉 이 세계의 사물들은 무엇을 위해 서로 유용한가, 무엇을 위해 어떤 사물들에서의 다양성이 이 사물 자체에 유익한가, 그뿐만 아니라 어떤 사물이 목적으로서 현존해야 한다는 조건 아래 이 세계 안에 있는 어떤 것도 무익한 것이라고는 없고, 모든 것이 자연에서 무엇인가를 위하여 유익하다고 상정할 수 있는 근거를 우리는 어떻게 가지는가 하는 문제들을 매우 훌륭하게, 그리고 지극히 경탄할 만큼 해결한다고 보았다. 그러나 (최고의 예술가로서의) 지적 세계원인이라는 이 개념을 규정하기 위한 자료들은 단지 경험적인 것에 지나지 않기 때문에, 이 원리들은 경험이 우리에게 이 세계원인의 결과에서 열어 보이는 것 이상의 다른 특성을 추론케 하지는 못한다는 것이 칸트의 견해였다. 다시 말해, 경험은 결코 우리들을 자연을 넘어서서 저 지고한 특정 개념으로 끌어올릴 수 없다.

요컨대, 칸트는 설사 우리가 최고의 건축사를 인정하고, 그가 자연의 형식들을 옛날부터 존재하는 그대로 직접 창조했다던가, 또는 자연의 형식들이 자연 경과에서 동일한 모델에 따라 연속적으로 자신을 형성하도록 예정해 놓았다고 용인한다 할지라도, 그것 때문에 자연에 관한 우리의 인식이 조금도 진척되지 않는다고 확언한다.(KdU, §78, B354f) 왜냐하면 우리는 그러한 최고 존재자의 활동방식, 그리고 자연 존재자들을 가능케 하는 원리를 내포한다고 할 그러한 최고 존재자의 이념을 전혀 '인식'할 수 없으며, 따라서 이 최고 존재자로부터 출발하여 위에서 아래로 내려오면서 자연을 선천적으로 설명할 수 없기 때문이다. 그에게는 '안다'와 '믿는다' 사이의 경계 침해는 전혀 불가능하다. 기껏 자연을 신의 작품을 위한 상징으로 표시할 수 있을 것이다. 왜냐하면 칸트에게 신에 관한 우리의 인식은 단지 상징적이기 때문이다. 아마도 이러한 근거에서 칸트는 자연미를 예술로서, 그러나 과거형으로, 표시한 것 같다. "자연은 그것이 동시에 예술처럼 보일 때에, 아름다운 것이었다."(KdU, §45, B179) 이 말의 정확한 의미를 우리는 알 수 없다. 다만 과거처럼 우리가 자연을 신의 작품이라고 이야기하고 거기에서 느껴지는 아름다움을 찬양할 수도 있겠지만, 우리로서 중요한 것은 칸트가 자연은 그의 아름다운 산물에서 어떤 경우에나 단지 우연을 통해서가 아니라, 이를테면 의도적으로, 합법칙적 질서에 따라 자신을 예술로, 그리고 목적 없는 합목적성으로 나타낸다(KdU, §42, B170)고 설명하고 있다는 사실이다. 이렇게 본다면, 칸트에게서는 예술과 자연 사이에 근원적인 차이가 없는 것처럼 보인다. 실상 이렇게 볼 수 있는 근거는 얼마든지 있다. 그러나 여기에는 분명한 단서가 있다. 이때 예술은, 우리가 그것을 예술이라고 의식하면서도, 그것이 우리에게 자연처럼 보일 때에만 아름답다고 일컬어질 수 있다는 것이다. 그러기에 칸트는, 자연미에 관해서나 예술미에 관해서나 한갓된 판정에서, 감관의 감각이나 개념과는 무관하게 만족을 주는 것을 아름답다고 말할 수 있었던 것이다. 이는 곧 우리의 '인식능력들의 놀이'가 자유스러우면서도 동시에 합목적적이지 않으면 안 되며, 그와 같은 자유의 감정이 무관심적인, 다시 말해, 개념에 의하지 않고도 단독으로 보편적 전달이 가능한 쾌감의 기초가 되어야 한다.

그러나 예술은 아무리 해도 언제나 무엇인가를 만들어내려는 일정한 의도를 가지고 있음을 우리가 알고 있기 때문에, 그리고 의도는 분명하게 그 예술작품을 만들어낸 사람에게 속하므로 예술작품에서 느끼는 우리의 자유 감정은 아무래도 제한될 수밖에 없다고 하는 것 또한 칸트의 시각임을 부정할 수 없다. 그러기에 그는 누군가가 자연미에서 완전히 전개할 수 없는 사유과정을 더듬고 있는 자기의 정신에 대한 기쁨을 발견한다면, 우리는 이러한 선택 자체를 존경해야 할 것이라고 말했던 것이리라.(KdU, §42, B168) 이와는 반대로 칸트는 뛰어난 취미를 가졌다는 사람들이 오히려 통상적으로 허영심이 있고, 고집불통이며, 좋지 못한 격정에 빠진다는 견해에 은연중 동의한다. 말하자면, 예술미에 대한 관심이 전혀 도덕적인 선에 충실하다든가, 단지 그것을 애호한다든가 하는 심적 태도를 증명하지 않는다는 것이다.

자연미를 판정하기 위한 취미를 가질 뿐만 아니라, 자기의 소견을 다른 사람들에게 전달하고자 하는 의도도 없이 들에 핀 꽃, 새, 곤충 등의 아름다운 형태를 홀로 바라보면서, 그것을 감탄하고, 그것을 사랑하며, 또 설혹 그것들 때문에 다소의 손해를 입거나 그것들로부터 자기에게 어떤 이익이 나올 가망이 전혀 없다고 할지라도, 그것들이 자연에서 사라진다면 애석하게 생각한다는 뜻에서, 자연에 대해 '직접적인 관심'을 갖는다는 것은, 칸트에게 곧 언제나 선한 심령의 표징이다. 자연에 대한 '직접적인 관심'이란, 한마디로, "자연에서 나올 이익을 고려하지 않고 자연을 감탄하는 것에서 두드러지게 나타난다."(KdU, §88, 註 B439) 이러한 관심이 습관적이며, 자연의 정관과 흔히 결부되는 것이라면, 그러한 관심은 적어도 도덕적 감정에 호감을 가지는 심적 태도를 나타내는 것으로 간주된다. 그러기에 칸트는 비록 형식적인 면에서는 예술미가 자연미를 능가하는 일조차 있겠지만, 자연미만이 이처럼 '직접적인 관심'을 환기시킬 수 있다는 점에서 자연미가 예술미보다 우월하다고 본다. 즉 칸트는 자연미만이 자기의 도덕적 감정을 도야한 모든 사람의 순화된, 그리고 철저한 심적 태도에 합당하다고 보고, 허식과 적어도 사회적인 즐거움을 간직하고 있는 아름다운 것들이 가득한 방을 떠나서 자연미로 향하는 사람의 내부에 일종의 '아름다운 혼'을 전제한 것이다.

이처럼 오성이 구상력의 산물을 개념화하여 통일성을 부여하는 임무에서 벗어나 각각의 인식능력들이 다른 능력의 활동에 대해 거의 아무것도 강요하지 않고 오히려 촉진시키는 사태가 곧 취미판단의 경우가 된다. 이를 바탕으로 우리는 칸트의 취미판단이 라이프니츠나 볼프, 그리고 그 제자들이 말하는, 이른바 질적 완전성에 대한 판단들과 구별되어야 한다는 것을 확인할 수 있다. 그것들은 개념판단에 속하는 것으로서, 어떤 대상을 그것이 속한 종류의 질적으로 완전한 표본으로 본다는 것은 그것을 아름답게 본다는 것과는 다른 판단이다. 그러나 그 역 역시 성립할 수 있다. 즉 대상에 대한 순수한 취미판단이 그 대상에 대한 질적 완전성에 대한 판단과 결합될 수도 있다는 것이다. 그것이 바로 자유미와 구별되는 부속미이다. 이는 칸트가 취미판단은 개념판단이 아니라고 단정한 후에, 미를 도덕성의 상징이라고 했을 때와 비슷하다. 이 점에서 이성적인 미가 오로지 인간에게서만 존재한다는 칸트의 주장이 이해 가능해진다. 이때 그것은 동물류로서의 성인 인간에 대한 '미적 표준적 이념'의 가시화라기보다는 도덕적으로 선한 영혼을 지닌 사람의 특성이 인간의 신체에 가시적으로 나타나는 뜻으로 이해될 직하다.

숭고의 미학

자연과 연관한 칸트의 미학이론은 '숭고'와도 연결된다. 그러나 우리는 자연미가 평온한 관조 속에서 정신을 유지하는 데 반해, 자연에서 느끼는 숭고는 정신 속 동요를 자극한다는 점에서 둘의 차이를 간과해서는 안 된다. 칸트는 나아가 그것이 자연의 크기에 대한 판정과 관련되는가, 아니면 자연의 힘에 대한 자각과 관련되는가에 따라 수학적 숭고와 역동적 숭고로 구별한다.

수학적 숭고는 감각적으로는 파악 불가능한 대상도 지적으로는 파악 가능하다는 사실에 입각하여, 우리가 감성에 비해 우월한 정신능력의 소유자임을 깨닫게 한다.

한갓된 직관에서 자연의 수학적 숭고의 실례를 우리에게 보여주는 것은 모두가 어떤 더 큰 수개념이 아니라, 오히려 어떤 큰 단위가 우리의 구상력에 대해 척도로서(수 계열을 단축하기 위해) 주어지는 사례들이다. 나무의 높이는 성인의 신장에 의해 측정되지만, 나무는 필요하다면 산의 높이를 측정하기 위한 척도가 된다; 또 산의 높이가 대략 1마일쯤 된다면, 그것은 지구의 직경을 직관할 수 있도록 하기 위해 그 직경을 표시하는 수에 대한 단위로 쓰일 수 있으며, 지구의 직경은 우리에게 알려져 있는 유성계에 대한 단위가 되고, 유성계는 다시 은하계에 대한 단위가 된다. 그리고 또 성운이라는 명칭의 그러한 은하계의 무수한 집합이 서로 모여서 또 다시 하나의 그와 같은 계통을 형성한다고 추측되므로, 우리로 하여금 그 한계를 기대할 수 없게 한다. 그런데 그처럼 헤아릴 수 없는 전체의 미감적 판정에서 숭고는 수의 크기에 있는 것이 아니라, 우리가 진행함에 따라서 더욱더 큰 단위에 도달한다는 사실에 있는 것이다.(KdU, §26, B95, 96)

요컨대, 그 정신능력 속에서 우리의 지위가 실체적 원인(causa noumenon)으로 노출됨으로써 도덕적 주체로서의 지고한 가치에 대한 자각이 "숭고에 대한 단순한 생각만으로 우리에게 다가오는 전율"(칸트, 『실용주의적 관점에서 본 인간학』)을 가능케 한다고 볼 수 있다.

언뜻 보기에 역동적 숭고에 대한 칸트의 설명은 훨씬 더 직설적이다. 그는 역동적 숭고, 예컨대 폭풍, 파도, 폭발하는 화산, 번갯불, 우레와 같은 소리를 내는 대양, 거대한 강의 높은 폭포와 같은 자연 속의 역동적 숭고에서 우리 각자에게 있는 두 가지 저항능력이 구분된다고 본다. 이들 중 하나는 우리가 어떻게 저항하든 간에 극복할 수 있어야 하고 따라서 그보다 우월해야 하지만, 다른 하나는 — 우리가 그것이 극복하도록 허락하지 않는다면 — 극복할 수 없어야 하고, 따라서 그보다 열등해야 한다. 하나는 우리의 물리적 힘이다. 이것은, 우리를 압도하는 파괴할 정도의 힘을 지닌 어떤 자연 현상의 힘과 비교했을 때, 보잘것없다. 그와 같은 힘과 마주한다면, 우리는 무기력해질 것이다. 따라서 물리적 힘과 관련하여, 자연은 우리보다 압도적으로 우월하다. 다른 하나는 매우 혹심한 압력 아래서도, 우리의 도덕 원칙들과 도덕성을 향한 전념을 폐기하지 않을 수 있는 능력이다. 이와 관련하여 자연은 우리에게 어떤 지배도 행사하지 못한다. 왜냐하면 우리는 모든 속세의 재산, 건강, 심지어는 우리의 삶까지도 우리가 도덕적으로 선한 사람, 선한 의지를 지닌 사람이 되는 것보다 덜한 가치로, 즉 도덕적 가치에 비해 사소하게 여길 수 있기 때문이다. 우리가 도덕적으로 선하기를 열망하기 때문에, 우리는 개인으로서, 즉 도덕적 행위주체로서 우리 자신이 자연에 대해 우월하다고 생각해야 한다. 간단히 말해, 우리는 물리적 존재 — '자연적 존재' — 로서의 우리는 우리의 자기-보존의 측면에서 자연의 힘에 종속되어 있지만, 도덕적 존재로서는 그렇지 않다. 우리가 개인들인 한, 우리가 우리의 삶을 포함하여, 모든 물리적 재산을 선한 의지의 소유와 비교해서 전혀 중요하지 않은 것으로 여겨야 하기 때문이다.

자연을 역동적 숭고로 판단하기 위해서는 자연을 우리가 물리적으로 저항할 수 없는 힘을 지닌 어떤 것으로서, 따라서 무섭고 두려워해야 할 대상으로 간주해야 한다. 그러나 그와 같은 판단을 내릴 때, 우리는 숭고하다고 판단하는 걸 실제로 두려워해서는 안 되고, 그에 대해 공포를 느껴서도 안 된다. 심리적으로 볼 때, 우리는 우리 자신이 그것의 힘으로부터 안전하다는 것을, 따라서 두려워할 어떤 이유도 없다는 것을 고려해야 한다. 이때 우리는 "주관을 동일한 상태에 귀속시키려고 하는, 주관의 상태에 관한 표상의 인과성 의식이 곧 우리가 쾌라고 부르는 것을 일반적으로 가리키는 것"(KdU, §10)인 동시에, 그것이 "신체 내의 생명력에 대한 순간적인 억제와 이에 뒤따르는 더 강력한 유출"(KdU, §14)에 의해 이루어진다는 것을 잊어서는 안 된다. 칸트의 설명은 더 철학적이다.

> 하늘 높이 솟아오른 산악, 깊은 협곡과 그 협곡을 흘러내리는 분류, 우울한 명상에 잠기게 하는 그늘 덮인 황무지와 같은 광경들을 바라볼 때, 경악에 가까운 경탄과 전율과 엄숙한 외포감이 보는 이를 사로잡지만, 이는 그가 안전한 곳에 있다는 것을 스스로 알고 있을 경우에는 현실적인 공포가 아니라, 구상력을 활동시켜 우리를 그 공포에 참가시켜보려는 시도에 지나지 않는다.(KdU, B117)

즉 우리의 감각적 혹은 물리적 능력의 부적합성에 대한 불쾌한 자각에도 불구하고, "우리의 인식능력들의 이성적 소명"(KdU, §27)과 도덕법칙의 현존은 우리 자신에게 자연보다 우월한 중요성과 가치를 무한히 부여하는 것을 실감케 한다는 것이다.

그러나 칸트의 다음과 같은 언명은 숭고에 대한 해석에서 어떠한 속단도 허용하지 않는다. 우리가 그 외관을 숭고로서 경험할 때, 우리를 실제로 전율케 하는 경외에 책임이 있는 것은 밤하늘의 단순한 감각적 외관이 아니라, 우주의 거대함에 대한 사유이기 때문이다.

> 별빛 찬연한 하늘의 광경을 가리켜 숭고하다고 부를 경우, 우리는 그 광경 판정의 기초에 이성적 존재자들이 살고 있는 세계들이라는 개념이나, 또는 우리 머리 위의 공간에 충만한 밝은 점들이 그 세계들에 대해 아주 합목적적으로 설정된 궤도를 운동하는 그 세계들의 항성들이라고 하는 개념을 놓아서는 안 되고, 오히려 그것을 단지 보이는 그대로 모든 것을 포괄하는 하나의 광대한 궁륭으로 보지 않으면 안 된다. 그리고 우리는 순수한 미감적 판단이 이러한 대상에 귀속시키는 숭고를 단지 이러한 표상

아래 배치하지 않으면 안 된다. 마찬가지로 우리는 대양의 광경도 우리가 온갖 지식(그러나 직접적 직관에는 포함되어 있지 않은)을 풍부하게 가지고 그것을 사유하듯이 보아서는 안 된다. 즉 이를테면 수서생물의 넓은 왕국이라든가, 육지를 위해 대기를 구름으로 포화시키는 수증기를 위한 대저수지라든가, 또는 각 대륙을 서로 분리하지만 그러나 그 대륙 간의 극히 중대한 교통을 가능케 하는 요소라고 보아서는 안 된다. 왜냐하면 그러한 것은 오직 목적론적 판단만을 부여하는 데 지나지 않기 때문이다. 오히려 우리는 시인들이 하듯이 대양을 단지 외관이 보여주는 대로, 이를테면 그것이 잔잔할 때에는 단지 하늘과 경계한 맑은 수경으로 보고, 또 거칠 때에는 모든 것을 삼켜버릴 것 같은 심연으로 보되, 그러나 그것의 숭고를 볼 줄 알아야 한다.(KdU, B118, 119)

문제는 우리가 볼 수 있는 것이 지닌 우리로부터 떨어진 거리의 거대성, 우리를 둘러싼 공간 부피의 거대성, 그리고 아마도 — 특히 별들이 발산한 빛이 우리에게 도달하는 데 걸린 시간의 거대성에 의해 예증되는 — 지나간 시간의 거대성에 대한 사유는 밤하늘에 대한 '즉각적인 직관' 속에 포함되지 않고, 오직 보고 있는 것에 대한 이해를 획득한 사람의 지각 경험에 관해서만 정보를 주는 점에 있다. 다시 말해, 우리는 감성에 의해 우리에게 주어지는 어떤 것으로서가 아니라, 오성을 통해 사유되는 어떠한 것으로서 스스로의 힘을 파악한다는 것이다.

요컨대, 거대한 크기나 힘을 지닌 것으로 지각 속에 즉각적으로 주어지는 자연 대상들은 비합목적적인 만큼 숭고의 감정을 일으키기에 적당하지만, 이러한 숭고에 대한 판단은 감성이 아니라, 오성에 의해 완결되는 점에 유의하지 않으면 안 된다.

내가 두 가지 사물을 여러 차례 또 장시간 성찰하는 데에 종사하면 할수록, 그

두 가지 사물이 더욱 새롭고 더욱 높은 감탄과 경외를 내 마음을 가득 채운다. 이 두 가지 사물이란, 내 머리 위 별이 총총한 하늘과 내 마음 속 도덕법이다. 이 두 낱을 나는 암흑 가운데 싸인 것으로나 내 시야 바깥의 초월적 영역에 있는 것으로 찾지도 않고, 그저 추측하지도 않는다. 나는 그것들을 내 눈 앞에서 보고, 그것들을 내 존재에 대한 의식과 직접 결합시킨다. 하늘은, 외부의 감성계에서 내가 차지하는 위치에서 시작하여 나와 맺는 연결을 세계 위의 세계와 천체 위의 천체를 갖는, 일망무제한 (공간적) 우주로 확장할뿐더러, 하늘은 세계와 천체의 주기적 운동의 개시와 지속을 그런 운동의 무한한 시간 중으로 확장한다.(KdrV, 결론)

숭고에 대한 이와 같은 칸트의 주장들은, 그의 노력에도 불구하고, 완전히 설득적이지는 못하다. 특히 숭고를 자연보다는 심성에 귀속시키는 방식들의 경우에 숭고의 판단들이 보편적인 동의에 대한 주장의 연역 또는 정당화를 요청하지 않는다는 견해와 맞닿는다는 점에서, 특히 그러하다. 그는 명백히 그것들이 대상들에 관한 것이 아니기 때문에 연역을 필요로 하지 않는다고 단언하였다.(KdU, §30)

칸트는 숭고를 그것에 대한 경험을 일으키는 대상에게 귀속시키지 않으며, 숭고의 의식에서 어떠한 객관적 원리들, 즉 숭고를 일으키는 대상에 관한 어떠한 원리들도 이끌지 않는다.(KdU, §23) 그러나 우리는 숭고 경험의 의의에 대한 칸트의 긍정적인 분석이 합리적 판단능력을 위한 규제적 원리를 포함하는 데 주목하고자 한다. 칸트는 "절대적으로 큰 것", "모든 비교를 넘어서는 큰 것"(KdU, §25)이 궁극적으로는 감성의 한계를 넘어서는 능력 속에 있는 우리의 실천이성이라고 주장한다.(KdU, §26) 만일 그렇다면, 숭고는 미의 경우와 나란히, 대상들에 대한 규제적 원리를 제기한다. 단지 미의 경우, 합목적성의 원리가 우리의 인식능력들을 위한 — 아름다운 — 대상들의 적합성, 달리 말해, 체계로서의 자연과 연관된다. 이에 반해, 숭고의 합목적성 원리는 합리적으로 해야만 하는 것을 행할 합리적 힘을 내가 지니고 있다는 판단 속에 있는, 우리의 도덕적 사명에 대한 자연의 적합성과 연관한다. 칸트는 『판단력비판』 제1부에서 이 종류의 원리를 다루지는 않지만, 이는 『실천이성비판』에서 전개한 도덕적 요청에 대한 논의들에서 아주 중대한 의의를 지니며, 따라서 여기서도 무시되어서는 안 된다. 이렇게 본다면, 칸트는 합목적성의 유형에 따라 미와 숭고를 구분할 수 있었을 것이다. 즉 미가 오성을 위한 합목적성이라면, 숭고는 이성을 위한 합목적성이라고 할 만하다. 물론 칸트는 역시 자연의 폭력이 우리의 인식능력(특히 구상력)을 위해 반목적적임을 인정하지만, 바로 이 반목적성이 궁극적으로는 우리의 심성 전체를 위해 합목적적이라고 본다.(KdU, §27)

이처럼 우리의 합리적 능력들과 이념들로 이루어지는 숭고 경험의 분석은 숭고의 판단들에서 보편적 합의의 가능성을 근거 지을 수 있겠는데, 칸트는 그러한 보편적 합의의 필연성을 명시적으로 제시하지는 않는다. 만일 앞에서의 이의 제기가 건전하다면, 숭고의 판단들은 미의 판단들과 마찬가지로 대상들에 관한 것이고, 따라서 연역을 요구한다고 볼 수 있다. 요컨대 미의 수학적 및 역동적 숭고의 평행에서 연역을 위한 틈새가 발견될 수 있겠는데, 여기에는 〈미의 판단들의 분석〉에서 칸트가 제안한 '공통감'이 그 핵심을 이룬다. 다시 말해, 숭고에서도 우리 모두가 공통된 인식능력들을 지녔다는 점이 타당한 근거가 되겠는데, 다만 이때에 우리의 구상력과 이성이념들의 상호작용이 중심을 이룰 뿐이다.

또 하나의 설명 방법은 미를 도덕성의 상징이라고 보는 견해와 연관된다. 즉, 미의 판정에서 판단은 욕망능력과 연관하여 스스로에게 법칙을 부여하는데(KdU, §59), 숭고의 판단에서도 숭고가 도덕적인 것을 상징하면서 같은 종류의 자기규제를 함축한다. 숭고의 체험은, 도덕성이 요구하는 대로 감각적인 자연을 넘어서는 이성을 제시하는 까닭에, 도덕성을 상징한다. 도덕성과 미는 유비관계로 인해 서로 연결가능하고, 나아가 예술만이 도덕적 이념들을 표현할 수 있고, 따라서 그 이념들과 초감성적인 것들에 대한 반성을 유도할 수 있다는 점에서 예술이 자연보다 우월하다는 해석도 없지는 않다. 그러나 이는 취미판단이 규정판단이 아니라 반성판단이자 개념을 기초로 하지 않는다는 근본원리를 망각한 그릇된 해석이다. 칸트는 오히려 이 같은 가능성을 아주 조심스럽게 여긴다. 그러나 비록 추가적이고 간접적이기는 하나 도덕성이 합리적 영역과 감각적 영역들만의 연결을 요청하며, 숭고의 경험은 그러한 연결을 표현한다는 점에서 취미판단의 연역(KdU, §59)이 숭고판단에도 연장될 수 있다고 보는 것이다.

이상에서 본 바와 같이 칸트는 자연미가 예술미보다 우월한 것으로 평가한다. 저 유명한 '나이팅게일의 노랫소리'의 예가 이를 단적으로 보여준다.

> 만일 우리가 이러한 미의 애호가를 남몰래 기만하여 — 생화와 똑같이 만들 수 있는 — 조화를 땅에 꽂아두든가, 또는 인공적으로 조각된 새를 나무 가지 위에 올려놓았는데, 그 후에 바로 그가 이 기만을 발견했다고 한다면, 그가 전에 그러한 것들에 대해 가졌던 직접적인 관심은 곧 사라진다 … 새들의 노래 소리는 즐거움과 그 생존의 만족을 알려준다. 자연의 의도가 그러하건 그렇지 않건, 적어도 우리는 자연을 그렇게 해석한다. 그러나 이 경우에 우리가 미에 관해 가지는 이러한 관심은 철두철미 그것이 자연의 미이어야 할 것을 요하며, 우리가 속았다는 것과 그것이 한낱 인공에 불과하다는

것을 깨닫자마자 관심은 완전히 사라지고, 또 그렇게 되면 취미도 거기에서 아무런 아름다운 것을 발견하지 못하고, 시각도 거기에서 아무런 매력적인 것을 발견하지 못한다. 고요한 여름 저녁에 보드라운 달빛이 비치는 적막한 숲 속에서 나이팅게일의 호리는 듯 아름다운 울음소리보다도 더 높은 찬양을 시인들로부터 받는 것이 무엇일까? 그렇지만 그러한 새소리가 없는 곳에서, 어느 익살맞은 주인이 이 나이팅게일의 울음소리를 — 갈대나 피리를 입에 물고 — 실물과 똑같이 흉내 낼 줄 아는 장난꾸러기를 숲 속에 숨겨둠으로써, 전원의 공기를 향락하기 위해 자기 집에 투숙한 객들을 기만하여 그들을 크게 만족시켰다고 하는 실례가 있다. 그러나 그것이 작위임을 알면, 아무도 전에는 그렇게도 매혹적이라고 생각했던 이 노래 소리를 더 참고 듣지 못할 것이다. 이것은 다른 모든 새소리에서도 마찬가지이다. 우리가 미 자체에 대해 직접적인 관심을 가질 수 있자면, 그것은 자연 그대로이거나, 우리가 자연 그대로라고 생각하는 것이 아니면 안 된다. 하물며 우리가 다른 사람들도 그것에 대해 관심을 가져야 한다고 요구할 수 있는 경우에는, 더구나 그렇다. 그리고 이러한 요구는, 우리가 아름다운 자연에 대해 아무런 감정(우리는 자연의 관조에 대한 관심의 감수성을 이렇게 부른다)도 가지지 않은 사람들과, 먹고 마실 때에는 한갓된 감관적 감각의 향락에만 전념하는 사람들의 심적 태도를 조야하고 비천하다고 생각할 때, 실제로 일어나고 있는 일이다.(KdU, §42, B167, 172, 173)

이미 언급한 대로 칸트에게 '직접적인 관심'은 실천적 또는 도덕적 관심으로, '간접적 관심'은 감각적 관심으로 특징된다. 즉, "행위의 준칙의 보편타당성이 의지의 충족된 규정근거일 때에만 이성은 그 행위에 직접적 관심을 가진다. 그와 같은 관심만이 순수하다. 그러나 이성이 욕구의 다른 어떤 대상을 매개해서만, 아니면 주관의 특수한 감성을 전제해서만 의지를 규정할 수 있다면, 이성은 그러한 행위에 간접적 관심만을 갖는다. 그리고 이성은 그 자신만으로는, 즉 경험 없이는 의지의 대상도, 또 의지의 근저에 놓여 있는 특수한 감정도 발견할 수 없으므로, 나중의 간접적 관심은 경험적인 것일 뿐이고 아무런 순수한 이성 관심도 아닐 것이다. 이성의 논리적 관심 — 이성의 통찰을 촉진시키려는 — 은 결코 직접적인 것이 아니고 이성의 사용이라는 의도를 전제한다."[7]

헤겔과 자연미

이처럼 적어도 직접적인 관심을 촉발할 수 있다는 점에서 예술미에 대해 우위를 보이던 자연미가, 헤겔(G. W. F. Hegel, 1770~1831)에 이르면, 아예 미학의 영역으로부터 배제되기에 이른다.[8] 즉 철학의 모든 내용을 개념의 자기전개라는 틀 속에서 전개시키면서, 현실적인 것을 이성적인 것과 동일시하는 헤겔의 입장에서 보면, 자신의 개념과 일치한다는 의미에서 '개념과 실재성의 일치'(W.6, S.464)로서의 이념만이 유일하게 현실적이고 참된 것으로 간주될 수 있을 뿐이다.[9] 이에 반해, 자연이란 다만 "자신의 타자 존재의 형식 속에 있는 이념"(W.4, S.33)으로서, 즉자대자적인 개념으로서의 이념이 갖는 자유와 무한성의 계기를 결여하고 있다. 즉 자연은 비록 이념의 현존재이기는 하지만, 자연 속에 있는 그러한

---

7 I. Kant, *Grundlegung zur Metaphysik der Sitten* (BA 122 주), hrsg. v. Karl Vorländer (Leipzig: von Felix Meiner, 1933)

8 권대중, 「헤겔의 '자연미' 개념에 관한 연구」(서울대학교 대학원 문학석사 학위논문, 1993)

9 헤겔의 저작들은 Frankfurt am Main: Suhrkamp Verlag, 1970년판을 활용한다. 모든 인용은 각권과 쪽수를 표시하여 본문 중에 삽입한다. W.13: *Vorlesung über die Ästhetik I* ; W.8: *Enzyklopädie der philosophischen Wissenschaften I* ; W.6: *Wissenschaft der Logik II* ; W.9: *Enzyklopädie der philosophischen Wissenschaften II*

이념은 정신이 아니라, 오로지 철저하게 오로지 어떤 타자와 연관해서만 존재하는 까닭에, 필연성에 속박된 채 자유롭지 못하다는 것이다. 이념이 자연에서 자신을 최초로 드러내는, 진정한 최초의 현존재라고 할 수 있는 생명(das Leben)도 참된 개념이 갖는 관념적 주관성을 결여하고 있는 한, 그것의 미 또한 예술미로서의 이념상과는 달리 단지 타자를 위해서만 아름다울 뿐이다. 결국 헤겔에서는 정신에게서 태어나고 다시 산출된 미로서의 예술미가 자연미보다 우위를 차지하게 되며, 이에 그는 "예술작품은 정신을 통한 통로를 거치지 않은 그 어떤 자연적 산물보다 우위에 서 있다."(W.13, S.14)고 단언한다.

자연을 이념의 타자 혹은 최초의 현존재로 규정하는 헤겔의 자연미에 대한 태도를 제대로 이해하자면, 이념에 대한 기본적인 논의가 불가결하다.

사상사적인 맥락에서 볼 때, 헤겔의 이념 규정에서 가장 중요한 문제는 그가 플라톤적인 '분리'를 부인하는 동시에 칸트적인 불가지성을 극복하고자 했다는 것이다. 그가 말하는 이념은 곧 개념과 실재성의 통일, 곧 절대자이자 진리이다. 그에게 진리는 외적 사물과 나의 표상의 일치 · 상응이 아니라, 객관성과 개념의 일치에서 성립한다. 헤겔철학을 전체적으로 조망해보면, '개념'과 '이념'이 종종 무차별적으로 혼용되지만, 단지 즉자적으로만 머무르는 개념 자체는 아직 이념이라고 불릴 수 없다. 왜냐하면 개념이 이념이기 위해서는 오로지 자신의 실재성 속에 현존하고, 또 그 실재성과 통일을 이루어야만 하기 때문이다. 그러나 여기에서 말하는 '통일'이 개념과 실재성의 단순한 중성화(Neutralisation)로 설정되어서는 안 된다. 왜냐하면 만일 이 양자 간의 연관이 중성화에 그치고 만다면, 그것을 이루는 양자는 다 같이 자신의 고유성을 상실하기 때문이다. 그와는 반대로 이념의 이러한 통일에서는 개념이 지배적인 것으로 남는다. 왜냐하면 실재성이 개념 자신의 전개인 한, 개념은 그러한 실재 속에서 자신을 포기하는 것이 아니라, 그 실재 속에서 오로지 자기 자신 곧 개념을 실현하며, 따라서 자신의 객관성 안에서 자신과의 통일을 유지하기 때문이다. 이렇게 볼 때, '개념과 실재성(객관성)의 통일'로서의 이념이 성립되는 과정에서 개념은 그 중심축이 된다.

> 이념의 실제적(reell) 내용은 단지 이 개념의 표현(Darstellung)에 불과한 것인바, 개념은 스스로를 외적 현존재의 형식으로 표현하며, 이러한 [현존재로서의] 형태를 자신의 관념성 속으로 포괄하여 자신의 위력 아래 두면서, 그 속에서 자신을 보존한다.(W.8, S.367)

이것이 바로 '이념의 부정적 통일'(W.8, S.372)이다. 즉 이념을 유한자와 무한자의 통일, 사유와 존재의 통일, 주관과 객관의 통일 등으로 표현할 때, 그러한 통일은 일대일의 통일이 아니라, 일방에 의한 타방의 부정적 통일이다.

> 이념의 부정적 통일에서 무한자는 유한자를, 사유는 존재를, 주관성은 객관성을 포괄한다. 이념의 통일은 [궁극적으로는] 주관성, 사유, 무한성이다.(W.8, S.372)

따라서 '이념의 통일'은 개념에 의한 절대적 · 주관적 · 관념적 통일을 의미한다. 결국 이념은 개념이 자신의 타자화를 통해 다시금 개념 자신에게로 귀환하는 주관적 총체성이다. 이념을 움직이는 활동성의 근거가 그러한 주관성으로서의 개념에 있기 때문에, 이제 그 이념 역시도 그에 상응하는 자신의 타자화 과정을 거친다. 그러한 타자가 곧 존재로서의 이념인 '자연'이다.(W.8, S.393) 이처럼 실재성이 개념(자신)의 타자라는 규정에 평행해서, 자연은 이념(자신)의 타자가 된다. 스스로를 순수 개념과 그 실재성의 절대적 통일로 정립함으로써 존재의 직접성 속으로 수렴하는 이러한 형식의 총체성 — 즉 자연이 되는 가운데 이념은 자기 자신을 자유롭게 방면한다. 즉, 주관성을 지니지 않은 채 절대적으로 자기 자신을 위해 존재하는 공간과 시간의 외면성이 된다.(W.6, S.573)

논리적 규정들의 체계를 산출하는 변증법의 법칙에 따라서 보면, 그 체계의 종결규정 — 스스로를 논리적인 것으로 포착하는 이념 — 역시 변증법적인 3분 구조를 형성한다. 즉, 그것은 1) 이념 자체, 2) 그 이념의 부정(자연), 그리고 3) 양자의 종합(정신)으로 존립한다. 이념은 "자신의 특수성 및 타자라는 계기, 곧 자신의 반사로서의 직접적 이념, 다시 말해, 자연으로서의 자신을 스스로로부터 밀쳐낸다."(W.8, S.393)

이처럼 이념의 변증법적 분화의 맥락에서 자연은 원칙적으로 비관념적인 것으로 규정되고, 정신은 자연을 매개로 한 이념으로의 복귀로 규정된다. 이념이 논리적 규정들의 체계로서 본질적으로 개념, 곧 포괄적인 통일로서 존재하는 데 반해, 이념의 타자인 자연은 개념 없이 개별화된 공간과 시간의 외적 병렬로서, 궁극적으로 정신에 의해 지양된다.

헤겔은 근본적으로 정신철학자이다. 그러한 입장에서 자연은 필연적으로 '정신의 타자존재', 즉 정신에 대한 어떤 종속적인 것으로 존재한다. 이러한 타자존재로서의 자연은 무의식적이다. 왜냐하면 의식 내지 주관성은 오로지 정신에만 귀속되기 때문이다. 진리로서의 이념 자체는 본질적으로 주관성이자 정신인 반면, 자연의 경우에는 그러한 정신이 자신의 외부에 있는 까닭에, 자연은 자연이면서 동시에 정신이고, 반논리인 동시에 논리이기도 하다. 따라서 자연은 자기목적을 자신 속에 가지고 있는 동시에, 자기 외부에 갖고 있다는 모순을 포함한다. 이처럼 해소되지 않는 모순은 정신 안에서야 비로소 해소된다. 다시 말해, 자연은 절대적인 자기목적을 자기 자신 속에 담지하고 있지 않은 동시에, 그것이 하나의 이념인 한, 자신 속에 개념을 지니고 있다. 자연은 이념의 영역에 있는 한에서는 정신적이지만, 그럼에도 지금 존재하는 상태로는 그 존재는 개념과 일치하지 않는다. 자연은 타자존재의 형식으로 존재하는 이념을 의미한다.

자연은 이념에 대해 — 그리고 이 이념의 주관적 실존, 곧 정신에 대해 — 단지 상대적으로만 외면적인 것이 아니다. 오히려 이 외면성은 자연으로서의 이념의 존재를 규정한다.(W.9, S.23)

자신의 외면성을 나타내는 자연 객체들의 무차별적 존립은 그 객체들의 상호개별화 속에서 드러난다.[10] 그러나 이 개별화는 개별자들의 자유가 아니다. 왜냐하면 자유란 오로지 개념에게만 속하는 것이기 때문이다. 자연에서 개념은 단지 내면적인 것으로 존재할 뿐이다.

자연은 자신의 현존재 속에서 그 어떠한 자유도 드러내지 못한다. 오히려 자연은 [외적] 필연성과 우연성을 나타낼 뿐이다.(W.9, S.27)

자연적인 것이 갖는 이러한 불완전하고 저열한 특징으로 말미암

10 R. Kroner, *von Kant bis Hegel* (Tübingen: J.C.B.Mohr, 1961), p.513

아 "자연은 또한 이념의 자신으로부터의 퇴행으로 말해지기도 한다. 왜냐하면 이러한 외면성의 형태로서의 이념은 자기 자신에게 부적합한 것으로 존재하기 때문이다."(W.9, S.28)

이처럼 헤겔의 자연 개념은 본질적으로 모든 자연적인 것의 무력함과 불충분함, 그리고 모든 정신적인 것의 절대적 우월성에 초점을 맞춘다. 헤겔의 체계에서 중심으로 관철되는 개념과 그 실재성의 통일로서의 이념은 생명이라는 이름 아래 이루어지는 유기체의 영역에서 그나마 가장 큰 근사치를 가질 뿐이다. 생명은, 한마디로 해서, 영혼을 가진 존재다. 지질학적 유기체의 부분형성물은 그 자체로 아무런 생명도 갖고 있지 않으므로 우리로서는 그보다 높은 단계인 식물과 동물에 주목하게 된다. 동물은 감정, 자기운동 등의 능력을 갖추고 있다는 점에서 식물보다 우월하지만, 아직 사유하지는 못한다는 한계를 지닌다.

생명의 과정은 1) 유기체의 규정들의 끊임없는 실제화와 2) 실제적으로 현존하는 것들을 그 주관적 통일로 가져오는 [영혼의] 관념적 정립이라는 유기체 안의 이중적인 활동에 의해 이루어진다. 유기체에서 이러한 통일이 완전하지 못하거나 전무하다면, 그 생동성은 그에 병행해서 질병, 혹은 나아가 죽음에 이른다. 죽음이란 결국 영혼의 주관적 통일에 의해 생기를 부여받고 불가분적 관계에 놓여 있던 모든 것이 각기 자립적으로 따로따로 분리되는 것에 불과하다. 관념적 통일과 지체들의 실제적인 상호외적 분리(Aussereinander) 사이에 존재하는 모순의 정립 및 해소가 생명의 항상적 과정을 형성한다.

헤겔의 정신우월주의

헤겔은 그의 『미학강의』(1842)에서 '자연미의 대상으로서의 자연'에 대한 논의를 통해 그의 자연 이해를 요약하고 있다.[11] 그는 이를 네 종류로 구별한다. 1) 무기적 자연, 즉 광물과 천체, 2) 유기적 자연, 즉 생명체(식물, 동물, 인간), 3) 국가체제와 가족과 개인, 그리고 4) 풍경이다. 이어서 그는 현상하는 정신성이 관념적 · 생명적 통일로서 한층 더 분명하게 느껴지는 것이 단계적으로 한층 아름답다고 설명한다. 그러나 3) 국가체제와 가족과 개인에 관해서는 근대적 시민사회를 문제 삼는 사회학 또는 민족학의 대상으로 고려된다고 말할 수 있고, 4) 풍경에 관해서는 헤겔 자신이 판단을 유보하고 있으므로, 여기에서는 논의하지 않기로 한다. 그가 비록 회화에 묘사된 풍경 표현의 친밀성, 조명의 존재방식, 색채 조화의 문제, 완전한 소묘로서의 풍경의 자연과 반드시 자연에 충실하지 않아도 좋은 풍경화의 비교 등등을 언급하고는 하지만, 이런 문제들은 '자연미의 대상으로서 자연'이 안이하게 예술 가운데 침입한 것으로 봄 직하기 때문이다.

요컨대 생명이라는 자연형태 속에서 그리고 개별적인 현실성 속에서 이념이 직접적으로 현존하기 때문에, "자연에서 감각적으로 객관적 이념으로서의 생동성은 아름답다."(W.13, S.167) 그러나 이 단계에서 미는 아직 단지 감각적인 직접성으로 인해, 그 자체로 아름다운 것이 아니라, 오로지 그것을 의식하는 주관을 위해서만 아름답다. 생동적인 자연미는

11 서영석, 「헤겔의 미학강의에 나타난 자연미의 위상 연구: 미학의 필수적 지절로서의 자연미」(서울대학교 대학원 문학석사 석사논문, 2007)

자기 자신을 위해 아름다운 것도 아니며, 또한 자기 자신으로부터 아름다운 것으로 아름다운 현상을 위해 산출되지도 않는다. 자연미는 오로지 타자를 위해, 즉 우리를 위해서만, 다시 말해, 미를 파악하는 의식을 위해서만 아름답다. 달리 말하면, 자연이 획득하는 미적인 연관은 심정적 정조(Stimmungen des Gemüts)의 자극을 통해, 그리고 그 정조와의 조화를 통해 이루어진다. 즉 자연미는 달밤의 정적, 시냇물이 흐르는 계곡의 적막, 태산 같은 격랑을 일으키는 대양의 숭고, 별이 총총히 떠 있는 하늘의 고요한 거대 등등에서처럼 "의미가 대상 자체에 귀속되는 것이 아니라, 바로 고무된 심정적 정조에서 찾아지는"(W.13, S.177) 것이다. 이와 마찬가지로 동물들이 용기, 강인성, 간계, 선량 등과 같은 인간적인 특성에 상응하는 영혼적 표현을 나타낼 때, 우리는 그것들을 아름답다고 부른다. 그러한 표현들을 대상에 고유한 것이라거나 동물적 삶의 한 측면이라고 할 수도 있겠지만, 그럼에도 불구하고, 그러한 술어부여의 기체(Substrat)는 의식하는 주관의 표상과 그 고유한 심정에 놓여 있다.

뿐만 아니라, 자연미의 절정으로서 동물적 생명이 일정한 정도로 역할을 표현한다손 치더라도, 그것은 철저히 제한되어 있고, 또 전적으로 특정한 성질에 구속되어 있다. 그것의 현존재의 영역은 협소하며, 그것의 관심은 섭생(Ernährung), 종족 보존 충동 등의 자연적 욕구에 의해 지배된다. 따라서 형태 속에서 표현되는 내면, 곧 그것의 영혼은 빈약하고, 추상적이며, 내용이 없다. 왜냐하면 자연적인 것이란 바로 그 영혼이 단지 내적으로만 머무는 것, 다시 말해, 그 자체로 관념적인 것으로 외화되지 않는 것이기 때문이다. 말하자면, 동물의 영혼은 대자적인(자기 자신을 위한) 통일이 아닌 진정한 관념적(대자적) 통일, 즉 개념과 개념 자신의 실재성의 일치가 의식적인 자아에서야 비로소 성취되는 데 반해, 자연적 생동성은, 그 최고의 편성에 위치하는 동물의 경우를 보더라도, 영혼 내지 개념을 단지 예감하게 하는 데서 그친다. 바로 이것이 자연미가 갖는 주된 결함으로서, 헤겔미학의 위계상 예술미로서의 이념상이 필연적으로 도출되는 동기가 바로 여기에서 주어진다. 달리 말해, 그가 『미학강의』를 '예술철학'으로 규정했듯이, 헤겔에게 미학의 본래적인 대상은 오로지 미의 이념에 합당한 실재성으로서의 예술미에 국한된다. 이때 도대체 무엇 때문에 자연은 그것의 미에서 필연적으로 불완전한가, 그리고 이러한 불완전성은 무엇으로부터 나타나는가 하는 문제가 선결됨으로써야 비로소 이념상이 도출되는 필연성이 규명될 수 있는데, 이제까지 우리는 헤겔의 자연 이해를 통해 그 해답을 어느 정도 제시해보았던 셈이다.

요컨대, 자연의 직접적 현실이 갖는 결함에서 예술미로 이행하게 되는 필연성이 드러나는바, 정신은 현존재의 유한성 및 그 한계와 외적 필연성 속에서 자신의 진정한 자유에 대한 직접적 조망과 향유를 발견할 수 없다. 이러한 자유의 욕구는 어떤 다른 더 높은 토대 위에서 실현할 수밖에 없는데, 그러한 "더 높은 토대가 바로 예술이요, 또한 이념상으로서의 그 현실성이다."(W.13, S.202) 이에 이념상의 과제와 특성을 헤겔은 다음처럼 말한다.

예술은 생동성, 그리고 무엇보다도 정신적 역할의 현상을 그 자유 속에서 또한 외적으로 표현하고, 또 외면적인 것을 그것의 개념에 적합하게 만드는 것을 그 소명으로 가져야만 한다. 그러할 때에야 비로소 진리는 자신의 시간적 환경으로부터, 그리고 일련의 유한성으로 빗나감으로부터 구출되는 동시에, 하나의 외적 현상을 획득한다. 이때의 외적 현상으로부터는 더 이상 자연과 산문[성]의 궁핍이 아닌, 진리에 걸맞은 현존재가 나타난다. 이제 그러한 현존재는, 그 자체의 측면에서 보더라도, 자유로운 자립성한가운데 서 있다. 왜냐하면 그러한 현존재는 자신의 규정을 바로 자기 자신 속에 갖는 것일 뿐, 타자를 통해 자신 속으로 정립된 것으로 갖는 것이 아니기 때문이다.(같은 쪽)

이러한 언명에서 우리는 헤겔의 정신우월주의를 포착할 수 있다. 즉 "외면성에게 자신의 고유한 무한성과 자신으로의 자유로운 복귀를 각인시키는 것은 오로지 정신에게만 해당하는 일이다."(W.13, S.205) 따라서 그러한 정신 영역에 속하는 예술은 "현존재 속에서 우연성과 외면성으로 더럽혀진 것을 자신의 진정한 개념과의 조화로 복귀시키는 가운데, 현상 속에서 개념과 상응하지 않는 모든 것을 밀어내며, 또한 이러한 순화[정화]를 통해 비로소 이념상을 산출한다."(W.13, S.205) 이렇게 볼 때, 외적인 현존재의 정신적 영역으로의 복귀를 본성으로 삼는 예술은 곧 정신의 발현(Enthüllung)이라고 할 수 있다. 그러나 예술미는 어디까지나 이념, 나아가 '절대정신의 감각적 현현'인 한에서, 그러한 내면으로의 복귀가 추상적 형식을 띤 보편자, 즉 사상이라는 극단에까지 이르지 않는다. 그런 까닭에, "외적인 것과 내적인 것이 합치하는 중간지점에 머문다."(W.13, S.207) 그렇다고 해도 유한한 현존재는 예술의 영역에서야 비로소 한갓된 유한성과 제약성에서 해방되어 영혼의 내면적이고 자유로운 조화로 귀환한다는 것은 변함없다. 헤겔은 이념상을 실러가 말한 '미의 고요한 그림자 왕국'에 비유한다.

그 그림자의 영역에 현상하는 정신들은 직접적인 현존재를 등지고 있고, 자연적 실존의 궁핍으로부터 차단되어 있으며, 현상의 유한성과 결부되어 있는 모든 왜곡과 전도, 그리고 외적 영향의 구속이라는 질곡으로부터 자유롭다.(같은 쪽)

요컨대, 이념상은 외적인 것을 정신적인 자유의 표명이 될 수 있는 한계로까지 되돌려놓음으로써 자신에게 복귀한다. 그것은 또한 유한한 영역과 목적에 속하는 결핍, 분노, 관심과 결부된 일체의 궁극적인 진지성으로부터 자유롭기 때문에, '쾌활한 안식(Ruhe)과 행복', '자기 완결성과 만족에 존재하는 자기충족'을 특징으로 삼는다고 규정된다.(W.13, S.208) 이처럼 미가 오로지 총체적인 주관적 통일로서 존재하기 때문에, 참된 미는 오로지 이념상에게만 귀속한다. 결국 이념상은 "자기 자신 속에서 감각적으로 행복하고, 자신의 것을 향유하며 기뻐함과 동시에, 외적인 것 속에서 자신과 합일되어 자유롭고 스스로에 의거하여 존재한다."(W.13, S.207)

지금까지의 고찰을 통해 우리는 헤겔에게 자연미가 예술미로 이행할 수밖에 없는 것은 다름 아니라 자연미의 결함, 곧 외적 현존재의 유한성과 부자유라는 부정적 측면에 있음을 알 수 있다. 자연으로부터 정신에 이르는 이행이 마치 논리적인 이행이었던 것처럼, 미학적 이행은 자연미로부터 예술미, 곧 이념상에 이르는 이행으로 규정된다. 그러한 이행의 중심에는 모든 사태의 최종심급에 놓여 있는 이념 — 궁극적으로는 개념 — 의 변증법적 본성이 놓여 있다. 말하자면, 자연에서 이루어지는 1차 부정으로부터, 그것을 지양하는 2차 부정, 곧 부정의 부정으로 출현하는 정신 영역에 위치하는 예술미는 모든 규정을 자신 속에 포괄하는 개념의 자기전개상 필연적인 귀결이다. 이와 같은 개념의 자기전개로 인해 예술은 결국 철학으로 지양되어야 하지만, 그것은 여하간에 헤겔의 자연미가 아직 해소되지 않은 모순에 머무는 단계의 미인 한, 논리적인 것의 변증법적 본성에 따라 필연적으로 정신 영역에 의해 부정되어야 할 운명을 갖고 있다는 것은 변함없다. 앞에서 언급했듯이, 그 주된 결함은 바로 개념 내지 이념의 참된 본성인 무한성과 자유를 결여하고 있다는 사실에 놓여 있다.

끝으로 전통적으로 미학의 영역에서 다루어져왔던 숭고의 문제에 대해 헤겔은 유태민족의 종교를 '숭고의 종교'(Religion der Erhabenheit)라고 했듯이 주로 '종교철학'에서 다루고 있으므로, 여기에서는 논외로 한다.

헤겔 이후: 자연미의 경시

완결된 체계를 지향함으로써 이루어진 헤겔의 이러한 단계적 위계는 후학들에 의해 다소간 변용을 겪는다.[12] 예컨대 슐라이어마허(F. E. D. Schleiermacher, 1768~1834)는 자연미를 미학으로부터 배제하고자 했던 헤겔의 시도를 높이 평가하면서, 그의 『미학강의』(1842)에서 오로지 인간 정신의 활력을 통해 형상화된 내적 형상의 예술적 완전성에만 주목한다. 그런가 하면, '사변적 유신론'을 주창했던 바이세(Chr. M. Weisse)는 철학을 절대정신의 최고 형태로 설정했던 헤겔의 단계적 연쇄를 뒤집어 철학-예술-종교로 설정한다. 이러한 단계의 역전에 상응하여 미학체계에서 자연미의 위치 또한 변화한다. 즉 자연미가 변증법적-사변적 의미에서 예술미보다 더 우월하다는 것이다. 바이세는 객관적 형태에 내재하는 정령의 이름 아래 자연미를 그의 체계의 종착점에 위치시킨다. 자연미의 장점은 바로 그것이 항상 새로운 것으로 나타나게 되는 자연의 변

---

12 Hrsg. v. Joachim Ritter, "Naturschönheit / Kunstschönheit," *Historisches Wörterbuch der Philosophie* (Basel/Stuttgart: Schwabe & Co. AG Verlag, 1971)

화무쌍함(Veränderlichkeit)과 생동성으로서, 바이세가 보기에, 자연미는 예술의 전형, 전범이자 궁극목표가 된다.

한편 피셔(F. Th. Fischer, 1807-1887)는 헤겔의 철학적 방법론 및 결과를 수용하면서도 예술에게 종교보다 더 높은 지위를 부여한다. 그가 저술한 『미의 학』(1857)은 일면적 실존 속에 있는 미를 다루면서, 자연미를 객관적 미로, 상상(Phantasie)을 미의 주관적 실존으로 구분한다. 이와 같은 자연미와 상상력 간의 대립적인 일면성은 바로 예술(미)에서 지양된다. 미란 어떠한 대상이 아니라, 상상에 의한 창조이다. 그럼에도 예술은 자연, 즉 현존하는 것에 있는 자극에 근거하는데, 이는 주관 속에서 진정한 미의 창조를 일깨운다. 우리는 자연에 내재하는 미를 본질적이고 직관적으로 가져오는 이념상을 매개로 본다. 즉 주어진 대상을 직관함으로써만 비로소 이념상을 산출하는데, 우리는 무의식적으로 그 대상을 미로 변형시킨다는 것이다. 말하자면, 예술가의 주관적 능력에 의해 실제적인 자연미가 직관됨과 동시에 주관 속에 잠자고 있던 원상이 환기되고, 이러한 내적인 규범에 의해 미의 자연적 대상은 비미적인 우연성을 탈각하고 전적으로 이념에 적합하게끔 된다는 것이다. 그러나 피셔는 후에 그것이 미적 직관의 응용사례에 불과하다는 이유로 자연미학을 부정한다. 자기비판과 더불어 그는 심리학적 자연미학에 이르는 전이과정을 제시하면서, 자연미를 주관적인 경험법칙에 귀속시킨다. 미는 주관의 자유로운 상상직관(Phantasieanschauung)에 근거하여 스스로를 구성하는 까닭에, 예술미와 자연미 사이에는 원칙적인 차이가 부재하다는 것이다. 즉, 양자 모두가 주어진 것의 파악에서 자유롭게 창조하는 활동을 요구하는데, 현실경험은 괄호 속에 들어 있다는 것이다. 이미 자연 관찰자가 간과해야 마땅한 방해적인 요소들을 제쳐놓았기 때문에, 예술미가 미적 지각을 쉽게 만든다는 것에는 두말할 여지가 없다. 자연미와 예술미 사이의 차이는 오로지 자연 관찰자에게 귀속되는 내용으로 되돌려진다. 이는 곧 독창성과 무오류성, 사치할 정도로 풍부한 형식, 현상 등의 합법칙성과 진리성 등등이다.

이처럼 엎치락뒤치락하는 중에 일찍이 마르크스(K.H. Marx, 1818-1883)는 과학기술과 자연의 상호관계에 주목하면서 자연소외에 대한 이론을 전개했다.[13]

과학과 기술은 자연에 대한 인간의 어떤 특별한 기본 관계를 필요로 한다. 자연과학에서 자연은 인간 주체가 방법적으로 식별하기를 원하는 대상이다. 노동과 기술에서 자연은 인간 주체가 처분할 수 있고, 소유할 수 있고, 형성할 수 있는 재료이다. 자연과학과 기술에서 인간은 자기 자신을 자신의 세계를 지배하는 주체로 경험하는데, 여기에서 주체는 모든 사물의 중심이자 기준일 뿐만 아니라, 존재론적인 기초이자 모든 것을 규정하는 최초의 존재이다. 자연은 과학과 기술을 통해 하나의 대상이 된다. 그것은 인간 주체에게 이용될 수 있을 때에만 현실적이다. 인간은 힘을 장악하는 중에 자연을 진지하게 받아들인다. 그는 노동을 통해 그것을 지배한다. 이 노동 속에서 그것은 가공(加工)될 대상들의 본질로 그와 마주치게 된다.

주체와 객체의 차이에 대한 이러한 변증법적 해석은 자연 자체를 파악하지 못한 채, 자연은 역사적 변증법에서 인간의 지각과 행동의 대상으로만 나타나고, 지식과 노동을 통해 인간의 역사로 포섭되는 한에서

---

13 Jürgen Moltmann, *On Nature* (Notre Dame: Univ. of Notre Dame Press, 1984), Leroy S. Rouner 편, 이정배 · 이은선 공역, 『자연 그 동서양적 이해』(종로서적, 1989)

만 주목된다. 그러나 독자적인 자연은 이런 방식으로 이해될 수 없다.

우리는 마르크스가 인간과 자연 간의 투쟁을 해소할 변증법적 유물론을 제시함으로써 관념론적 주관주의를 극복하려고 시도했음을 간과하지 않는다. 초기 저작에서, 그는 공산주의가 인간과 자연 모두의 소외를 극복하여 인간성과 자연의 참된 존재에 이르게 한다고 주장한다. 따라서 공산주의는 완성된 자본주의이다.

> 여기에서 처음으로 인간의 자연적 실존은 그의 인간적 실존이 되며, 자연 자체는 인간에 대해 인간이 된다. 그래서 사회는 인간과 자연이 하나로 완성된 존재 양식이요, 자연의 진정한 회복이요, 철저한 인간의 자연주의이자 철저한 자연의 인간주의이다.[14]

사유재산의 폐지와 인간을 소외시키는 노동의 극복을 통해 인간이 진실로 인간이 될 때, 그는 또한 자연의 인간적 본질을 발견한다. 그때야 비로소 그가 인간의 자연적 본질을 발견하기 때문이다. 인간과 자연은 상호 간의 소외를 극복할 것이며, 하나의 살아있는 통일성을 지니게 될 것이다. 이 살아있는 통일성 속에서 마르크스는, 괴테를 따라, 인간을 자연적 존재, 즉 현실적인, 육체적인, 단단하고 잘 정초된 대지 위에 서 있는, 자연의 모든 힘을 들이마시고 내쉬는 인간으로서 표상한다.

이러한 공산주의는 인간주의와 동등한 완성된 자연주의이자 자연주의와 동등한 완성된 인간주의이다. 이로써 인간과 자연, 인간과 인간 간의 투쟁이 진정으로 해소되며, 실존과 본질, 대상화와 자기 확정, 자유와 필연성, 개체와 종 사이의 투쟁이 진정으로 해소된다. 그것은 역사의

14 Karl Marx, *Die Frühschriften* (Stuttgart: Alfred Kroner Verlag, 1953), p.237

수수께끼에 대한 해결이다.

그러나 마르크스 자신은 『자본』(*Das Kapital*)을 저술했을 즈음에 그의 초기 저작들의 자연철학적 전망들과 작별했다. 『자본』에는 '인간의 자연화'라든가 '자연의 회복'에 대한 언급이 더 이상 존재하지 않는다.

> 새로운 사회는 사실상 명백하게 외적 자연의 희생을 통해 인간만을 이롭게 해야 한다. 자연은 거대한 기술적 수단을 통해 최소한의 시간과 노동을 지출하여 지배되어야 하며, 모든 인간의 상상할 수 있는 모든 필수품들을 위한 물질적 기체로 봉사해야 한다.[15]

여기에서 자연은 또 다시 인간에 의해 소비재로 변형될 '자연의 물질'과 '노동의 대상'으로만 나타난다. 자연력들의 활동은 노동하는 인간에게 복종한다. 모든 중재적 노력에도 불구하고, 후기 마르크스에게는 인간과 자연 사이의 갈등이 남아 있다. 즉, 자연의 필연성과 인간의 자유는 결코 해결되지 않은 채로 남아 있다.

사실상 『자본』에서 마르크스가 피력한 견해들은 이미 그의 초기 저작들 안에 준비되어 있었다. 여기에서 그는 자연을 자연력들로 여겼으며, 대상들을 인간의 객관적 활동의 산물로 여겼기 때문이다. 그는 인간과 자연 사이의 관계가 결코 공동의 고향을 포함한다고 묘사하지 않았고, 다만 그 관계를 항상 물질의 필연적 신진대사로 파악했다. 이렇게 본다면, 결국 마르크스 역시 자연을 희생시켜 이룩된 인간의 자기 소외의 지양만을, 즉 자본주의에 의해 야기된 착취가 극복되는 것만을 인식

---

15 Alfred Schmidt, *Der Begriff der Natur in der Lehre von Marx* (Frankfurt a.M.: Europäische Veriagsanstalt, 1971), p.159 재인용

하고 있었던 것으로 보인다. 노동이라는 전망을 통해 자연을 단지 인간에 의해 가공될 대상, 인간 자신의 목적들을 위한 순수한 원료로서만 지각하는 인간의 대상화에서는 결국 자연의 독자성이 사라진다고나 할까?

현대미학의 자연미학 복구

크로체(B. Croce, 1866~1952)가 자연미에 관한 기존 이론들이 "자의적인 주장들과 상상들로 가득 찬 기묘한 복합"[16]이라고 비난하기도 했지만, 사실상 자연미학은 20세기에 이르러 거의 전면에서 사라졌다고 해도 과언이 아니다. 현대에 이르러 자연미학에 대한 관심 회복에 기여한 헵번(R. W. Hepburn)은 당대 미학이 자연미를 경시하게 된 배경을 다음과 같이 지적하였다.[17]

그는 그 원인을 우선 철학자들의 이론이 아니라, 미적 취미 자체의 일반적 변화에서 찾는다. 즉, 오늘날 자연에 대한 진지한 미적 고려가 극히 드문 현상이 되었다는 것이다. 또한 과학의 업적이 자연에 대한 미적 해석을 점점 황폐화시키고, 이에 대한 감각을 잃게 만들었다고 본다. 이와 함께 예술가들도 모방과 재현에서 벗어나 시선을 인간심리의 내적 경관으로 옮겼다는 것이다. 아울러 그는 특히 점점 정확성을 기하려

---

16 B. Croce, *Estetica come scienza dell'espressione e linguistica generale* (Millano-Napoli, 1911), tr. by D. Ainslie, *Aesthetics As Science of Expression and General Linguistics,* (new ed.) (London: Peter-Owen Vision Press, 1953)

17 R. W. Hepburn, "Contemporary Aesthetics and the Neglect of Natural Beauty," in *British Analytical Philosophy*, edited by Bernard Williams and Alan Montefiore, 2nd Impression (London: Routledge & Kegan Paul, 1966), pp.285-310. R. W. Hepburn, *'Wonder' and Other Essays*에 재록.

는 미학이 미적 경험의 특징들이 자연에서는 조금도 획득될 수 없고 경관이 성공적인 예술작품에서처럼 관찰자의 반응을 철저하게 통제하지 않는다는 사실을 빌미삼아, 자연미를 점차 경원시했다고 지적한다. 이는 현대미학이 분석철학의 영향과 함께 언어적 내지 개념적 분석에 집중하고 있다는 사실과 무관하지 않다.

요컨대 과학의 발달로 인해 자연의 신비가 벗겨지고 과학이 예술에 비해 자연을 더 잘 묘사 · 해석할 수 있다는 견해가 지배적으로 되면서, 자연에 대한 미적 해석은 불신당하고, 미학적 연구 방식 역시 실증주의적 영향권 속에 빠져들어 자연미학에 대한 경시가 두드러지게 되었다는 것이다.

마르크스주의자들도 현대 산업사회의 생태학적 위기에 대한 통찰을 통해 새로운 관점에 도달할 수 있게 되었다. 예컨대 알프레드 슈미트는 『마르크스 이론에서 본 자연의 개념』(*Der Begriff der Natur in der Lehre von Marx*) 1971년판 후기에서 다음과 같이 적고 있다.

> '자연의 부활', '인간의 인간화', 오늘날 이러한 것들은 더 이상 종말론적 환상의 산물이 아니다. 이러한 것들의 성취는 인간이 더욱 이성적인 실존의 상태로 들어가느냐, 못 들어가느냐의 문제, 그리고 인간이 살아남느냐, 살아남지 못하느냐의 문제 해결을 위해 필수적인 선행 조건이다.[18]

슈미트 자신은 에른스트 블로흐(Ernst Bloch)의 자연철학을 언급하

---

18 A. Schmidt, *Der Begriff der Natur in der Lehre von Marx* (Frankfurt a.M.: Europäische Veriagsanstalt, 1971) p.211

고 있지만, 이를 미학과 연관시켜 볼 때, 우리는 아도르노에 주목하지 않을 수 없다. 그러나 그에 앞서 현대에서 이루어진 자연미학 내지 환경미학의 내용을 개괄적으로나마 살피는 것이 순서일 듯싶다.

앞서 살폈듯이, 20세기 미학의 새로운 주역을 자처하는 분석철학적 연구들에서 예술 우선의 사고방식은 좀체 수그러들지 않았으며, 오히려 강화되었다고도 할 수 있다. 그러나 이 같은 편향에 대한 반성이 환경미학(Environmental Aesthetics)이라는 통칭 아래 눈에 띌 정도로 제법 두드러지게 성장하고 있다. 아직 형성 중이기 때문에 이에 대한 정의와 연구대상의 범위규정 등은 각양각색이지만, 대체로 예술미를 자연미와 대비한다든지, 미학적 관점과 넓은 의미에서의 윤리학적 관점을 통합하고자 하는 접근방식이 주종을 이룬다. 물론 이 같은 사고는 환경이라는 개념이 과연 무엇을 뜻하는지와 밀접하게 연관된다.

환경미학 논의들을 유형학적으로 살펴보면서 이에 대한 기본적 이해를 시도하고자 할 때, 말하자면, 그 대강의 전개과정과 핵심적인 문제들을 요약적으로 살핌으로써 미래를 위한 새로운 전망을 모색하는 자료로 삼고자 할 때, 이는 예술 전반 역시 기초해야 할 새로운 이해라는 근본적인 문제의식에서 다루어져야 할 것이다. 여기서는 자연감상에 대한 철학적 입장에 따른 갈래들만 개관하기로 한다.[19] 이는 환경미학을 철학적 · 미학적 논의로 한정시키면서, 자연에 대한 철학적(존재론적 · 인식론

19 오늘날 환경미학은 주로 영미권을 중심으로 진행되고 있다. 1966년 영국(스코틀랜드)의 헵번(R. W. Hepburn)의 논문 「현대미학과 자연미의 경시」를 비롯한 초기 글들은 자연 미학에 대한 관심을 자극시키는 데 큰 영향력을 발휘했다. 이로부터 촉발된 논제가 1970년대와 1980년대를 거치면서 미국의 베어리언트(Arnold Berleant), 캐나다의 세판마(Allen Sepanmaa)와 핀란드의 세판마(Yrjö Sepänmaa) 등으로 그 맥이 이어지고 있다. 참조, Allen Carlson, *Aesthetics And The Environment: The appreciation of nature, art, and architecture* (London & New York: Routledge, 2000), chapter 1

적) 입장에 따라 분류한다. 이에 따르자면, 환경미학은 크게 보아 환경철학의 한 분과로서, 미학과 긴밀한 연관관계를 갖는다. 자연감상에 대한 다양한 접근 방법 또는 모델에 대한 연구는 그 자체가 환경미학적 논의의 핵심 부분이자 하나의 완결된 학문으로서 환경미학의 다양한 방법론적 이론 틀을 형성해준다는 점에서, 자세한 설명은 생략한 채, 그 윤곽만을 제시해본다.(표 1-1 참조)

〈표 1-1〉 환경미학의 몇 가지 모델

유형	주 요 내 용
오브제모델과 풍경모델	오브제모델(object model)은 자연을 한 편의 추상조각 또는 '발견된 작품'(오브제 트루베, objec trouvee)으로 보고 그것들을 그 배경으로부터 정신적으로나 물리적으로 발췌해내면서, 그 형식적 속성에 초점을 맞춘다. 풍경모델은 자연을 마치 2차원적 풍경을 그린 한 폭의 풍경화를 감상하듯이 보면서, 역시 그 형식적 속성에 주로 초점을 맞춘다.
자연환경모델	예술작품의 감상에서와 마찬가지로, 자연을 사실 그대로 (즉 자연적인 것으로, 그리고 하나의 환경으로) 감상해야 하며, 나아가 그것에 대한 우리들의 지식(즉 자연과학과 특히 지질학, 생물학, 생태학 등의 환경 과학에서 제공하는 지식들)을 가지고 감상해야 한다고 주장한다.
환기모델	자연환경모델에 대한 비판 속에서 성립한 이 모델은 '자연에 의한 감동'을 강조한다. 이는 자연환경모델이 자연에 대한 미적 감상에서 중심영역으로 할당하는 과학적 지식에 도전하면서, 우리가 자연을 감상하는 것은 단순히 자연에 대해 우리 자신을 열고 그렇게 하여 그것에 의해 정서적으로 환기되는 것이라는 주장을 견지한다.
신비모델	자연환경모델에 대한 더욱 근본적인 도전인데, 이는 소위 자연감상의 신비(mystery)모델에서 나온다. 이는 칼슨(Carlson)의 자연환경모델에 대해 좀 더 과격하게 비판하는 모델이다: 로널드 헵번, 롤스턴 3세(Holms Rolston III), 고들로비치(Stan Godlovitch) 등등.
참여모델	자연환경모델의 인지적 강조와는 대조적으로 참여(engagement)모델은 자연의 배경적 차원과 자연에 대한 우리의 다감각적 경험을 강조한다. 환경을 유기체, 지각, 장소의 이음매 없는 단일체로 보는 이 모델은 우리 자신을 자연환경 속에 빠져들도록 하면서, 주체와 대상 같은 전통적인 이분법을 거부한다. 나아가, 궁극적으로는 우리와 자연 사이의 거리를 최소한도로 좁히고자 한다.

이 밖의 환경미학 모델로서 우리는 논의별 분과에 따른 갈래로서, 정원을 역사적으로, 또한 문화 횡단적으로 전통예술과 공예와 관련하여 고찰하는 정원미학, 일본 및 다른 아시아 전통과 서구의 전통을 비교하거나 상호관계를 살피는 비교미학, 눈, 비, 개별적인 색들, 그리고 빛과 그림자와 같은 특정한 환경적 특징의 미적 성질에 대한 연구를 비롯하여 건설 환경과 자연 환경의 비교, 조경 감상의 역사와 특징, 그리고 특정한 환경의 미학적 비평과 같은 논제들을 볼 수 있다. 여기서는 그중 두 가지 사례만을 예시한다.

먼저 조경학과 지리학 쪽의 '경관미학'(landscape aesthetics)[20]이 있다. 이는 환경미학을 조경학 또는 지리학의 연장선상에서 접근하는 갈래로서, 애플턴(J. Appleton)과 부라사(S. C. Bourassa) 등은 경관감상의 대상 규정과 그 원리의 문제, 즉 '우리는 경관에서 무엇을 좋아하며 왜 좋아하게 되는가'의 문제를 중시한다. 애플턴은 생물학적 결정론에 근거한 '조망-은신 이론'(prospect-refuge theory)을 내놓으면서 경관에 대한 미적 반응이 인간에게 선천적인 것임을 역설하고 있고, 부라사는 이를 반박하면서 경관의 미적 경험은 생물학적 · 문화적 · 개인적 양태의 삼원적 틀로 구성된다고 주장한다.

다음으로 실험미학에 기초한 계량적 환경미학이 있다. 환경미학을 실험 결과에 의존하는 실증과학적 연구로 접근하는 갈래이다. 이는 페히너(Fechner)를 계승한 베를린(D. E. Berlyne) 등의 실험미학에 기초하는 계

20 배정한(1996) 「환경미학의 연구 동향과 과제: 1960년대 이후 영미권을 중심으로」, 『예술문화연구』 6/배정한(1998) 「조경에 관한 환경미학적 접근: 전통적 조경관에 대한 반성과 새로운 대안의 모색」(서울대학교 협동과정 조경학 전공 박사학위논문)/배정한 · 조정송(1995) 「Appleton과 Bourassa의 '경관미학' 이론에 대한 비판적 고찰」, 『한국조경학회지』 23(1)

량적 미학으로서, 휠윌(J. E. Wohlwill) 등 환경심리학자들이 주축을 이룬다. 주로 실험을 통해 환경의 미적 자극에 대한 반응을 통계적으로 밝히거나, 그 선호를 평가하는 데 주력하며, 실증과 구체적 응용에 목표를 둔다.

요컨대, 넓은 의미의 환경미학은 다양한 의미에서 서로 다른 연구자들의 학문적인 관심과 목적을 반영한다. 환경 심리학자들, 도시와 지역 계획자들, 그리고 다른 행동과학자들이 공통적으로 환경미학과 조경의 시각적 아름다움을 연관시킨다. 그들은 디자인을 결정하거나 정부의 환경정책을 위한 길잡이로 공식화하기 위해 우선적 선택과 행동을 통한 양적 측정을 시도한다. 여기에서 미학은 보통 시각적으로 즐거운 것으로 이해된다. 일관성, 복잡성, 명료성, 신비감, 매력과 같은 요소들이 경험적인 연구에 의해 판명되고, 이러한 연구는 경험적인 주체를 선호하는 것으로서 이러한 요소들의 가치를 결정하고 측정한다. 철학자나 사회 과학자들을 포함한 다른 연구가들은 그러한 경험적인 연구의 양적인 관점을 개념적으로 고지식하고, 지각적으로 무차별하고, 지나치게 가정적인 것으로 제한하여, 심지어는 결함이 있는 것으로 여긴다. 반면에 어떤 연구자들은 질적인 경향을 선택하고 숙련된 감상자에 의해 감상되는 대상 혹은 광경의 아름다움을 가지고 환경미학을 확인한다. 현상학적 접근을 적용하는 연구자들은 지각 활동, 미학적인 환경 경험에서 지각자의 형성적 기여, 그리고 지각자와 환경의 근본적인 상호성을 강조한다.

우리 모두는 거대한 자연세계, 즉 어떤 부분도 다른 곳에서 이루어지는 사건이나 변화로부터 면제되지 않는 조화로운 우주 생태계에 묶여 있다. 그리고 자연세계는 어쩔 수 없이 인공적이며, 넓은 의미에서 인간 존재와 인간의 작업을 포함한다. 자연은 스피노자의 전체질서라는 의미에서, 하이데거의 존재론적 세계(세계-내-존재)라는 의미에서와 같이,

'시적으로' 살아가는 모든 것을 포괄한다. 그리고 이는 다시 문제를 미학으로 돌려놓는다.

이 같은 종합적인 관점을 살피기에 테어도르 아도르노(Theodor W. Adorno, 1903~1969)는 가장 적합한 인물이다. 그는 환경운동이 출현한 1960년대가 아니라 그보다 훨씬 앞선 1930년대에 이미 자연에 대한 새로운 이해를 촉구했다. 여기에서는 그의 경우를 윤곽적으로 살피는 것에 만족할 수밖에 없다.[21]

자연미의 현대적 구제: 아도르노의 경우

아도르노에 의한 자연미의 구제를 살피려면, 그의 미학이 지닌 전반적인 특징을 이해하는 작업이 선행되어야 한다.[22]

아도르노 미학의 첫째 기획은 고전미학, 즉 알렉산더 고트리프 바움가르텐에서 시작하여 칸트와 헤겔에 이르러 정점에 이른 독일 관념론의 철학적 미학을 다시 읽는 데서 이루어진다. 아도르노는 고전 미학과 연관된 개념, 주제, 이론화 전략 등의 상기 혹은 재취합을 시도하는데, 이러한 기획의 근거는, 철학적 관념론의 틀 안에서 볼 때, 미와 진과 선이 서로 분리되지 않고 담론적 연속성 또는 상호적 연관성 속으로 끌려들어온다는 사실이다. 그러나 아도르노는 결코 역사학자가 아니다. 그는

21 Deborah Cook, *Adorno on Nature* (Durham: Actmen Publishing Ltd., 2011) / 정성철, 「아도르노의 자연과의 화해 이념 연구」(서울대학교 대학원 미학과 박사학위 취득논문, 2011)

22 참조, Heinz Paezold, "Adorno's Notion of Natural Beauty: A Reconsideration," in *The Semblance of Subjectivity*, edited by T. Huhn and L. Zuidervaart (Cambridge, Massachusetts: MIT Press, 1997)

고전미학을 해석학적으로 재조정하거나 그것의 정확한 이해에 대한 기여를 목표로 삼지 않는다.

그의 둘째 기획은 고전적 개념과 주제들을 현대예술의 경험과 대치시키는 데서 이루어진다. 이때 현대적 미적 경험들에 대한 명확한 설명에 강조점이 놓여진다. 이때 아도르노의 해체가 미학의 개념들이나 범주들의 철학적 지위와 개념적 또는 담론적 구조의 수용 경험이라는 두 가지 사실 모두에 영향을 미친다는 것을 명심해야 할 것이다.

이제 셋째 기획을 언급할 적절한 지점에 이르렀는데, 그는 역사적 유물론을 포괄한다. 아도르노는 철학적 개념들을 개인적 해방을 포함하는 정치적 해방을 위한 잠재력과 관계시키는 역사적 유물론을 제3의 준거점으로 끌어들인다. 이때 해방은 단지 이론적 도그마만이 아니라, 육체의 해방을 또한 의미한다. 다시 말해, 상품 생산에 근거한 사회가 그 구성원들에 짐 지우는 모든 제약이 극복되어야 하고, 비록 유토피아적 전망에서이긴 하지만, 정신과 육체, 문화와 자연, 사회와 자연의 화해가 설명되어야만 한다. 이렇게 해서 형이상학적 유산의 해체는 모두를 위한 보편적 해방과 감각적 행복과 연결된다.

이 같은 이해는 아도르노의 자연미학이, 미학사적으로 볼 때, 헤겔비판으로부터 시작한다는 사실을 근거로 한다. 이때 우리로서는 미학사상뿐만 아니라 기존의 관념론적 사유에 대한 아도르노의 비판이 내재적 비판(immanente Kritik)의 방식에 의거한다는 것을 염두에 둘 만하다. 그것은 해당 사유의 관념적 요소들 내부로 들어가 그것들의 내적 논리를 끝까지 진척시켜 내적 요소들의 자기모순적인 관계를 폭로함으로써 새롭고 참된 관념을 얻는 방식이다. 아도르노는 "(관념론의) 범주들을 미궁 속에 빠뜨린 모순들을 드러낸 후, 그 범주들을 그것들의 내적 논리에 따라 자기 파괴적인 지점으로까지 밀어붙임으로써 이미 비틀거리고 있는 부르주아 관념론을 토대로부터 무너뜨리는 것을 철학자의 임무"라고 생각했다.[23] 이와 같은 비판을 거친 관념들은 자신의 대립물로 전화되는데, 이는 변증법의 다른 이름이기도 하다. 아도르노는 이러한 내재적 비판의 방법에 따라 헤겔의 자연미 개념을 비판한다. 즉, 가장 진보한 단계의 미학을 내재적으로 비판함으로써 가장 참신한 미학적 관념을 얻어내고자 한 것이다.

아도르노는 그의 자연이해를 그가 호르크하이머와 공저한 『계몽의 변증법』과 『부정의 변증법』[24]에서 그 기초를 마련한다. 계몽의 영광과 불행의 역사를 이야기한다고 해서 "사유의 메타역사"(Metageschichte des Denkens)[25]라고도 불리는 이 『계몽의 변증법』은 "인류가 왜 참된 인간적 상태로 진입하지 않고, 야만으로 침몰하고 있는지에 대한 인식"(DA, S.11)을 다룬다. 이 책의 저자들은 이러한 비극의 발단이 자본주의라는 지배형식에서 비롯된 것이 아니라, 이미 역사의 시원에서부터 주어진 것으로 보고 있다. 즉 "모든 생명체의 진정한 법칙"(ND, S.342)인 인간의 자기보존 욕구로 인해 인간은 자신이 필연적으로 막강한 자연에 내맡겨져 있음을 의식하면서, "주관화된 신화적 공포"(DA, S.16)에 사로잡히게 된다는 것이다.

이에 인간은 자기보존의 주체로서 맹목적인 자연의 직접성 가운

---

23 S. Buck-Morss, *The Origin of Negative Dialectics: Theodore W. Adorno, Walter Benjamin, and the Frankfurt institute* (New York: Free, 1997) p.64

24 Theodor Adorno, *Dialektik der Aufklärung* (Frankfurt a.M. GSIII: Suhrkamp, 1984) ; *Negative Dialektik* (Frankfurt a.M.: Suhrkamp, 1990), 이하 각각 DA, ND라고 줄여 본문 중에 쪽수와 함께 삽입한다.

25 Wellmer, *Zur Dialektik von Moderne und Post-moderne: Vernunftkritik nach Adorno* (Frankfurt a.M.: Suhrkamp Verlag, 1985)

데 머물러 있거나 아니면 그 자연을 지배해야 한다는 두 극단 사이를 떠돌게 된다. 말하자면, 그에게 주어진 가능성은 자연을 굴복시키든지, 아니면 자연에 굴복당하든지 둘 중 하나일 뿐이었다. 끊임없이 자신을 위협하는 외부 자연으로부터 해방되고자 벌이는 투쟁 가운데, 인간은 일단 자연을 힘으로 장악함으로써 지배하고자 한다. 이 자연지배는 지배의 또 다른 형식, 곧 인간에 의한 인간의 지배로 이어진다. 즉 자연지배를 위한 재화와 노동의 분업화가 필연적으로 강제성을 띠고 관철되어야 하기에, 자연지배는 동시에 사회적 지배를 전제한다. 이러한 지배의 두 가지 형식에 의해 이제 자연뿐만 아니라 인간을 포함한 모든 객체가 오로지 사용을 위한 객체로 전락해버린다.

이와 같이 모든 객체를 동일성의 범주 아래 포섭하는 계몽의 역사는 마침내 그 전형적인 죄과로서 '관리사회' 단계로까지 이른다. 따라서 본성상 "계몽은 전체주의적"(DA, S.10)이며, 그러한 계몽의 원리, 즉 동일성은 "사회 및 그 운동의 본질적인 법칙"(ND, S.171)이 된다. 따라서 철학은 이러한 계몽이 "스스로 저지른 죄에 대한 자각"(DA, S.2)이어야 한다.

그러나 이러한 자각 내지 자기반성이라고 해서, 이성적 사고를 포기해서는 안 된다. 즉 그와 같은 동일성 폐해로부터의 탈출은, '자연으로 돌아가라'라는 식의 퇴행이 아니라, 그러한 동일성을 "그 한계에 이를 때까지"(ND, S.17) 밀어붙임으로써 그것의 허구를 폭로하는 길뿐이다. "동일성의 가상을 파괴하는 힘은 사유 자체의 힘이다."(ND, S.152) 이렇게 볼 때, 합리적 이성에 대한 아도르노의 비판은 오로지 일면적 · 추상적 · 도구적 이성에 국한될 뿐, 결코 이성 자체의 포기는 아니다. "계몽의 자기반성은 계몽의 파기가 아니다."(ND, S.160) 그러한 반성은 역사적으로 배제되고 부정되었던 또 다른 합리성, 곧 반성적 이성의 재발견과 활성화를 목표로 한다.

예술미에만 집중했던 전통에 대한 아도르노의 비판은, 자연미를 평가절하 내지 배제했던 미학이론들이 언제라도 한낱 도구적인 이성으로 둔갑될 수 있는 실체화된 주관적 이성 개념을 전제한다는 것이다. 지적한 대로, 이는 세계의 전체성, 나아가 우주에 대한 일종의 신경증적 지배 요구를 가져온다. 그것은 곧 '극단화된 신화적 공포'인데, 역설적이게도 계몽은 바로 이를 통해 관철된다. 모든 이종(異種)적인 것(Anderartige), 비동일적인 것, 외부에 존재하는 것(Draußen Seiende), 모든 약분할 수 없는 것(alles Inkommensurable)은 해명 내지 분류되어야 하고, 또한 하나의 형식 아래 굴복해야 한다. 외부(Draußen)라는 표상은 바로 공포의 본래적인 원천이기 때문에, 그러한 것이 더 이상 외부에 존재해서는 안 된다.

병적인 동일성의 강요, 모든 것을 종속시키려는 핍박으로부터의 탈출은 오로지 인간이 그러한 강요와 핍박을 의식하고, 자신의 고유한 유한성을 받아들이고 감수할 태세를 갖출 때에만 가능하다. 따라서 인간은 타자, 즉 비동일자 자체를 인정해야 하지, 그것을 자기 것으로 전화시키고자 시도해서는 안 된다. 그러한 비동일적인 것은 바로 자연일 것인 즉, 아도르노는 그러한 자연에게 예술과 유사한 특징을 부여한다. 인간은 자연 앞에서 신경증적인 공포를 느끼며 살아왔고, 또 현재도 그렇게 살고 있다. 그러한 자연을 잊지 않음으로써 인간은 자신의 '지배망상'(Herrschaftswahn)으로부터 해방될 수 있다.

이제 아도르노는 자연이라는 개념을 '모든 타자에 대한 단순한 이름'으로 사용한다. 이때 자연은 근본적으로 인간의 주관적 이성의 행위객체로 취급되는 것이 아니라, 오히려 인간세계를 아무런 강제 없이 둘러싼 '환경공간'(Umraum)으로 다루어진다. '자연'은 결코 어떤 한정

(Bestimmtheit)을 지칭하는 것이 아니다. 왜냐하면 모든 한정은, 보편성을 통해 특수자를 사상(捨象)해야만 하는, 개념의 형식을 사용하기 때문이다. 자연이 무엇인지는 말로 할 수 없다. 또한 그 때문에 유토피아적 잠재력 또한 한정될 수 없는 성질이 된다. 그것은 '역사 이전'(Vorgeschichte)의 기억 속에서 발원해야만 한다. '자연'이란 다름 아니라 바로 비한정적인 것 일반을 의미한다. 이러한 비한정성은 '자연'이 모든 개념에 대한 거부를 의미하는 동시에, 하나의 비판적 개념으로서, 이성과 이론의 영역으로부터 배제되었던 것의 철저한 지표(Index)로 기능한다.

아도르노가 행한 자연미학의 이러한 새로운 정초로부터 이제 실용적인 도구주의적 이성 개념과 본질적으로 대립되는 미적 체험이 기술된다. 즉 자연미는 비동일자로서 주관적 체험에서 객체가 차지하는 우위를 암시하는데, 이러한 객체의 우위에 입각해 볼 때, 자연미의 체험은 '객체 속으로의 자기침잠'(Sich-Versenken)과 자기망각을 강요한다. 자연의 현상적 미는 개념의 동일화 논리를 거부하는 방식으로 경험되며, 이러한 미적 지각 속에서 개념은 독특하게(spezifisch) 극복된다. 즉 자연미 경험은 확고한 결과 속에 고착될 수 있었던 것 이상을 인식하게 해주는 경험을 의미한다. "자연에서 미는 실제로 있는 것 이상으로 나타난다. … 그것은 … 물음을 던지면서 해답을 기대하는 어떤 이해하기 어려운 것으로 지각되기도 한다."(ÄT, S.111)[26] 그럼으로써 "객체는 한정적 개념의 고착상태로부터 풀려난다."(ÄT, S.113)

자연을 미적 범주 아래 지각한다는 것은 자연에 내재하는 수수께

26 Theodor W. Adorno, *Ästhetische Theorie* (Frankfurt a.M. Main: zweite Auflage, 1974). 이하 ÄT로 줄여 본문 중에 쪽수와 함께 삽입한다.

끼적인 것을 지각한다는 것을 의미한다. 자연이 우리를 촉발시킬 수 있는 근거는 '자연의 언어가 갖는 수수께끼 같은 성격'에 놓여 있다. 아도르노는 자연과 마찬가지로 예술작품 또한 완전하게 지성에 의해 해명될 수 없다는 신념을 갖고 있다. 즉 예술작품은 결코 상술되거나 어떤 특정한 규정적 영역에 정위될 수 없다. 이로써 예술작품 역시 자연과 마찬가지로 하나의 비동일자이자, 모든 것을 통제하는 '관리세계'로서 볼 때, 눈엣가시가 되어야 한다. 이것이 바로 아도르노가 말하는 예술작품의 진리함축(Wahrheitsgehalt)이다. 그럼으로써 예술은 지배 없는 사회 상태에 대한 동경을 일깨우고, 이러한 상태를 비록 구체적으로 예시한다거나 하나의 명확한 상으로 나타내지 않더라도, '관리세계'로서는 예술이 자못 불쾌한 것이 된다.

수수께끼적이고 비한정적인 것으로 경험될 때, 자연은 더 이상 단지 실용적인 유용성이라는 사회적 목적규정의 연장선상에 놓이지 않는다. 자연이 갖는 수수께끼적 성격은 그것의 침묵(Schweigen)에서 기인하는 바, 이제 이 침묵과 수수께끼를 통해 자연미는 예술을 위한 전형이 된다. "빈틈없는 짜임새를 통해 예술작품이 그 자체 안에 머문다는 것은 자연이 말을 하는 유일한 방식, 즉 침묵의 모방을 의미한다."(ÄT, S.115) 그러나 침묵의 모방은 침묵의 단순한 모사를 의미하지 않는다. 왜냐하면 아무 말도 하지 않고, 따라서 자연과 똑같은 예술은 더 이상 존재하지 않을 것이기 때문이다. 아도르노는 이러한 생각을 경구적으로 정식화한다. "자연의 언어가 침묵이라면, 예술은 그 침묵을 언어화하고자 노력한다."(ÄT, S.121)

이러한 침묵 내지 수수께끼적 성격과 더불어, 자연은 — 예술과 함께 — 지배로부터의 자유를 예감할 수 있게 해주고, 나아가 약속해준다. 즉 본래적(authentisch) 예술작품과 마찬가지로 자연미에는 "시민사회와 그 노동 및 상품들의 피안에 있는"(ÄT, S.108) 그 어떤 것이 잠복해 있다. 이처럼 자연미와 예술이 다 같이 자유를 상기시킴에도 불구하고, 양자 간에는 차별성이 개재한다. 즉 자연미가 "지난날의 부자유 상태에서 자유를 희망하는"(ÄT, S.104) 상기임에 반해, 예술은 "자연이 약속하는 것을 이행하기"(ÄT, S.103) 때문이다.

자연을 미적으로 체험하는 가운데 사회적 지배의 연속은 와해된다. '약속'이나 '예감'이라는 표현에서 암시되듯이, 자연미 속에서 자연은 '아직 존재하지 않는 것'(noch nicht Seiendes)으로 경험되는데, 그러한 비존재자는 무의도적으로 현재의 합리성 및 유용성 범주의 피안에 놓여 있다. 예술작품이 상품사회의 지배적인 교환 원리와 대립되는 것과 마찬가지로, 자연은 사용(Gebrauch)과는 별개이다. 이렇게 볼 때, 자연미의 약속은 모든 약속과 마찬가지로 불확실하지만, 그럼에도 결코 뇌리에서 지워버릴 수 없다. 어떤 성공적인 사회만이 그러한 선취를 완전히 실현할 수 있다는 점에서 자연미에는 하나의 선현(Vorschein)이라는 지위가 부여된다.[27] 즉 자연의 침묵에서 기인하는 비의성(秘意性, das Hermetische)은 지배적인 의사소통적 전범에 적대적인 까닭에, 자연미에서의 선취는 — 아직 존재하지 않는 — '훌륭한 사회'에서야 비로소 실현될 수 있다.

마지막으로 아도르노는 "자연미가 진리와 밀접한 관계를 갖지만, 그 진리는 가장 가까운 순간에도 은폐를 통해서만 스스로를 드러낸다는 점에서 예술미와 흡사한데, 예술은 사실상 이러한 점을 자연미로부터 배웠다."(ÄT, S.115)라고 주장한다. 예술을 비동일적인 것의 구현이라고 하는 그의 기본관점에서 볼 때, 그가 자연으로부터 예술로 나아간 것이 아

---

27 H. Paezold, *Ästhetik des deutschen Idealismus* (Wiesbaden: Franz Steiner Verlag GmbH, 1983), p.329

니라, 역으로, 예술의 고유성을 추후적으로(nachträglich) 자연과 자연미에 전이시켰다고도 볼 수 있다는 견해마저 존재한다.[28]

자연과 역사

요컨대, 아도르노에 따르자면, 자연미란 자체로서의 자연에 대한 체험에서 얻는 미인데, 자체로서의 자연은 도구적 합리성의 대상으로 물화되지 않는 대신, 동일성의 왕국으로부터 추방당하거나 핍박받는다. 자연미의 체험은 동일성 속에서 고통받고 버림받는 타자성에 대한 인식이다. 그런데 자연미와 이에 대한 체험의 고찰은 자연에 대한 역사적 현실을 매개로 할 때에만 올바르게 고찰될 수 있다. "역사적인 기억이 없다면, 어떠한 미도 있을 수 없다."(ÄT, S.102) 아도르노에게 자연미는 사회역사와의 대립적 · 상호지시적 관계 속에서 고찰된다.

자연미의 체험이 역사성을 갖는다는 것은 우선 자연미의 체험 자체가 역사적으로 형성되었다는 사실을 통해 설명된다. "자연이 인간에 대해 막강한 것으로 대립하면서 등장하던 시대에는 자연미를 위한 아무런 공간도 없었다."(ÄT, S.102)는 사실은 비역사적이라는 통념으로 파악하던 자연미 속에 역사성의 핵이 있음을 보여 준다. 자연과 자연미가 역사적인 고통의 현실 속에 있다면, 마찬가지로 자연미에 대한 체험 또한 역사적으로 왜곡된다. 즉자 존재로서의 자연(Natur als an sich Seiende)에 대한 체험은 대상으로서의 자연에 대한 체험과 구별된다. 왜곡된 자연체험

28 K. Sanerland, *Einführung in die Ästhetik Adornos* (Berlin; New York: Walter de Gruyter, 1979), S.90

은 물화된 자연 대상을 직접적으로 파악하는 데서 비롯된다.

근대 이후 보편적 동일성의 지배력은 자연미 인식을 자신의 이데올로기적 보완물로 종속시킨다. 자연미는 지배체제의 야만성에 대한 변명과 알리바이로 변질된다. 자연미의 체험은 물화되고, 대상화된다. 그 대표적인 사례가 자연미를 관광명소와 같은 상업적인 대상으로 이용한다는 사실에서 확인된다. 어떤 자연 대상을 보고 '아름답다'라고 감탄사를 내뱉는 것도 자연미를 손상시킬 위험이 있기에, "자연 현상은 침묵하기를 원한다."(ÄT, S.108) 역으로 대상화된 자연미는 저항적 파괴력을 거세당한다. 자연미의 개념과 자연의 체험이 역사적으로 왜곡되어 있는 상황 속에서 진정한 자연 체험은 그 체험 속에 숨어 있는 전체 사회와의 관계를 고려하지 않으면 불가능하다. 그것은 곧 자연을 역사적 상처로서 인식하는 것을 의미한다.

현실의 모든 것을 추상적 교환관계의 체제 속으로 편입시키는 사회적 지배원리 아래 고통 받는 존재, 타자적인 모든 것을 비존재의 어둠 속으로 내던지는 합리적 이성의 보편적 원리로부터 무시당한 존재를 고통의 현실 그대로 파악하고 체험하는 것, 억압받는 타자적인 것들 위에 씌워진 이데올로기의 베일에 현혹됨 없이 고통의 상처를 인식하는 것, 그럼으로써 그에게는 "시민사회의 피안, 노동과 상품의 너머에 있는 것"(ÄT, S.107)을 깨닫고 동일성에 의해 억압받는 타자성과의 화해가능성을 모색하는 것이 진정한 자연체험의 의미이다.

자연미에 대한 아도르노의 이론화는 자연미가 확고하게 현대예술의 미적 체험과 병행함을 보여주려 하는 데서 그 정수를 찾을 수 있다. "예술작품과 자연미는 교환과 상품 생산 원리의 총체성을 초월하는 경험의 모델을 대표한다."(ÄT, S.107) 그러나 아도르노는 교환과 상품세계의 바깥에 있는 그러한 위치가 점차적으로 무화되고 불가능해진다는 사실을 간과하지 않는다. 그럼에도 불구하고 자연미는 사회적 내재성의 매개 너머에 있는 영역에 대한 알레고리이다. "그 사회적 매개성에도 불구하고, 자연미는 그 너머에 있는 것의 알레고리로 남아 있다."(ÄT, S.108)

아도르노는 사회적 내재성 너머에 있는 그러한 존재의 알레고리적 성격을 강조한다. 그렇지 않고 이를 자연미가 실현된 화해의 사례로 간주한다면, 그것은 이데올로기가 되고, 현존 사회를 확고히 긍정하게 될 것이기 때문이다. "오늘날 우리는 규제와 조화의 원리에 따라 자연미 체험을 표상할 수 없다."(ÄT, S.110, 117) 아도르노에 따르면, 자연의 미적 체험은 현대의 예술작품 속에서 감지될 수 있다. 양자 모두 동일화하는 합리성과 논술을 무력화시킨다. 근대적 합리성은 모든 것을 포착할 때, 그것들 위에 군림하기 위한 동일화 과정을 통하도록 되어 있다. 그러나 예술 작품은 자연미처럼 — 둘 다 합리적 논술에서 벗어나는 능력을 갖고 있기는 하지만 — 합리적이라는 약속을 제기한다.

> 사물들이 보편적 동일성에 속박되어 있는 시대에, 자연미는 사물들 속에 있는 비동일성의 흔적이다. 이 속박이 지속되는 한, 비동일성은 아무런 긍정적 존재도 갖지 않는다. 그러므로 자연미는 산발적이고 불확정적인 상태로 남는다. 그러나 그것이 약속하는 것은 주관적 감각작용을 넘어설수록 더욱더 유의미해진다. 미의 현존 가운데에서 겪는 고통(그 고통은 자연 체험에서 각별히 생생하다)은 약속되었으나 결코 미에 의해 드러나지 않는 것을 향한 갈망이기도 하고, 미적인 것과 같아지고자 하나 성공하지 못하는 현상의 불충분함을 대할 때의 고통이기도 하다. 이는 예술에도 똑같이 적용된다.(ÄT, S.121)

자연미와 현대 예술작품은 비동일성의 '흔적'을 우리에게 제공한다는 공통점을 가지며, 그러한 '흔적들'은 지시적 의미를 넘어서는 언어의 약속들에서 파악가능하다.(ÄT, S.115) 현대예술의 계속되는 정신화, 즉 예술의 반성적 성격과 합리성은 예술을 자연미로부터 떨어뜨리지 않고, 오히려 자연 및 자연미와 같은 선상에서 예술의 정신화를 추동한다. 정신화는 과학적 합리성과 동일한 것으로 파악될 수 없다. 예술은 인간적 의미, 인간적 의도 너머의 무엇을 명시하고자 한다.

> 실제로 예술이 지난 200년 동안 겪었고 예술이 성숙함을 얻을 수 있게 해준 정신화는 예술이 자연으로부터 멀어지는 것을 의미하지 않는다. 그렇게 말하는 것은 물화된 의식에 물든 해석이다. 사실 예술은 성숙해 감에 따라 자연미에 가까이 다가간다. 예술의 정신화 경향을 주관적 이성에 부응하는 과학의 발전과 단순하게 등치시키는 예술 이론은 약간의 개연성을 가질 수 있을지는 모르나, 예술 운동의 정수를 놓친다 … 안톤 베베른(Anton Webern)의 가장 참된 예술에서 순수음이 … 그 대립물, 즉 자연음으로 전화하는 것처럼 … 예술 작품의 순수한 표현은 … 자연으로 수렴한다 … 한편으로 자연의 언어는 침묵이며, 예술은 이 침묵을 언어화한다.(ÄT, S.121)

이처럼 예술과 자연은 불가피하게 서로 연관되어 있다. "양자는 서로에 대한 반명제로서 서로 의지한다. 자연은 매개되고 대상화된 세계의 체험에 의지하고, 예술작품은 직접성의 매개된 담지자로서 자연에 의지한다."(ÄT, S.98) 자연미나 예술미 중 어느 하나만을 독자적인 중심 주제로 다루는 미학사상은 오류에 빠질 것이다. 진정한 미학은 자연미를 추구함으로써만 정당성을 획득한다.

앞에서 이미 아도르노가 뜻하는 자연미의 역사성을 살펴보았거니와, 즉 '문화풍경'(Kulturlandschaft)이라는 자연미의 영역 역시 이와 같은 맥락에서 주목받을 만하다. 즉 한때 자연물과 대립되는 것으로 여겨졌던 문화풍경이 낭만주의적 '폐허숭배'를 시발점으로 자연미의 한 영역으로 포함되었다는 사실은 자연미 개념 자체가 얼마나 많은 변화를 겪었는지를 명확히 보여준다. 그것은 인공적 구조물이면서도 자연 체험에서와 같은 감정을 유발한다. 그것은 주위의 자연환경과 어우러진다는 사실과 예술에서처럼 형식 법칙을 중심으로 건조되지 않는다는 점에서, 자연미와 유사성을 갖는다. 자연미와 마찬가지로 '오래된 성벽' 혹은 '중세 가문' 등과 같은 문화풍경 속에는 역사의 고통이 스며 있다. 그것은 역사적 고통의 흔적이다. 그러한 의미에서 그것은 지배의 역사로서의 동일성의 현실에 대해 교정적 계기이자 저항으로 의미를 갖는다.

아도르노는 문화풍경을 고통의 표현이자 그에 대한 기억으로 체험함으로써 자연과 문화 활동이 화해할 수 있다는 생각을 불러일으킨다. 그는 이로써 근대적인 미적 체험의 두드러진 사례로 풍경체험의 복권에 결정적인 두 가지 논의를 덧붙인다. 첫째, 풍경은 자연사(Naturgeschichte)로 파악되어야 한다는 것이다. 우리는 문화풍경에서 자연과 문화 화해의 유토피아적인 형상화를 음미한다. 그것이 유토피아적 형상화인 것은 우리가 우리의 화해에 대한 갈망을 풍경에 투사했기 때문이다. 문화풍경은 단순히 주어진 가상이 아니라, 유토피아적 가상이다. 둘째, 문화풍경의 모습들은 "기념물"(ÄT, S.102)의 이미지들이다. 문화와 자연 화해의 유토피아적 형상을 구제하기 위해서는 역사적 기억과 역사적 애도가 반드시 내포되어 있어야 한다. 아도르노는 자연의 미적 체험과 예술 작품의 미적 체험 사이에 연계를 강조한다. 그것들은 이미지들이라는 점에서 공통된다. 미로 현상하는 자연은 활동 대상으로 파악되지 않고, 예술작품과 자연의 미적 체험에서 자기-보존이라는 목적은 다 같이 추월된다.(ÄT, S.103)

자연미학에 대한 추가적 검토

아도르노의 자연미학에 내포된 이중적 성격, 즉 1) 자연미는 주관에 의해 환원될 수 없는 타자성의 객관적 존재이므로 주관은 이를 미메시스적으로 수용해야만 한다는 것, 그리고 2) 자연에는 자연의 고통이 개념적 언어와는 다른 언어로 쓰여 있으나, 스스로 이를 말할 수 없으므로 예술이 자연을 모방함으로써 자연이 말하지 못하는 것을 대변해준다는 것이다. 이 명제들은 이후의 발전에 기여함 직하다. 하나는 미학과 윤리학이 현대 사회가 절실히 요청하는 반성능력의 함양에 다 같이 기여할 수 있다는 점에서 연계가 가능하다는 것이고, 다른 하나는 이를 매개로 자연미학과 예술을 포함한 인공 내지 문화 환경에 대한 미학적 · 철학적 고찰이 체계적 연관을 지속적으로 유지해야 한다는 것이다.

자연미학이 우리에게 선한 삶에 대한 진정한 가능성을 밝혀준다는 입장에서 마르틴 세엘(Martin Seel)은 검토해볼 만하다.[29] 그는 예술철학으로서의 미학이 지닌 제한적 역할을 넘어서기 위해 자연미학을 도입하는데, 이때 자연에 대한 미적 경험들과 관련된 도덕적 · 철학적 문제들이 그에게 초점을 부여한다. 이는 그가 자연을 세 가지 뚜렷한 태도와 구분하는 것과 밀접하게 연관된다.

첫째, 사물들에 대한 감각적 의식과 이 의식성의 중요성을 포함하는 관조적인 태도가 있다. 여기에는 공감각적 감관 작용의 경험이 의미의 관점을 극복한다. 관조 행위는 세계 구명을 전제로 하지만, 이러한 구

29 Martin Seel, *Eine Ästhetik der Natur* (Frankfurt a.M. Main: Suhrkamp, 1991), 이하 ÄN으로 표기, 본문 안에 쪽수와 함께 삽입한다.

명과 의미는 관조의 계기에서 초월된다. 미적 관조는 순수하게 감각적이며, 그런 이유로 쇼펜하우어에 이르는 형이상학적 전통의 이론적 관조와 구별된다.

자연에 대한 이러한 관조적 태도는 두 번째 패러다임으로 감응공간이라는 의미에서 자연체험을 생겨나게 한다. 여기에서는 자연이 자신을 비운 존재에 대해 영감을 주는 바탕으로 지각된다. 미의 관념과 연계될 수 있을 이러한 모델과 나란히 '추한 자연' 또한 존재한다. 추한 자연은 부정적 감응 경험이라 불릴 수 있을 것인데, 여기에서는 세계가 그 안에서 편안함을 느낄 수 있는 어떤 가능성이 배치되도록 운행한다. 우리 주위의 세계가 품고 있는 인간의 삶은 부적절하다.(ÄN, S.95) 그러나 자연이 '숭고한' 것으로 체험될 경우, 그 위력과 힘은 우리 내부의 '초자연적인 운명'을 위한 가능성의 느낌을 불러일으킬 수도 있다.

미적 태도의 세 번째 패러다임은 자연이 우리의 지속되는 상상의 핵심 영역으로 간주되고, 우리가 자연을 예술의 원형이나 모델로 체험한다는 태도이다. 자연 혼자만으로도 우리의 상상을 자극할 수 있다. 그러나 우리가 예술 속에서 발견한 모델들과 유비를 만들어냈을 때, 우리의 상상 능력은 고조된다.(ÄN, S.144) 우리는 우리의 상상 세계가 고조되는 경우에는 미의 관념을 적용할 수 있는 반면, 방해받는 경우에는 숭고의 관념을 생각하게 될 것이다. 이러한 경우에 자연은 예술작품이 그토록 획득을 희망했던 것보다 더한 위력을 갖고 체험될 것이다.

다시 말해, 우리는 미감적으로 매혹적인 자연을 단일한 방식으로서가 아니라, 삼중의 방식 속에서 대면한다는 것이다. 즉 아름다운 혹은 숭고한 자연은 우리에게 그 자신을 의미와 무관한 현상들의 상호작용으로, 동시에 형성적인 — 따라서 철저하게 의미심장한 — 삶의 장소로서,

그리고 마지막으로, 회화적인 예술의 장소로 제시한다. 그렇게 할 때, 미감적으로 보이는 자연은 자연이 그들에게 현상하는 장소인 생활세계의 맥락과는 다른 위치에 관찰자들을 놓는다. 관조적 관계에서는 이러한 맥락이 용해되고, 상응적 관계에서는 현상되며, 상상적 배치에서는, 즉 자연 현상들에 대한 예술 작품들의 투사 속에서는 초월된다. 자연이 제공하는 이러한 매혹들 각각에서 자유의 다른 형태가 풀려난다 — 첫째, 부과되는 모든 의미로부터의 자유, 둘째, 누군가의 특수한 상황을 감각적으로 지각할 수 있는 자유, 셋째, 삶의 예술적 해석을 창조적으로 다양화할 수 있는 자유. 자연미의 특수성을 구성하는 것은 그것이 이러한 자유의 세 가지 가능성을 동시에 열어젖히는 실재라는 것이다.

자연에 대한 미적 태도의 윤리적 차원이 세엘의 이론에서 많은 부분을 차지한다. 세엘이 주장하는 도덕적 차원에서 본다면, 우리는 자연, 특히 엄청나게 다양한 생물 종을 보호해야만 한다. 우리가 그렇게 하지 않는다면, 결국 풍요로운 인간의 삶이 오히려 위험에 처하게 될 것이다. 다시 말해, 자연미 체험은 우리로 하여금 삶에 대한 기존 관점들로부터 거리를 둘 수 있게 해준다. 자연의 파괴가 도덕적으로 용납 불가한 것은 그것으로 인해 "인간 세계의 지고하고 반복 불가능한 영역의 파괴"가 불가피하기 때문이다.(ÄN, S.343) 다른 말로 하자면, 자연 혹은 우리 실존의 자연적 환경을 파괴하지 않는 것이 인간으로서 우리의 책임이라는 것이다.

세엘의 자연미학 이론 속에 은연중 발견되는 과학만능주의에 대한 비판은 사실상 또 다른 현대 독일 자연미학 이론가 게르노트 뵈메(Gernot Böhme)에게서 좀 더 뚜렷하다.[30] 뵈메는 자연철학의 관점을 통해

---

30 Gernot Böhme, Naturlich Natur. *Über Natur im Zeitalter ihrer technischen Reproduzierbarkeit*

자연미학의 문제에 접근한다. 즉 자연과학은 기술적 틀 안에서 조직되기 때문에 전체로서의 자연에 대한 전망을 내세우는 것은 더 이상 의미가 없다. 우리는 오직 우리의 육체적 경험을 통해 우리가 자연의 일부라는 사실을 깨달을 때에만 오늘날의 환경적 재앙을 직시할 수 있다는 것이다. 다시 말해, 그는 자신의 자연환경 미학을 자연철학의 교정으로 제시한다. 체르노빌 또는 후쿠시마로 상징되는 환경적 위기에 직면하면서, 우리는 자연과학이 더 이상 자연에 대한 우리의 지식과 이해의 제일 원천이 되어서는 안 된다고 믿을 수 있는 충분한 근거들을 가지게 된다. 자연철학은 더 이상 최근세사에서처럼 자연과학의 연장으로 사고될 수 없다. 현대 자연철학의 필요성은 환경위기에 의해 발생되었다. 즉 오늘날 우리는 인류와 자연이 상호작용한 결과가 곧 재앙임을 경험하면서, 과학적 · 기술적 진보 이념에 대한 철저한 재평가가 불가피함을 점점 더 강하게 느끼고 있다. 그렇다면 자연철학은 이제 무엇을 수립해야 하며, 우리는 새로운 자연미학을 어떻게 개발해야 하는가? 뵈메에 따르면, 미학과 자연철학 모두 실천적 지향을 가진 인간학의 이념에 근거를 두어야 한다. 우선 인간은 우리 자신이 자연의 일부이자 언제나 그러할 것이라는 것을 배워야만 한다. 자연과 인간세계는 서로 근본적으로 연관되어 있으며, 우리가 그 일부가 되는 자연에 대한 부정을 멈추지 않는다면, 우리를 둘러싼 것에 대한 우리의 태도 역시 결코 변화될 수 없기 때문이다.

뵈메에 따르면, 자연철학은 모든 자연 과정의 근저에 놓여 있으면서 그것들을 결정하며, 그것들이 드러내는 특성들에 초점을 맞춰야 한다. 이때 인상학적(physiognomical) 지식 또한 중요하게 고려되어야 한다.

(Frankfurt a.M.: Suhrkamp, 1992), p.36. 이후 NN으로 약기하여 본문중에 쪽수와 함께 삽입함.

이는 우리가 어떻게 자연미학을 전개시킬 것인가, 즉 어떻게 새로운 자연철학과 더 엄밀한 의미에서의 미학을 연관시킬 수 있을까에 대한 답을 마련해주기도 한다, 왜냐하면 그러한 자연미학은 우리의 육체적 감각적 자연 지각에 우선적으로 근거를 두기 때문이다.

뵈메는 모든 지각이 세 개의 극점을 갖고 있음을 가정한다. 지각된 것은 자신의 현실성 속에서, 즉 오직 지각 행위 속에서 스스로를 명확히 드러낸다. 그러나 이러한 행위는 지각된 것의 현실성이 기록되는 매개물에 의존한다. 즉 신체기관은 지각 가능한 존재 공간이다. 이러한 지각이론은 자연 미학을 위한 훌륭한 출발점이 될 수 있다. 즉 자연물의 육체적 지각은 무엇보다도 그것들의 인상에 대한 의식이다. 사물들의 특성이 드러나는 것은 사물들이 스스로를 현시하는 과정에서인데, 여기에서 미학과 자연철학이 만난다는 것이다. "자연의 특성이라고 할 때 내가 의미하는 것은 우리가 자연을 이해하는 최상의 원리로서, 그것은 자연을 다소간에 그것들의 개별적 현상 속에서, 그러면서도 우선적으로 전체로서의 그것들 사이에서 발생하는 상호작용 속에서 규정한다."(NN, S.132)

우리는 자연과학이 우리의 자연에 관한 지식의 독점권을 유지할 수 없다는 뵈메의 전제에서 더 나아가, '실천적 지향을 갖는 인간학'이란 의미에서 자연미학적 논의가 지극히 타당하고, 우리의 육체가 자연 과정에 뿌리를 두고 있다는 사실을 깨닫고 또한 확신할 때에만 우리 시대의 환경위기에 대처할 수 있는 육체의 정치학이 도출될 수 있을 것이다. 그렇기 때문에 자연 전망이 필요하다는 것을 인정하면서도, 뵈메의 입장도 세엘의 입장도 현대의 예술 생산 양태를 고려하지 않는다는 비판이 가능할 것이다.

사실상 뵈메는 아도르노가 다소 일면적으로 예술철학과 자연미학의 연합을 강조했다고 비판하고, 세엘은 자연미학을 예술철학과 연관시키기는 해도 예술체험과 미적 자연체험 사이에 커다란 차이가 존재한다는 이유로 현대예술의 발전과정에서 발생한 많은 변화, 예컨대 보이스(Beuys)의 '사회조각', '대지예술'로서의 예술개념이 지니는 의미함축을 간과한다.

맺음말 — 조경과 도시농업의 재통합?

우리는 자연미학을 위한 중요한 요점에 이르렀다. 즉 우리는 '근원', 다시 말해, 손대지 않은 자연의 상태로 되돌아가겠다는 희망을 품어서는 안 된다. 이는 더 이상 존재하지도 않는다. 뵈메가 거듭 강조하듯, 자연은 이미 손질되고 또한 일궈졌다. 자연미학의 필요성은 우리가 경험을 통해 배운 것처럼, 본질의 정수로서의 자연 이념이 더 이상 타당하지 않다는 사실에 따른다. 자연과 기술, 자연과 예술, 자연과 문화, 즉 자연적인 것과 인공적인 것 사이의 전통적인 대립은 이제 그 타당성을 잃었다고 할 수 있다.(NN, SS.9-25, 107-24)

우리가 살핀 대로, 아도르노는 인간이 자연에 대해 취하는 파괴적이고 자기-파괴적인 관계를 비판하면서, 인간과 자연의 관계를 서로에게 이로운 방식으로 재구성해야 한다고 역설했다는데, 1932년에 쓴 『자연사의 이념』(1932)이 그 효시다.[31] 그의 자연사 이념은 역사로부터 자연을, 그리고 자연으로부터 역사를 읽어내는 철학의 해석적 실천을 위

31 Deborah Cook, *Adorno on Nature* (Durham: Actmen Publishing Ltd., 2011)

한 하나의 원형을 제공한다. 다시 말해, 철학은 인간의 역사가 자신의 내적 · 본능적 자연과 인간 외적 자연, 양자를 전혀 풀어낼 수 없을 정도로 단단히 연결하고 있음을 밝혀야 한다는 것이다. 철학은 자연이 스스로 진화하고 끊임없이 변화하기 때문만이 아니라, 바로 인간의 역사가 이에 심중하게 — 종종 부정적으로 — 영향을 미치기 때문에 역사적임을 보여주어야 한다는 아도르노의 자연사 이념은, 한마디로 해서, 자연과 역사 사이에 존재하는 잠재적으로 파멸적인 역동적 상호관계를 드러내준다.

아도르노는 자연사가 인간에 의한 자연지배와 나눌 수 없는 관계에 놓여 있다고 봄으로써 예술과 기술의 재통합을 통한 구원 가능성보다 더 비판적 또는 비관적 전망을 보여주었다고 할 수도 있다. 만일 우리가 문제 삼고 있는 조경과 도시농사의 재통합이 여전히 이와 같은 자연사의 연장선상에 놓여 있다면, 쉽게 말해, 또 다른 유형의 자연지배를 암시적으로 또는 명시적으로 함의하고 있다면, 양자의 재통합은 사태를 더욱 악화시킬 뿐이라는 암시를 그로부터 읽어낼 수도 있을 것이다. 그러므로 조경과 도시농사의 재통합을 논하기에 앞서 과연 우리가 무엇을 목표로 하고 있는지에 대한 반성적 검토가 있음 직하다. 다시 말해, 설혹 인간에 의한 자연지배가 불가피하다 할지라도, 과연 그것이 오늘날 우리가 보고 있는 대로 인간의 이익만을 위한 자연파괴와 환경오염을 정당화할 수 있겠는지를 솔직하게 물어보자는 것이다. 인간은 분명히 이성적 존재이다. 오늘의 난제 역시 이성으로 밖에는 풀어낼 길이 없을지도 모른다. 그러나 아도르노를 비롯하여 비판이론은 이성을 단순히 도구적 이성으로만 보지 않아야 한다고 경고한다. 그것은 마땅히 자신을 포함한 일체에 대한 반성능력을 포함해야 하며, 그때서야 비로소 인간세계는 다시금 야만의 상태로 돌아가지 않게 될 것이다.

조경과 도시농업의 재통합에 관한 인문학적 이해를 오늘날 인간이 추구해야 할 가치와 연관하여 촉구한다는 것이 너무 현학적인 글이 되지 않았나 싶어 민망한 생각마저 든다. 굳이 까다로운 아도르노를 언급하지 않아도 좋았을 것이다. 다만 구체적이고 실천적인 이해에 앞서 자연에 대해 근본적으로 새로운 이해가 있어야 조경과 도시농사의 재통합이 또 다른 유형의 자연지배로 전락하지 않게 되리라는 생각이 이해되었기를 바랄 뿐이다.

Chapter 2

도시농사와
조경미학

생산의 경관, 참여의 미학

배정한

일상의 작은 틈들을 둘러보면 보물같이 숨겨진 풍경과 쉽게 마주하게 된다. 거기엔 메트로폴리탄 곳곳에 숨어 또 다른 생산을 지원하는 주민들의 일상이 자연과 함께 가득하다. 이제 생활공간 곳곳에 숨겨진 생산의 경관과 그 안에 담긴 참여의 미학에 눈길을 둘 때다.

© 안명준

생산의 경관

프로슈밍(prosuming) 경관은 생산(producing)과 소비(consuming)가 결합된 경관을 말한다.[1] 프로슈밍 경관은 시각적 소비의 대상이었던 종래의 경관과는 달리 생산에 방점을 두는 개념이라는 점에서 생산 경관(productive landscape)이라고 달리 불러도 큰 차이가 없을 것이다. 사실 서양의 경관(landscape) 개념이 형성되고 공식화된 18세기 이래로, 경관은 보는 이가 심리적 · 물리적 거리를 취한 채 이상적 풍경의 이미지를 감상하는 소비의 대상이었다. 그러나 최근에는 텃밭, 옥상 정원, 주말 농장, 도시농업 등이 개인적 관심과 취미의 차원을 넘어서 사회적 · 정책적 차원에서 재조명되면서, 주체의 참여와 생산이 도시 경관에 적극적으로 개입되기 시작했다.

생산과 경관이 결부되는 현상은 다양한 양상으로 나타난다. 개별

1 「신경관주의 국제 심포지엄-프로슈밍 경관」(서울대학교 조경지역시스템공학부, 2010)의 기조 연설에서 임승빈 교수는 미래학자 앨빈 토플러(Alvin Toffler)의 '프로슈머'(prosumer) 경제론을 인용하여 21세기의 경관을 만드는 새로운 패러다임으로 프로슈밍 경관 개념을 주창한 바 있다. 토플러에 따르면(『제3의 물결』, 1980), 프로슈머는 생산자(producer)와 소비자(consumer)를 합한 개념이며 스스로 생산하여 자신이 직접 소비하는 비화폐경제를 뜻한다.

주거지에서 텃밭을 만드는 전통적인 방식뿐만 아니라 아파트 단지에서 각 가구별로 텃밭이 배분되거나 청계산 자락을 필두로 한 몇몇 곳에서는 주말 텃밭이 활발히 분양되고 있다. 영등포공원과 같은 몇몇 근린공원에는 체험 농장이 도입되고 있으며, 소규모 농업과 공공 정원(public garden)이 결합되는 다양한 시도도 어렵지 않게 볼 수 있다. 시민과 소비자 차원의 움직임뿐만 아니라 정책적 · 제도적 차원의 노력도 활발하게 전개되고 있다. 단적인 예로 2012년 5월 23일에 시행된 「도시농업의 육성 및 지원에 관한 법률」을 들 수 있을 것이다. 이 법은 '도시농업을 농업의 개념이 아닌 도시민의 여가 활동 중심의 시민운동 개념'으로 접근하고 있다.[2]

전문적인 조경 설계를 통해서도 농업적 생산과 경관 사이에 긴밀한 함수 관계가 구축되고 있다. 이미 30년 전에 대지미술가 아그네스 데니스(Agnes Denes)는 뉴욕의 세계무역센터 인근에 2에이커의 밀밭을 조성하는 실험을 전개한 바 있지만, 최근에는 농업 경관의 도시 내 도입이 실험적 작품의 경우로 국한되지 않는다. 도시 환경을 구성하는 공식적인 시설에 농업 생산지가 투입되는 예가 이제 낯설지 않다. 대표적인 예로 조경가 콩지안 유(Kongjian Yu)가 설계한 선양건축대학교(Shenyang Architectural University) 캠퍼스를 들 수 있을 것이다.[3] 이 프로젝트는 농업적 생산 경관이 도시 환경의 일부가 될 수 있는 체계적 방식을, 평범한 생산 경관을 통해 문화적 정체성을 창조할 수 있는 지혜를 잘 보여준다. 선양의 생산 경관 프로젝트에서는 경관의 소비자인 학생들이 농사 과정에 참여함은 물론이고 수확된 산물을 '골든 라이스'(Golden Rice)라는 이

---

2 『한국조경신문』, 2011년 5월 19일, 15면

3 Kongjian Yu, "Beautiful Big Feet: Toward a New Landscape Aesthetic," *Harvard Design Magazine* 31, fall/winter 2009/2010, pp.1-13

름으로 포장하여 대학 매점에서 판매하기도 한다. 이 라이스 캠퍼스는 지혜로운 조경 설계를 통해 저비용의 농업 생산 경관이 즐거운 사회적 공간으로 거듭날 수 있음을 보여준다.

세종시(행정중심복합도시)는 도시적 규모에서 대규모 농업 생산 경관의 도입을 시도한 사례이다. '행정중심복합도시 도시개념 국제공모'(2005)의 당선작인 안드레스 페레아 오르테가(Andrés Perea Ortega)의 〈천 개의 도시들의 도시〉(The City of the Thousand Cities)에 바탕을 두고 마련된 세종시 기본계획안은 도시 중앙의 장남평야 일대를 완전히 비우고 그 주변부에 도시 기능을 환상형으로 배치하는 파격으로 주목을 끌었다. 이 계획의 연장선상에서 진행된 '행정중심복합도시 중앙녹지공간 국제설계공모'(2007)의 당선작인 〈오래된 미래〉와 수상작 다수는 도시 중앙의 7제곱킬로미터(약 200만 평)에 가까운 공지에 농업적 생산의 기능을 부여하였다. 이른바 생산 공원(productive park)의 가능성이 도시적 차원에서 실험된 것이다.[4] 2010년에 발표된 〈용산공원 정비구역 종합기본계획(안)〉은 용산공원의 골격을 구성하는 여섯 개의 단위공원 중 하나로 부지 동남쪽에 면적 32만 700제곱미터의 '생산 공원'을 제안하고 있기도 하다. 이 구상안에서 생산 공원은 '고비용 관리의 소비적 공원이 아니라 스스로 다양한 생산 활동을 촉진하여 생산과 소비의 건강한 순환 구조를 구현하는 공원'[5]으로 정의된다.

이러한 최근의 현상이 농업적 생산 경관의 경제적·산업적 이점에서 비롯된 것이라고만 판단하는 것은 적절하지 않을 것이다. 이 글은

---

4 참조, 배정한, 「대형 공원, 생산, 프로세스: 행정중심복합도시 중앙녹지공간 국제설계공모」, 『봄, 디자인 경쟁시대의 조경』, 조경비평 봄 편(도서출판 조경, 2008)

5 국토해양부, 『용산공원 정비구역 종합기본계획(안)』 요약 보고서(2010)

생산 경관의 미학적 국면, 의의, 과제 등을 탐색해 보고자 하는 의도를 지니고 있다.

정원으로서의 생산 경관

도시에서 농업적 생산 경관이 부활하고 있음은 분명하지만, 그 목적이 식량의 생산과 공급에 있다고 보기는 어렵다. 물론 쿠바는 미국의 경제 봉쇄로 인해 1990년대 중반부터 도시농업을 장려하여 수도 아바나의 경우 야채 소비량의 60퍼센트 이상을 자급하고 있기도 하다.[6] 그러나 이처럼 생산 경관이 도시의 경제적 · 산업적 요청에 의해 구축되는 경우는 극히 드물다. 대부분의 도시에서 도시농업 또는 생산 경관이 증가하는 '목적은 농산물의 판매에 있지 않다. 가족들을 위한 안전한 먹을거리의 재배가 목적인 경우도 많지만, 그에 못지않게 직접 땀 흘리며 키우는 즐거움을 맛보기 위해서, 혹은 자연을 보다 가까이에서 접하기 위해서 호미와 삽을 드는'[7] 경우가 대부분인 것이다. 도시의 농업 생산 경관은 곧 정원(garden)의 다른 이름인 것이다.

조경사를 간략히 되돌아보더라도 우리는 정원술(gardening)과 농업(agriculture)이, 정원 만들고 가꾸기와 농사짓기가 매우 긴밀한 관계를

6 John Reader, *Cities* (New York: Grove Press, 2006), 김명남 역, 『도시, 인류 최후의 고향』(지호, 2006), 264-269쪽

7 남기준, 「공원과 정원의 경계: 공공 정원 문화의 확산을 꿈꾸며」, 『공원을 읽다』, 조경비평 봄 편(나무도시, 2010), 88쪽

맺어왔음을 어렵지 않게 발견할 수 있다.[8] 세계 정원의 아이콘 격인 고대 이집트 정원, 이탈리아 빌라 정원, 프랑스 정형식 정원은 모두 농업 생산과 철학적으로, 기술적으로 긴밀히 관련된다. 18세기 영국 풍경화식 정원을 통해 경관이 그림 같은 이미지와 등식을 이루는 시기와 정원술이 농업에서 분리되는 시기는 거의 일치한다. 이른바 서구 근대의 시작이다. 모더니티의 이원론은 노동과 여가, 개인과 공공, 자연과 문화를 분리시켰다. 이를 통해 농업은 땀, 제조, 노동 계급, 효율성, 생산성 등을 연상시키는 범주에 속하게 되었고, 정원술은 그 반대의 극에 위치하게 된다. 정원이 유한 계급의 여가 공간으로만 여겨지면서 정원에서는 노동과 참여가 배제된다. 일상의 생산 경관이었던 정원은 농업적 생산과 분리되고, 미학자 알렌 칼슨(Allen Carlson)의 말을 빌리자면, 농업은 '애그리-비즈니스'(agri-business)[9]로 탈바꿈하게 된다.

오늘날 도시에서 생산 경관이 재조명되는 현상은 곧 정원 문화의 회복이라는 진단이 가능하다. 탈 알론-모지스(Tal Alon-Mozes)의 말처럼, 다양한 스케일과 표현을 통해 농업 경관이 조경 설계의 타이폴로지로 부상하고 있는 것은 '애그리-비즈니스가 애그리-컬처'(agri-culture)로 교정되는 현상으로 해석될 수 있으며,[10] 그것은 곧 노동과 참여가 개입된 정원 문화의 부활이다.

---

8 황기원의 다음 논문에서 볼 수 있듯이, 정원의 세 가지 원형 중 하나는 「생산 환경」(hortus; garden as productive environment)이다. 황기원, 「정원의 원형 시론」, 『환경논총』 20(1987)

9 Allen Carlson, "Appreciating Agricultural Landscapes," *Aesthetics and the Environment* (London: Routledge, 2000), p.177

10 Tal Alon-Mozes, "Landscape Architecture and Agriculture: Common Seeds and Diverging Springs in Israeli Practice," *Landscape Journal* 28(2), 2009, pp.66-180

미국인들은 '자연'(nature)과 '이를 가꾸는 일'(culture)이 상충된다는 뿌리 깊은 인식을 가지고 있다. 자연에 손을 대면 누군가는 득을 보고 다른 누군가는 손해를 본다는 생각을 하는 것이다. 만약 둘 중 하나를 선택하라고 한다면 우리는 … 자연을 선택한다. 그러나 나는 이러한 선택이야말로 그릇된 것이며 소로(Thoreau)와 그의 후예들을 정원으로부터 쫓아내는 결과를 초래했다고 믿는다. 분명 야생으로부터 배울 수 있는 것은 많다. … 하지만 자연과의 관계에 있어 야생의 세계에서 배울 수 없는 많은 것들을 정원에서 배울 수 있다. 그중 한 가지는 지금 우리가 그 어느 때보다 절실하게 필요로 하는 것이다. 바로 자연을 해치지 않고 활용하는 방법, 우리가 자연과 이를 가꾸는 일이 서로 대립된다고 생각하는 한 해답을 찾아낼 수는 없다. 하지만 이들 둘 사이의 중간 지대를 찾아낼 수는 있지 않을까? 어떻게 하면 자연을 훼손하지 않으면서 우리의 필요와 욕구를 충족시켜나갈 수 있을까? 이 질문의 해답이 숨어 있는 장소는 숲이 아닌 정원일 것이다.[11]

다소 길게 인용한 마이클 폴란(Michael Pollan)의 언급에서 잘 드러나듯, 정원은 '문화적 자연'의 범례이다. 정원은 자연으로부터 경계를 설정하고 자연을 문화화하는 행위의 소산이다. 그러므로 정원은 '애그리컬처'의 산물이며, '가장 오래된, 문명의 표현 방식'[12]이다. 즉 정원에서 우리는 인간이 자연과 맺는 관계의 원형을 볼 수 있다. 정원술은 자연을 정복하는 행위나 자연을 신비의 영역으로 분리시켜 신화화하는 행위가 아니라 자연을 문화와 관계 맺게 하는 방식의 공간적 반영인 것이다.

역사상 그 어느 시대보다도 정원 문화가 만개했던 16세기 이탈

11 Michale Pollan, *Second Nature: A Gardener's Education* (New York: Grove Press, 2003), 이순우 역, 『세컨 네이처』(황소자리, 2009), 12쪽

12 Rob Aben and Saskia de Wit, *The Enclosed Garden: History and Development of the Hortus Conclusus and its Reintroduction into the Present-day Urban Landscape* (Rotterdam: 010 Publishers, 1999), p.10

리아의 본파디오(Jacop Bonfadio)는 정원이란 '예술과 통합된 자연이며 … 제 3 자연'(una terza natrua)[13]이라고 언명한다. 정원은 인간의 손이 전혀 닿지 않은 '제 1 자연' — 야생 — 도 아니고 인간의 실용이나 쾌를 위해 변형된 '제 2 자연' — 인공 — 도 아니다. 그것은 자연과 문화, 환경과 예술이 합일된 문화적 자연이다.[14] 생산 경관으로서의 정원은 인간과 자연이 만나고 소통하는, 보다 역동적인 삶의 자연인 것이다. 노만 크로우(Norman Crowe)의 다음과 같은 은유는 제 3 자연으로서의 정원, 문화적 자연으로서의 정원이 갖는 의미를 적절히 요약해준다: "우리는 자연의 정원사이다."[15] 21세기를 사는 우리는 '도시의 정원사'이기를 갈망하고 있다. 정원으로서의 생산 경관이 갖는 동시대적 의의가 확인되는 지점이다.

참여(engagement)의 미학

생산 경관은 '미적 장'(aesthetic field)으로서의 환경이다. "지금 우리에게 텃밭은 노동과 예술, 삶의 실천 등이 통합된 … 정원으로 이해될 수 있다…. 그 정원은 자연을 체험하고 일상을 실천하는 … '미적 장'으로

---

13 Jacopo Bonfadio, *Le lettere e una scrittura burlesca*; John Dixon Hunt, *Gardens and the Picturesque: Studies in the History of Landscape Architecture* (Cambridge, MA: The MIT Press, 1992), pp.3-4에서 재인용

14 보다 상세한 논의는 다음을 참조할 것. John Dixon Hunt, "The Idea of a Garden and the Three Natures," *Greater Perfections: The Practice of Garden Theory* (Philadelphia: The Univ. of Pennsylvania Press, 2000), chapter 3

15 Norman Crowe, *Nature and the Idea of a Man-made World* (Cambridge, MA.: The MIT Press, 1995), p.25

재정의할 수 있다."[16] 미적 장이라는 총체적 '상황의 미'는 정태적 대상을 관조함으로써 얻을 수 있는 것이 아니라 생동적인 대상과 경험자가 상호 참여하는 가운데 얻을 수 있는 차원의 미다.[17] 정원은 관조(contemplation)를 넘어서는 참여(engagement)의 미적 경험을, 시각을 넘어서는 공감각적(synaesthetic) 지각을 요청한다. "정원은 경험의 '대상'이 아닌 경험의 '환경'을 제공한다"[18]는 점에서 미학의 새로운 탐침을 기다린다.

생산 경관의 미학적 국면과 의의를 검토함에 있어서 아놀드 벌리언트(Arnold Berleant)의 이론은 매우 유용하다. 벌리언트는 근대 미학의 전통에 도전한 존 듀이의 '하나의 경험'(an experience)론을 지지하는 한편 현상학에 논의의 토대를 두고 자신의 환경미학 이론을 개척해오고 있다. 그의 이론을 구성하는 주개념은 '참여'(engagement)인데, 그는 무관심적 태도나 관조를 전제로 하는 전통적 미학의 기본 가정을 대치하는 참여가 미적 경험의 전제임을 주장한다. 그러한 참여가 일어나는 곳으로 그는 '환경'을 상정하며, 그러한 환경은 곧 오늘 우리가 주목하고 있는 정원으로서의 생산 경관이라 할 수 있다.

먼저 그가 말하는 '미적 경험'에 귀 기울일 필요가 있다. 전통적인 미학은 인간의 경험을 구분하여 — 즉 분리시켜 — 그중 어떤 것을 '미적'이라고 상정함으로써 예술과 관련시키는데, 무관심성(disinterestedness) 및 관조(contemplation)의 이론이 그 대표적인 형태이

---

16 안명준, 「도시농업과 조경의 공진화를 위하여」, 『ELA 환경과 조경』 2010년 10월호, 140-149쪽

17 여기서 '미적 장'은 대상의 경험에 논점을 두어왔던 기존의 미적 경험론을 비판하기 위해 미학자 아놀드 벌리언트가 제시한 바 있는 상황 중심적 개념이다. 즉 미적 장은 '대상과 행위와 경험이 벌어지는 총체적 상황, 이러한 것들의 모든 외연과 그 이상의 것을 포괄하는 환경'을 의미한다. 참조, Arnold Berleant, *The Aesthetic Field: A Phenomenology of Aesthetic Experience* (Springfield, Ill.: Charles C. Thomas, 1970)

18 Mara Miller, *The Garden as an Art* (Albany: State Univ. of New York Press, 1993), p.178

다. 경관의 경험과 관련되는 전통적인 이론들은 대체로 무관심성 및 관조 개념과 교집합을 갖는다. 반면, 벌리언트는 어떤 격리된 영역이 아닌 일상 경험의 영역으로부터 미적 경험의 존재론적 위치를 구하고 있다. 바꿔 말하자면, 미적 경험은 대상과 지각자를 구분해놓고 양자의 관계를 분석함으로써 얻어진 정태적인 미적 관조를 전제로 하는 것이 아니라 역동적인 경험이 일어나는 '미적 장'이라는 개념을 전제해야 한다는 것이다. 이 미적 장은 곧 미적 경험이 생성되는 상황을 말하며, 결국 미적 경험이란 미적 장에 '참여'하는 것이 된다.

무관심적 관조를 대치하는 이 참여 미학의 중심 개념은 다음과 같이 정리된다.[19] 첫째, '일상적 삶과의 연속성'이다. 즉 일상의 복잡다기한 국면들이 통합된다는 것이다. 둘째, '지각의 통합'이다. 이는 모든 감각이 모든 미적 경험에서 동시에 기능한다는 것으로, 대부분의 미학자들이 간과해온 공감각(synaesthesia)을 강조한다. 셋째, '대상과 지각자의 참여'이다. 즉 미적 경험은 대상에 의해 생성되는 것이 아니라 대상과 지각자가 놓이는 상황에 의해 구성된다는 논리이다.

미적 장, 참여, 공감각을 토대로 한 벌리언트의 참여 미학은 경험 주체와 대상의 상호 참여를 필요충분조건으로 삼는 정원, 즉 생산 경관의 미학적 국면과 그 의의를 잘 설명해주고 있다. 세련된 디자인의 도시 경관이나 비일상적인 자연의 광경에서 감흥을 느끼기보다 작은 텃밭에서 땀 흘려 노동하며 더 큰 즐거움을 얻는 도시인들, 그 아이러니의 열쇠는 결국 미학적인 것인 셈이다.

미학자 스테파니 로스(Stephanie Ross)는 정원이 우리의 삶에 부여

---

19 Arnold Berleant, *Art and Engagement* (Philadelphia: Temple Univ. Press, 1991), pp.46-49

하는 의미를 감각적 즐거움, 지식과 사고의 환기, 행위의 장이라는 세 가지 측면에서 파악한다.[20] 정원의 감각적 미는 시각적 즐거움에 국한되지 않는다. 분수에서 넘쳐흐르는 물, 윙윙거리는 벌 소리, 태양의 온기, 미풍의 시원한 촉감, 그리고 꽃의 향기가 혼합된다. 또한 정원은 산책과 노동을 통해 우리에게 근운동감각적 기쁨을 제공한다. 이러한 감각적 즐거움에 더하여 정원은 지식과 사고를 환기시킨다. 그러므로 동물적 감각의 혼합을 넘어서 감각과 의미의 차원이 결합된 공감각적 지각이 필요하다. 또한 정원의 감각과 의미의 차원은 행위로 연결된다. 정원은 감각과 의미와 행위가 결합된 미적 장으로서의 생산 경관이며, 우리는 그러한 생산의 경관에 우리의 신체를 통해 참여함으로써 문화적 자연의 미학적 국면을 경험할 수 있는 것이다.

보론 또는 미완의 탐색: 과정과 작동의 미학

생산 경관의 미학적 국면은 경관을 구축하는 행위인 조경에 새로운 과제를 부여한다. 1990년대 이후 우리는 종래의 목가풍 조경이나 장식적 조경과는 '다른' — 또는 다름을 선언하거나 자임하는 — 조경 작품들을 만나고 있다. 이러한 작품들은 자연의 프로세스에 대한 존중, 장소 고유의 특정한 성격에 대한 배려, 비가시적 성질의 재현, 시간과 진화에 대한 고려 등과 같은 설계 개념과 전략을 선보여왔다. 이러한 흐름이 강조하는 것은 과정(process), 작동(operation), 수행(performance) 등이다.

20 Stephanie Ross, *What Gardens Mean* (Chicago:The Univ. Press of Chicago, 1998), pp.2-3

요컨대 경관을 재발견하고자 하는 일련의 설계 경향은 '경관이 어떻게 보이는가보다는 그것이 무엇을 하며 어떻게 작동되는가'에 비중을 둔다. 이처럼 경관의 형태보다 경관의 과정과 작동에 주목하는 태도는 녹색의 화장술로 봉사해온 조경과 의미의 차원을 소거시킨 형태 위주의 장식적 조경에 대한 비판적 · 대안적 입장이라는 점에서 그 의의를 보장받는다.[21]

그러나 경관의 작동 기작이나 실행 과정에 대한 일방향적인 강조는 최근 조경 설계의 한계이기도 하다. 조경이라는 문화 행위의 산물로서 경관은 본질적으로 형태 — 또는 외피나 외관 — 를 통해 실체로 구현된다. 프로세스만으로 경관의 형태가 결정되는 것은 아니며, 작동 방식을 설계한다는 것이 형태를 설계하는 필요충분조건은 아닌 것이다. 그동안 간과되어온 비가시적 과정과 물질의 흐름을 강조하는 것에 대해서는 이론의 여지가 없지만, 그러한 강조로 인해 감각적으로 지각되고 경험되는 경관의 미학적 차원이 배제되는 것은 모순이 아닐 수 없다. 이러한 측면에서 랜드스케이프 어바니즘(landscape urbanism)을 비롯한 최근의 경향은 '자연 환경에 대한 과학적 분석을 형태의 디자인으로 연결시키지 못한'[22] 맥하그식 생태계획의 이원론적 한계를 연상시킨다. 엘리자베스 마이어(Elizabeth K. Meyer)는 이러한 난맥을 넘어설 수 있는 조경 설계의 과제로 '외관(appearance)의 수행(performance)' — 그리고 수행의 외관 — 이라는 어젠더를 제시한다.[23] 형태와 과정, 형식과 작동이 모두

---

21 배정한, 『현대 조경설계의 이론과 쟁점』(도서출판 조경, 2004)

22 Elizabeth K. Meyer, "The Post-Earth Day Conundrum: Translating Environmental Values into Landscape Design," in *Environmentalism in Landscape Architecture*, edited by Michel Conan (Washington, DC.: Dumbarton Oaks Library and Collection, 2001), pp.189-192

23 Elizabeth K. Meyer, "Sustaining Beauty. The Performance of Appearance: A Manifesto in Three Part," *Journal of Landscape Architecture*, Spring 2008, pp.6-23

고려될 때 경관을 설계하는 행위는 '지속가능한 미'(sustainable beauty)를 구축할 수 있을 것이다.

콩지안 유의 선양 라이스 캠퍼스 프로젝트에서 단적으로 볼 수 있듯이, 역동적인 생산 경관은 자연의 과정과 작동을 가시적으로 형상화할 수 있는 전략적 설계 대상이다. 도시의 농업적 생산 경관은 지속가능성, 변화와 역동성, 노동의 의미 등을 바탕으로 도시인의 흥미를 자극하고 그들의 일상적 실천을 이끌어낼 수 있는 동시대 조경의 생산적 좌표이다.

〈그림 2-1〉 생활공간 주변 생산 경관의 모습들(© 안명준)

Chapter 3

도시농사와
전통정원

오래된 미래, 도시농업

함성호

생산과 함께하는 일상은 자연을 즐기며 자연과 함께한 우리 삶의 전통이다. 수세기를 관통하며 지금까지 채마밭을 유지하고 있는 고택은 본능에 가까이 있는 농사일과 정원일이 무엇인지 짐작하게 한다. 일상과 함께 하는 도시농사는 따라서 과거로부터 먼저 배워야 한다.

© 안명준

아직 오지 않은 미래는 없다. 모든 미래는 과거에 있다. 지금으로부터 30년 후의 당신의 얼굴이 보고 싶으면 당신은 — 인정하기 싫을 수도 있겠지만 — 지금 당신의 아버지나 어머니의 모습을 보면 된다. 만약 100년 후 우리 도시의 미래 모습이 보고 싶거든 당신은 100년 전의 우리 도시 모습을 숙고해야 한다. 반드시 그대로는 아니더라도 과거 속에는 반드시 우리가 추구해야 할 미래의 가치가 있다. 왜냐하면 진정한 하이(high)테크놀러지는 언제나 로(low)테크놀러지를 지향하기 때문이다. 단, 20세기는 될 수 있으면 참고하지 말기 바란다. 20세기처럼 무모하고, 무지한 시대는 없기 때문이고, 다시는 있어서도 안 되기 때문이다. 식량에 대한 문제도 그렇다.

생태를 살리는 농업

언제부턴가 식량위기라는 말이 풍문처럼 떠돌다가 지금은 당면한 과제가 되었다. 식량위기가 식량을 무기화시켰다. 식량의 무기화가 식량에 대한 투기와 같이 이루어지는 것은 다 아는 사실이다. 이제 식량은 수요와 공급의 보이지 않는 순진한 손이 만드는 쌍곡선에서 적정가를 찾는 게 아니라 막대한 투기자본의 이익에 따라 춤춘다. 맹자(孟子, B.C.372~B.C.289)가 위(魏)나라 양혜왕을 찾아갔을 때 왕이 맹자에게 물었다. "선생은 나에게 어떤 이익을 줄 수 있습니까?"(亦將有以利吾國乎) 맹자가 대답했다. "왕은 하필 이익을 말합니까? 나는 인과 의가 있을 뿐입니다."(何必曰利 亦有仁義而已矣) 전쟁에 이기기 위해 모든 수단이 정당화되던 전국시대, 사람들은 맹자를 비웃었을까? 잘은 모르지만, 20세기는 분명 맹자를 정신병원에 넣어버렸을 것이다.

식량이 곡물 메이저들에 의해 무기화되었다면, 앞으로 어느 나라나 식량자급 문제가 심각해질 것은 뻔한 이치다. 우리나라의 식량자급률은 2009년 기준 25.3퍼센트로 OECD국가들 중에서도 최하위 그룹에 속한다. 그런데 신기하게도 국제곡물가의 폭등에도 우리 시장은 안정을 유지했다. 그 이유는 우리의 주식인 쌀의 국내 자급기반이 어느 정도 안정을 유지하고 있는 덕이다. 그러나, 2014년까지 8퍼센트를 의무 개방하고 그 후 완전히 개방되면 우리의 먹을거리가 어떻게 우리의 목구멍을 포도청으로 만들지 아무도 모를 일이다.

이 위기의식에서 우리는 일단 도시농업의 필요성을 생각해볼 수 있다. 실제로 1990년 초 구소련이 망하자 미국은 그동안 눈엣가시 같던 쿠바를 고립시키기 위해 경제 봉쇄를 단행했다. 석유가 없어 모든 공장이 멈췄고, 밭을 갈던 트랙터도 멈췄다. 사탕수수 수출이 80퍼센트로 줄고, 식량 배급도 줄었다. 인민들의 체중도 3년 동안 평균 9킬로그램이나 줄었다. 국가 비상사태였다. 식량을 무기 삼아 저질러진 학살이라고 표현해도 좋을 미국의 위협에 대해 쿠바 인민이 선택한 것이 바로 도시농업이었다. 쿠바 인민은 육식을 주로 하던 식단을 버리고 채식주의자가 되어 도심의 빈 땅에 채소를 심기 시작했다. 도심 어디에든 무엇이든 심을 수 있는 공간이면 벽돌로 경지를 구획하고 거기에 밭을 만들었다. 이렇게 만들어진 밭을 쿠바에서는 '오가노포니코'(oganoponicos)라고 한다. 중국계 쿠바인 셔원이 '상하이 농장'에서 처음 사용했다고 알려진 '화단식 농법', 혹은 '상자식 농법'이라고 불리는 이 오가노포니코가 쿠바를 살렸다. 오가노포니코는 미국의 경제 봉쇄로 어쩔 수 없이 시작된 것이기는 하지만 이후 새로운 생태도시의 전형을 낳게 되었다. 먹고사는 문제를 해결하다보니 어느덧 생태가 살아난 것이다. 경제 봉쇄 전까지 거의 채식을 하지 않던 쿠바인이 채식을 하게 되었고, 석유가 없어서 자전거를 타게 되었으며, 농약을 수입할 수 없어서 유기 농업을 하게 되었다. 더구나 의료 시스템도 크게 바뀌었다. 의약품이 부족하다보니 자연히 수입 의약품의 대안으로 대체의학이 널리 시행되었다. 물론 여기에는 경제 봉쇄라는 외부의 압력이 있었지만 나는 이 모든 변화는 자기 먹을거리를 자기가 직접 기르는 데서 출발되었기 때문에 가능한 변화라고 생각한다.

사실 이 오가노포니코는 우리에게도 낯선 풍경이 아니다. 농촌이 급격히 해체되면서 자식을 따라 어쩔 수 없이 도시에 살게 된, 아직 농촌의 습성을 간직한 부모 세대가 도심의 옥상이나 아파트의 베란다에서 스티로폼, 벽돌, 화분 등, 가능한 모든 잡다한 것을 이용해 약간의 턱을 만들고 흙을 담아 상추나 토마토, 파를 기르는 모습은 지금도 보이지 않는 곳곳에서 이루어지고 있다.

도시농업의 과거, 원림형 채마밭

그런데 이 소박한 풍경은 쿠바에서는 미국의 경제 봉쇄로 시작되었지만, 우리에게는 어제오늘의 일이 아니다. 우리는 이미 적어도 조선시대부터 집 안에 오가노포니코를 두고 거기서 채소를 길렀다. 채마밭, 혹은 남새밭이라고 불렀는데, 물론 전문적인 농부가 경작하는 채마밭보다는 훨씬 작은 규모다. 보통 사대부가 자기의 거처에 차려 놓은 원림형 채마밭은 자급자족하려는 의도였고, 건축적으로는 원림의 한 요소로써, 철학적으로는 안빈낙도의 구현으로써 의미가 있었다. 지금 우리가 도시농업을 생각할 때 우리는 그 적절한 예를 쿠바와 같은 경우를 참조하는 것도 좋지만 우리의 과거인 원림형 채마밭에서 그 의미를 가져올 수도 있을 것이다. 오가노포니코가 외부의 압력을 이겨내기 위해, 생존을 위해, 절박하게 도시농업의 방법을 이루었다면, 우리의 원림형 채마밭에는 그 채마밭에서 일구고자 했던 우리 사대부의 정신이 굵직하게 남아 있다. 조선의 사대부에게 있어 채마밭은 단순히 밭을 일궈 채소를 기르는 것이 아니었다. 그들은 거기서 밭이 아니라 마음의 밭을 일궜고, 채소가 아니라 정신을 기르고 수확했다.

뜰 앞엔 높이 두어 자 되는 가림 벽을 하나 둘러두고, 담 안에는 갖가지 화분을 놓아둔다. 석류, 치자, 백목련 같은 것들을 각기 종류대로 갖추는데, 국화를 가장 많이 갖추어서 모름지기 마흔 여덟 가지는 되어야 겨우 구색을 갖추었다고 할 수 있을 것이다. 뜰 오른편엔 조그마한 연못을 파는데, 사방이 수십 걸음을 넘지 않을 정도로 한다. 연못에는 연꽃 몇십 포기를 심고 붕어를 기른다. 따로 대나무를 쪼개 홈통을 만들어서 산골짜기의 물을 끌어다 연못에 대고, 연못에서 넘치는 물은 담장 구멍을 통해 채마밭으로 흐르게 한다.

채마밭은 수면처럼 고르게 잘 갈아야 한다. 그런 다음 밭두둑이 네모반듯해지게 밭을 구획해서 아욱, 배추, 파, 마늘 등을 심되, 종류별로 나누어 서로 섞이지 않게 한다. 씨를 뿌릴 때는 반드시 고무래를 사용하여, 싹이 났을 때 보면 아롱진 비단물결 같은 무늬가 있어야 한다. 그래야 겨우 '채마밭'이라고 부를 수 있을 것이다.

조금 떨어진 채마밭 둘레에는 오이도 심고 고구마도 심지만, 장미 수천 그루를 울타리로 심어 놓는다. 그러면 늦봄과 초여름이 교차되는 때 짙은 향기가 채마밭을 둘러보러 나온 사람의 코를 찌를 것이다.[1]

다산의 이 글은 그대로 원림형 채마밭의 정의이고, 매뉴얼이며 도시농업의 미래라고 해도 모자람이 없다. 물론 여기에는 쿠바의 오가노포니코의 절실함은 빠져 있다. 그렇지만 다산의 다음 글을 보면 절실함이 없다고도 말할 수 없다. 다산은 지금도 그렇지만 당대의 가장 절실한 문제인 농사의 낮은 경제성에 대해 논하고 원포로 이것을 극복할 수 있다고 역설한다.

조정에서 벼슬하는 사람을 '사(士)'라 하고, 들에서 밭가는 자를 '농(農)'이라 한다. 귀족의 후예로 먼 지방으로 유락하여 몇 대가 지나면 벼슬길이 마침내 끊어지고 만다. 오직 농사로 노인을 봉양하고 어린것들을 기를 수가 있다. 하지만 농사란 것은 천하에 이문이 박한 것이다. 게다가 근세에는 토지세가 날로 무거워져, 농사를 많이 지으면 오히려 더 낭패를 보게 된다. 모름지기 원포(園圃)로 이를 보충해야 유지할 수가 있다. 진기한 과일을 심는 것을 '원(園)'이라 하고, 좋은 채소를 기르는 것을 '포(圃)'라

1 정약용, 박무영 역, 『뜬세상의 아름다움』(태학사, 2001), 101쪽

고 한다. 집에서 먹기 위한 것뿐 아니라 장차 이를 팔아 돈을 만들기도 한다. 큰 고을이 나 도회지 곁에 진기한 과일나무 열 그루를 심으면 한 해에 엽전 50꿰미를 얻을 수 있다. 좋은 채소를 몇 이랑 기르면 한 해에 20꿰미를 거둘 수 있다. 여기에 더하여 뽕나무 40~50그루를 심고 누에 5, 6칸을 기른다면 또한 30꿰미의 물건이 된다. 매년 100꿰미를 얻는다면 춥고 굶주리는 것을 구하기에 충분하다. 이것은 가난한 선비가 마땅히 알아 두어야 할 일이다. ―「또 윤혜관에게 주는 말」(又爲尹惠冠贈言)[2]

다산의 글은 정확하다. 뜬구름 잡는 얘기가 없다. 이 글을 보면 오히려 우리의 지금이 절실하지 않은 게 문제다. 쿠바와 같이 절실하지 않은 상황에서 우리는 도시농업의 정확한 의미를 찾지 않으면 안 된다. 그것이야말로 쿠바의 도시농업과 우리의 도시농업을 구분하는 지점이라고 생각한다. 가장 기능적인 것이 가장 아름답다는 말이 있다. 그리고 가장 절실한 것에서 가장 정확한 것이 나올 수도 있다. 그것은 오가노포니코에서 배우자. 그리고 우리의 삶과 정신을 풍성하게 하는 것을 우리의 원림형 채마밭에서 배우는 것이다. 이 두 가지 조합에서 나는 생태도시의 미래를 생각한다. 그렇게 생각한다면 우리는 이미 많은 도시농업의 모범들을 가지고 있다. 다산이 가지고 있었던 원포경영의 의미는 우리의 도시농업에 그대로 적용해도 괜찮다.

시골에 살면서 원포(園圃)를 가꾸지 않으면 천하에 버린 사람이다. 나는 국상(國喪)으로 바쁜 중에도 오히려 만송 열 그루와 노송나무 한 쌍을 심었다. 만약 지금 내가 집에 있었다면 뽕나무가 수백 그루에 접붙인 배가 몇 그루요, 옮겨 심은 능금도 몇

2 정민 역, 「또 윤혜관에게 주는 말」(又爲尹惠冠贈言), 『다산어록청상』(푸르메, 2007), 224쪽

그루는 되었을 것이다. 닥나무는 이미 밭을 이루었겠지. 옻도 이미 남의 밭두둑까지 뻗어나갔을 것이다. 석류도 벌써 여러 그루이고, 포도는 몇 시렁은 되었을 게다. 파초도 네댓 뿌리는 되었겠지. 쓸모없는 땅에는 버드나무가 대여섯 그루 쯤 될 테고, 유산(酉山)의 소나무는 하마 몇 자는 자랐을 게다. 너희는 이 중 한 가지라도 해보았느냐? 너희가 국화를 심었다고 들었다. 국화 한 두둑이면 가난한 선비의 몇 달치 양식을 지탱할 수가 있다. 꽃을 보는 것뿐이 아닌 것이다. 생지황 · 반하 · 도라지 · 천궁 등속과 쪽풀과 꼭두서니 따위는 모두 마음을 쏟아야 한다. 채마밭을 정돈할 때는 모름지기 아주 평평하고 반듯반듯하게 해야 한다. 흙손질도 몹시 곱고 깊게 하여 가루처럼 부드러워야 한다. 씨를 뿌리는 것은 몹시 고르게 하지 않으면 안 되고, 모종은 아주 널찍하게 심어야 한다. 이렇게만 하면 된다. 또 아욱과 배추, 무를 한 구역씩 기르고, 가지와 고추 등속은 각각 따로 길러야 한다. 하지만 마늘과 파를 심는 데 힘을 가장 많이 쏟도록 해라. 미나리 또한 심을 만하다. 한여름 석 달의 농사로는 참외만 한 것이 없다. 비용을 절약하면서 근본에 힘쓰고, 아울러 아름다운 이름마저 얻는 것이 바로 이 일이다. —「두 아들에게 부침」(寄兩兒)[3]

비용을 절약하면서 근본에 힘쓰고, 아울러 아름다운 이름마저 얻는 것이 우리의 도시농업의 의미가 되면 어떨까? 예를 든 〈다산초당〉도 있지만, 안강 옥산의 〈독락당〉도 있다.

〈독락당〉은 조선시대 중기 중종 때의 문신인 이언적(李彦迪, 1492~1553)의 집이다. 이 집의 사랑방 뒤편에는 작은 채마밭이 있다. 그런데 이 채마밭은 현실적으로는 채소도 길러내지만 무엇보다 올바른 마음을 길러내는 상징적인 밭이며 동시에 집을 둘러싼 자연과의 관계에서

3 정민, 「채마밭을 일구고픈 욕망」, 『삶을 바꾼 만남』(문학동네, 2011), 128-9쪽

인간의 행위를 규정한다. 즉 '사랑방-채마밭-자연'을 중용(中庸)에서 말하는 '사랑방-교(敎), 채마밭-도(道), 자연-성(性)'이라고 할 때 채마밭은 자연과 사랑방을 연결하는 길이고, 그것이 바로 중(中)이 된다. 좀 복잡한 설명이 되어버렸지만, 요즘의 생태논리로 말하자면 우리의 원림형 채마밭은 자연과 자연을 연결하는 매개가 아니라, 인위와 자연을 이어주는 생태의 매개가 될 수 있다는 얘기다. 더군다나 이러한 채마밭들은 모두 번잡한 세속을 떠나 자연 속에서 깊은 사색에 몰두하고자 했던 동아시아 지식인의 전형을 따른다는 점에서, 우리의 전통정원에서 채마밭은 재화의 가치나 물물교환의 의미보다는, 당시 지배이데올로기의 생활적 구현, 언어의 몸입기에 더 가깝다. 물론 이것은 사대부 집에 국한된 것이기는 하지만, 18세기에 오면 중인들에게까지 광범위하게 번진다. 조선시대를 통틀어 상업자본주의가 가장 왕성했던 시기에 오히려 재화의 가치를 무시한 관념의 생활적 구현이 널리 퍼졌다는 것은, 오늘날 우리가 왜 도시농업에 대해 이야기해야 하는지를 시사해준다.

원림으로서의 도시농업

조선의 원림은 중국정원처럼 인위적 경계가 없고, 일본정원처럼 대상의 조형에 크게 신경 쓰지 않는다. 그래서 우리의 정원은 정원이라는 인공적 개념과 산수라는 자연적 개념이 뒤섞여 있어 잘 구분되지 않는 것이 특징이다. 따라서 정원을 꾸밀 때는 주변의 식생을 철저하게 파악하고 최대한 자연스럽게 나무의 자리를 잡고 연못을 팠다. 조선의 정원을 따로 원림이라고 부르는 이유가 여기에 있다. 이러한 전통조경의 원리는 마을

뒷산의 식생과 집의 정원, 그리고 마을의 생태계가 하나로 묶이는 효과를 낳는다. 우리가 도시농업을 생각할 때 조선의 원림조성의 원리를 생각하지 않을 수가 없는 것이 바로 이 때문이다. 채마밭이든, 원포든, 도시농업을 좀 더 커다란 생태계 안에서 생각해봐야 한다는 것이다. 집집마다의 작은 채마밭들이 이어져 그것이 뒷산으로 연결되어 하나의 생태적 그물을 만들 수 있다. 그리고 생태라는 것은 그 자체로 한 개인에게 기쁨이 되어야 한다. 사명감만으로 생태를 이룰 수는 없다. 한 송이 꽃과 채소가 한 인간에게 기쁨이 될 때 생태든, 도시농업이든 의미가 될 수 있다. 옛 사람들은 이 기쁨을 무엇과도 바꾸지 않는 지복이라고 표현했다.

예를 들어 장혼(張混, 1759~1828)이라는 사람은 집을 갖고 싶어 하는 마음에 혼자 상상을 하며 언제 지을지도 모르는 집 이름까지 지어 '이이엄'(而已广)이라고 하였다. 집 이름은 한유의 시구 '파옥삼간이이'(破屋三間而已)에서 따온 것으로 '쓰러져가는 세 칸 집이면 그만이다.'는 뜻이다. 이 말은 얼핏 그냥 하는 말로 흘려듣기 십상이지만, 사실은 조선시대 성리학 이데올로기의 생활지침 같은 것이라고 말할 수 있다. 즉 선비라면 당연히 집이 세 칸을 넘으면 안 된다는 뜻이다. 어떻게 보면 성문법보다 더 확고한 지식사회의 규범이라고 할 수 있는 조선 사대부의 자존이었다.

석류와 국화 같은 경우는 안채와 바깥채에 나누어서 기른다. 패랭이꽃과 맨드라미는 안채의 뜨락에 흩어 심고, … 햇볕이 잘 드는 곳에 사과나무, 능금나무, 잣나무, 밤나무를 차례로 심고, 옥수수는 마른 땅에 파종한다. 오이 한 뙈기, 동과 한 뙈기, 파 한 이랑을 동쪽 담장의 동편에 섞어 가꾸고, 아욱과 갓, 차조기는 집 남쪽에 구획을 지어 가로세로로 심는다. 무와 배추는 집의 서쪽에 심되 두둑을 만들어 양쪽을 갈라놓는다. 가지는 채마밭 곁에 모종을 내어 심으니, 가지의 빛깔이 자줏빛이다. 참외와 호박은 사방 울타리

에 뻗어서 뭇 나무들을 타고 오른다. — 『이이엄집』(而已广集) 권14 『평생지』(平生志)[4]

그대로 키친가든(kitchen garden)이다. 이것뿐 아니라 장혼은 요즘 말하자면 경관조경에 대해서도 말하고 있는데, 원문에는 '청경'(淸景)이라고 나온다. 내 생각에는 필요하다면, 지금 우리가 쓰고 있는 말인 '경관'(landscape)이란 말을 청경으로 대체해도 좋을 것이다. 장혼은 단순한 경관이 아니라 아침저녁으로, 계절별로 무엇을 즐길 것인지 자세히 기술하고 있다는 점에서 지금 우리에게 경관이라는 것이 어떤 감흥을 줘야하는지 역설적으로 강조한다. 장혼이 든 맑은 경치 열 가지(淸景 十段)를 꼽아보자.

먼저 인사(人事)로는 작은 언덕의 닭과 개, 골짜기 안의 채마밭을 꼽는다. 그리고 천시(天時)로는 아침저녁으로 끊이지 않는 샘물과 흐렸다 맑았다 하는 산기운이다. 이렇게 인사와 천시로 크게 나누고 아침과 저녁의 청경을 드는데 아침에는 절벽에 어린 가벼운 이내가, 저녁에는 외로운 산봉우리에 비치는 저녁노을이 보여야 한다. 지금 도시에서도 조금만 여유를 가지면 볼 수 있는 것들이라는 점에서, 뭘 하는지 마음만 바쁜 현대인의 번잡한 생활이 한탄스러울 지경이다. 그리고 다시 계절별로 즐겨야 할 청경들. 봄에는 아름다운 꽃의 짙은 향기를, 여름에는 멋진 나무의 무성한 녹음을, 가을에는 한 줄기 시내를 비추는 밝은 달을, 그리고 겨울에는 이웃 마을에 수북이 쌓인 눈을 즐긴다. 지금도 못할 것이 없다. 왜냐하면 바로 이 청경이 도시농업의 미래이기 때문이다. 무엇보다도 사운드스케이프(soundscape) 또한 놓치지 않는다는 점에서 나는 장혼이 감탄스럽다.

---

4 이이엄, 강혜선 역, 『평생지』(平生志), 『이이엄집』(而已广集) 권14

깊숙한 바위 구멍에서 떨어지는 샘물소리, 푸른 산골짜기의 솔바람소리, 맑은 한낮의 꾀꼬리소리, 늦여름의 매미울음, 빗소리 속의 개구리 울음소리, 한 떼의 귀뚜라미 소리[5]

그중에서도 장혼이 제일로 꼽은 것은 사람이 만들어내는 풍경이었다. '작은 언덕의 닭과 개, 골짜기 안의 채마밭'이 그것이다. 자기 집에 대해 상상하는데 허균(許筠, 1569~1618)이 빠질 수 없다. 허균이 화가 이정(李楨, 1578~1571)에게 자기가 살고 싶은 집을 이야기하며 꼭 그려달라고 부탁한 다음의 편지글은 그대로 하나의 설계도다.

큰 비단 한 묶음과 갖가지 모양의 금빛과 푸른빛의 채단을 집종에게 함께 부쳐 서경으로 보내네. 모름지기 산을 뒤에 두르고 시내를 앞에 둔 집을 그려주시게. 온갖 꽃과 대나무 천 그루를 심어두고, 가운데로는 남쪽으로 마루를 터 주게. 그 앞뜰을 넓게 하여 패랭이꽃과 금선화를 심어놓고, 괴석과 해묵은 화분을 늘어놓아 주시게. 동편의 안방에는 휘장을 걷고 도서 천 권을 진열하여야 하네. 구리병에는 공작새의 꼬리 깃털을 꽂아놓고, 비자나무 탁자 위에는 박산향로를 얹어놓아 주게. 서쪽 방에는 창을 내어 애첩이 나물국을 끓여 손수 동동주를 걸러 신선로에 따르는 모습을 그려주게.

나는 방 가운데에서 보료에 기대어 누워 책을 읽고 있고, 자네와 다른 한 벗은 양 옆에서 즐겁게 웃는데, 두건과 비단신을 갖춰 신고 도복을 입고 있되 허리띠는 두르지 않은 모습으로 그려야 하네. 발 밖에서는 한 오리 향연이 일어나야겠지. 그리고 학 두 마리는 바위의 이끼를 쪼고 있고, 산동은 빗자루를 들고 떨어진 꽃잎을 쓸고 있어야겠네. 이러면 인생의 일이 다 갖추어진 것일세. 그림이 다 되면 이수준 공이 돌아오는

5 앞의 책, 권14

편에 부쳐주시게. 간절히 바라고 또 바라네. — 『미쳐야 미친다』[6]

허균은 이 그림을 받지 못했다. 화가 이정이 이 편지가 도착하고 얼마 안 있다가 술병으로 죽었기 때문이다. 유득공(柳得恭, 1748~1807)도 지금의 명동성당 부근에 살면서 채마밭에서 시를 짓던 지난날을 『이십일도회고시』(二十一都懷古詩)의 서문에서 밝히고 있다.

돌이켜 생각하니 무술년(戊戌年) 무렵 종강에 살 때는 낡은 집 세 칸에 붓과 벼루, 칼과 자가 뒤섞여 있었다. 이런 것이 싫증나서 자그만 채마밭에 자주 앉아 있곤 했다. 그러면 채마밭의 콩 넝쿨과 무꽃 위에는 벌과 나비가 한가로이 날아들어, 비록 밥 짓는 연기가 여러 번 끊겼지만 의기소침하지 않았다.

유득공에게 있어 채마밭은 휴식 장소였다. 기화요초가 우거진 그럴듯한 정원에서가 아니라 콩과 무를 심은 작은 채마밭에서 그는 시상을 다듬고, 연구를 위한 재충전을 했다. 결국 도시농업이란 산업화로 인해 우리가 잃어버린 것들, 사유와 감각의 문제, 자연의 신화, 생태, 같은 것들을 회복하는 것이라고 나는 생각한다. 전통적인 조경 원리에서 이러한 모델들이 도시농업과 어떻게 결부될 것인가는 매우 중요하다. 근대 도시는 물산의 집합 장소였다. 산업화의 부정적인 측면을 여지없이 드러내는 장소가 도시였던 것처럼, 이제 우리도 지저분한 도시, 먹고살기만을 위한 도시로, 도시를 마구 취급해왔다는 반성을 해야 한다. 이제야 우리는 우리가 살고 있는 도시를 처음으로 바라보고 있는지도 모른다. 그게 사실이

6 정민, 『미쳐야 미친다』(푸른역사, 2004), 126쪽

〈그림 3-1〉 전통정원의 특징을 잘 보여주는 진도의 운림산방 방지 (© 안명준)

라면 도시농업은 세계적인 식량 위기에 대처하는 방법으로서의 문제만은 아닐 것이다. 그렇다고 단순히 보기 좋게 가꾸는 한때의 유행일 수도 없다. 무엇보다 중요한 것은 어떤 정신적인 가치를 도시농업에 두느냐가 중요하다. 인간을 자연과 연결하는 매개로서의 도시농업이 강조되는 이유다. 거기에서 도시의 생태가 살아나려면 도시농업의 규모는 필요 이상으로 커져서는 안 된다. 작은 채마밭이 모여 거대한 도시의 모습을 이뤄야 한다. 도시농업을 도시원림 안에서 생각해야 할 이유가 여기에 있다.

21세기는 우리가 어떻게 마음의 진화를 이루어낼 수 있을 것인가 하는 데서 그 가치가 찾아질 것이다. 왜냐하면 지구 생태계를 살리기 위한 수많은 노력이 사실은 이렇게 간단한 마음의 씀씀이에서만이 제대로 작동할 수 있기 때문이다. 마음이 빠진 생태는 실현될 수 없다. 우리

의 도시농업에서 우리 옛 사람들의 방법을 떠올려야 하는 이유다. 방법은 많다. 퇴계와 다산이 정원을 설계한 원리가 글로 남아 있듯이, 모델이 없는 것도 아니다. 그것을 바탕으로 도시농업의 아이템을 생각해볼 수도 있다. 말하자면 보급의 차원에서 다산정원, 퇴계정원, 회재정원 등의 일반화도 가능하다. 그러나 거기에서 우리 사회가 공동으로 추구하는 가치가 빠진다면 모든 것은 도로가 되고 말 것이다. 원림형 도시농업은 쿠바와 달리 우리의 도시공원의 한 부분으로써, 그리고 생활로써, 정원으로써 기능할 수 있다. 그러기 위해서 우리는 더 작은 도시농업, 더 작은 텃밭, 더 작은 풍경에 더 큰 마음을 쓸 수 있어야 한다. 좋지 아니한가! 한여름의 매미 울음소리를 들으며 텃밭에서 가져온 채소로 쌈을 싸 먹는 점심의 깊은 그늘이.

〈그림 3-2〉 국립원예특작과학원의 작물별 텃밭 실험 모습(© 안명준)

Chapter 4

서양 미술 속
도시농사

서양 미술에 재현된 생산경관

황주영

경관은 자연에서 구별되며 문화가 되었고, 그림에 담겨 전파되었다. 문화와 도시의 성장은 풍경과 정원의 발달을 가져왔고, 거기에는 언제나 자연이 함께하고 있었다. 이처럼 자연을 대하는 인간의 의지는 우리시대 도시농사에도 담겨있는데, 그 역사를 잘 살펴야 한다.

© 안명준

최근 우리 주변에서는 도시농업에 대한 관심이 커지고, 이를 다양한 관점에서 조망해보는 작업이 활발하게 진행되고 있다. 이는 양적 발전 위주의 산업화와 도시화가 한계에 부딪힌 오늘날, 도시에서의 삶의 질과 관련된 새로운 이슈로 보일 수도 있다. 그러나 다시 찬찬히 들여다보면 이는 오래전부터 조경사를 관통해온 '생산의 장으로서의 정원'에 대한 관심이 드러난 것이다. 가장 보편화된 도시농업의 형태인 텃밭의 원형을 추적해보더라도 인간이 정주 생활을 시작하면서 만든 울타리 안에 키운 작은 생산정원에서 비롯됨을 발견할 수 있다. 이처럼 정원은 시작부터 생산적 속성을 내포하고 있다. 정원의 원형을 추적해보면 크게 위요 공간(정원을 의미하는 서양어의 공통된 어원인 gher)과 생산 환경(hortus: 채원, 과수원, 약초원 등), 즐거움의 장소(gan-(gher)+oden(-eden)=garden: 화원, 풍경식 정원 등)로 정리된다.[1] 보통 정원이라고 하면 주로 아름답고 보기 좋은 즐거움의 장소로서의 정원을 먼저 떠올리지만, 조경의 원류인 정원은 그 시작부터 '생산의 장'으로서의 기능을 해왔다.

고전문학에서는 도시 내에서 정원을 가꾸거나, 시골에서 농사를

1 황기원, 「정원의 원형 시론」, 『환경논총』 20 (1987), 85-97쪽

짓거나 가축을 키우는 한가롭고 평화로운 삶을 예찬했고, 이를 다룬 이론서가 집필되기도 했다. 이때 생산과 감상의 영역이 특별히 분리되어 논의되지는 않았다. 그러나 르네상스 시기 정원이론의 발달로 정원은 기술과 자연이 결합된 '제 3 자연'으로, 생산을 위한 농업은 '제 2 자연'에서 논의되면서 개념상의 분화가 시작되었다.[2] 이러한 분리는 18세기 영국 풍경식 정원의 발달 이후 더욱 강화되어, 아름다운 '그림 같은 풍경'을 감상하는 공간으로서의 정원과 생산을 위한 공간은 별개의 것으로 간주된다. 농업은 말 그대로 '먹고 살기 위한' 생산 활동이자 땀 흘리며 일하는 힘든 노동으로 여겨지는 한편, 정원은 유한계급의 여가와 과시의 공간으로 인식된다. 하지만 정원은 오늘날까지도 생산공간으로의 속성을 유지해왔고, 이는 또한 하나의 독특한 경관, 더 나아가 — 어원적으로 경작과 관련 있는 — 문화를 생산해왔다. 이러한 양상이 어떤 식으로 재현되어왔는가를 살펴보고, 그 기원을 되새겨보는 작업도 흥미롭고 의미 있을 것이다.

이 글에서는 서양 회화에 재현된 모습, 특히 배경의 일부로 나타난 경관을 중심으로 이를 조망해본다.[3] 배경에 재현된 정원이나 도시와 그 주변의 농업 경관의 모습을 통해 우리는 당시의 모습을 추측해볼 수

---

2 John Dixon Hunt, "The Idea of Garden and the Three Natures," *Greater Perfections: The Practice of Garde Theory* (New York: Thames & Hudson, 2004), pp.32-75

3 이는 순수 풍경화보다는 풍경이 배경의 일부로 재현되는 회화 작품을 중심으로 진행된다. 인간의 눈이 포착하는 경관을 화폭에 담는 풍경화는 오늘날 우리에게는 친숙한 장르이지만, 17세기 이전에는 독립된 장르로 인정되지 못했다. 고대 이후 자연 풍경이 회화에 다시 등장한 것은 14세기 초반 지오토의 프레스코화에서였고, 이때에도 풍경은 종교나 신화적 내용, 혹은 역사적 사건을 다루는 역사화(History Painting)의 '배경'에 불과했다. 또한 생산 환경으로서의 정원은 '먹고사는' 문제와 직결된 곳일 뿐만 아니라 대부분 일년초를 재배했기에 수확과 동시에 사라지는 한시적 속성을 지니고 있어 오랫동안 미적 감상의 대상으로, 즉 회화의 주제가 될 만한 요소로 간주되지 않았다.

있고, 나아가 인간이 야생의 자연을 경작하여 문화화된 경관을 만들어온 과정과 이를 통해 변화해온 우리가 자연과 경관을 보는 방식도 추적할 수 있다. 아울러 도시 주변 — 성벽 '바깥' — 에서의 농업 생산의 회화에서의 재현도 주목할 만한데, 여기에는 당시의 이데올로기와 경관을 보는 방식, 즉 도시 내의 비농업 인구들의 생존에 중요한 식량 공급의 장이자 권력자의 지배력의 범위와 경계의 표현도 반영되어 있기 때문이다.

농부의 삶보다 더 행복한 삶은 없다

도시 국가(polis)를 중심으로 살았던 고대 그리스에서는 성벽 내에서의 농업 활동에 대해서는 전해지는 바가 없다. 하지만 성벽 밖, 도시 근교로 나가 한적한 곳에서 과실을 가꾸는 생산적 여가 활동에 대해서는 여러 문학작품에서 언급되고 있다. 호메로스(Homeros)의 서사시 「오디세이아」(Odysseia)를 보면 "정원을 가꾸는 솜씨에는 부족한 점이 없는 것 같구려. 정원은 잘 가꾸어져 있고, 초목이든 무화과나무든 포도나무든 또 올리브나무든 배든 채소든 그대의 정원에는 잘 가꾸어져 있지 않는 것이 한 가지도 없으니 말이오."(제 24권, 244-7)라고 하여 주인공 오디세우스의 아버지 라에르테스가 은퇴 후 폴리스 성벽 밖에 마련한 정원의 풍요로움을 묘사한다.

실재의 정원으로는 에피쿠로스(Epicouros, B.C.341~B.C.270)의 정원을 들 수 있다. 그리스의 정치적 혼란기에 활동한 철학자 에피쿠로스는 성문 밖에 작은 정원을 마련하고, 자신의 교육 기관을 세웠다. '정원학파'(Garden School)라는 별명이 붙은 이곳에서 그의 제자들은 손수 과일과 야채를 키워 먹는 채원(kitchen garden)을 가꾸었는데, 이는 단지 먹을 거리를 자급자족하기 위한 것이 아니었다. 그들은 정원을 가꾸면서 성장과 쇠퇴, 평정, 땅과 물, 공기, 햇빛의 균형 잡힌 상호작용이라는 자연의 방식을 몸소 터득했고, 이는 동시에 그들의 영혼을 가꾸는 활동이기도 했다.[4] 이처럼 도시 근교에서의 전원생활은 복잡하고 혼잡한 도시민들에게는 하나의 이상이 되었다. 그리스의 문화를 물려받은 고대 로마에서도 베르길리우스(Publius Vergilius Maro, B.C.70~B.C.19)나 카토(Marcus Porcius Cato Censorius, B.C.234~B.C.149) 등의 시인들이 "농부의 삶보다 더 행복한 삶은 없다."라고 하며 전원생활의 미덕을 예찬하는 시를 다수 제작했고, 실제로 별장(villa rustica)을 짓고 정원일로 소일하는 것을 즐겼다.

한편 근대까지 서양 사회를 지배하던 기독교에서도 정원에서의 생산 활동을 찾아볼 수 있다. 창세기에 등장하는 에덴동산(Garden of Eden)은 서양 낙원정원의 원류로 알려져 있지만, 사실은 '보기에 탐스럽고 먹기에 좋은 온갖 나무'(창세기 2장 9절)가 있는 일종의 과수원이었다. 뱀의 유혹에 넘어가 선악과를 먹고 아담과 이브가 추방된 이후 인류는 이들이 지은 죄를 씻는 속죄의 의미로 노동을 해왔다. 중세 수도원 정원에 이러한 종교적 의미가 가장 잘 반영되어 있다. 담으로 둘러싸인 수도원은 기도와 노동, 학습을 중심으로 돌아가는 내부지향적인 소우주이고, 외부와 차단된 자급자족의 낙원이었다. 이곳에서의 노동은 단순히 식량을 생산하기 위한 것이 아니었고, 스스로 땀을 흘리며 노동하는 것 자체가 수도 행위의 하나였다.

---

4 Robert Pogue Harrison, *Gardens: An Essay on the Human Condition* (Chicago; London: Univ. of Chicago Press, 2008), 조경진, 황주영, 김정은 역, 『정원을 말하다: 인간의 조건에 대한 탐구』(나무도시, 2012), 106-108쪽

두려움 없이 땅을 갈고 씨를 뿌릴 수 있다

근대 이전, 울타리 '밖'에 위치한 자연은 알 수 없는 거칠고 광막한 황무지였고, 공포의 대상이었다. 반면 울타리 '안'의 경계 지어진 자연은 한정되었기에 알 수 있고 길들여져 안전한 경작지이거나 정원이다. 성 안 정원은 제한된 공간에 만들어진 상대적으로 작은 공간이었고, 주로 힘이 약한 여성이나 아이, 노인들이 정성 들여 가꾸는 채원(그림 4-1)이나 허브 가든(herb garden)이 대부분이다.[5]

한편 성 밖은 성 내 구성원들의 생존을 보장하는 식량을 생산하는 본격적인 농업 생산공간이다. 이곳은 외적과 야수의 위험에 노출되어 있었기 때문에, 거친 토지를 경작하는 동시에 자신을 보호할 수 있는 성인 남자들의 영역이다. 전통적인 농업 사회에서는 봄에 제때 농사를 시작하는 것이 가장 중요했기에, 각 시기에 해야 하는 노동의 기록과 안내는 다양한 방식으로 전해졌다. 15세기 초반 랭부르 형제(Limbourg Brothers)가 제작한 필사본 〈베리 공의 매우 호화로운 기도서〉(Très riches heures du duc de Berry)에는 당시의 전통을 따라 해당 월의 농사와 관련된 삽화가 그려져 있다. 여기에는 농업 활동의 특징, 농민들의 복장과 사용했던 농기구, 귀족들의 여가 문화를 계절에 따라 배치했고, 배경에 등장하는 성들의 당시 모습 등이 정확하게 기록되어 있어 당대 생활상 연구에 귀중한 참고 자료가 되기도 한다.

이 중 〈3월〉(그림 4-2)을 보면 전경에 낡은 옷을 입고 수염이 하얀

5 성 '안' 정원의 여성적, 폐쇄적 속성으로 이러한 정원은 마리아의 정원(*hortus conclusus*)으로 은유되기도 한다.

〈그림 4-1〉 제네바 보카치오의 화가, 〈갈퀴질, 파종, 삽질〉(16세기, 채색 삽화, 샹티이 콩데 미술관)

〈그림 4-2〉 랭부르 형제, 〈베리 공의 매우 호화로운 기도서〉(1410년경, 채색 삽화, 샹티이 콩데 미술관 소장) 중 〈3월〉 세부

〈그림 4-3〉 랭부르 형제, 〈베리 공의 매우 호화로운 기도서〉(1410년경, 채색 삽화, 샹티이 콩데 미술관 소장) 중 〈8월〉 세부

소작농이 소 두 마리를 끌고 열심히 쟁기질을 하고 있다. 노랗게 말라 죽은 풀로 덮여 있고 곳곳에 돌멩이가 널린 땅에 쟁깃날이 지나가 이랑이 가지런히 생기고, 한 해 농사가 비로소 시작된다. 오른쪽 뒤에는 이렇게 갈린 땅 위에서 또 다른 농부가 허리를 숙여 땅에 뿌릴 씨를 주머니에 담으며 첫 파종을 할 차비를 한다. 맞은편에는 하얀 담으로 경계를 둘러친 포도밭에서 세 명의 인부가 포도나무 그루를 다듬어 버팀목을 대고 있다. 작은 집이 딸려 있는 근처 포도밭은 이미 정리되어 단정한 모습이다.[6] 왼쪽 뒤로는 목동과 개가 양떼를 지키고 있어 이 시기 시골에서 행해지던 다양한 생산 활동의 모습을 엿볼 수 있다. 밭 사이에 놓인 길들이 교차하는 곳에는 작은 하얀 탑 모양의 이정표가 경계를 나타내고, 그림의 배경에는 그림을 주문한 베리 공이 가장 아꼈다는 뤼지냥 성(Château de Lusignan)이 거대한 위용을 뽐내고 있다. 그림의 전경에 마련된 경관

6 물이 안 좋고 위생도 불량했던 중세시대 서양에서 가장 좋은 음료수였던 포도주는 종교적 의미까지 더해져 신의 선물로 여겨졌다.

과 거기에서 일하는 사람들을 내려다보고 있는 듯한 성의 위치는 이곳을 지배하고 있는 이가 누구인지를 암묵적으로 말해준다. 한편 〈8월〉(그림 4-3)에는 밀 수확이 한창이다. 소작농들은 바삐 수확을 하거나, 남녀를 불문하고 벌거벗고 미역을 감으며 더위를 식힌다. 전경에는 잘 차려 입은 한 무리의 귀족이 있는데, 말을 타고 영지 주변의 숲으로 매사냥을 떠나고 있어 계급에 따른 활동과 여가의 차이가 극명히 드러난다.

경관의 정치적 암시는 르네상스 초기 시에나 화파의 대표적 화가인 로렌제티(A. Lorenzetti, ?1295~1348)의 〈좋은 정부의 도시와 시골의 알레고리와 효과〉(The Allegory of Good Government and its Effects on Town and Country)(그림 4-4)에서도 찾아볼 수 있다. 시에나 시청사 회의실에 걸린 연작 중 하나인 이 그림은 토스카나 지방의 성 밖 농업 생산 풍경을 마치 기록화처럼 상세하게 묘사하고 있다. 활기찬 도시의 풍경을 벗어나면 성문 밖으로는 시골의 풍경이 파노라마처럼 펼쳐진다. 여기에는 매사냥을 가는 사람들과 언덕 위 빌라, 포도밭, 과수원, 추수 풍경이 묘사되었다. 안정되고 평화로운 경관 윗부분에는 안전의 여신이 '정의의 여신이 통치하는 한 모든 이가 두려움 없이 자유롭게 여행할 수 있고 땅을 갈고 씨를 뿌릴 수 있다.'는 글귀가 적힌 두루마리를 들고 있어 시청 회의에 참석하는 이들에게 지도자의 덕목을 상기시켜준다.[7]

14세기 이래 점진적으로 변해온 자연을 보는 시선은 우첼로(P. Uccello, 1397~1475)의 〈성 게오르기우스와 용〉(St. George and the Dragon)(그림 4-5)의 배경에 묘사된 성과 그 주변의 농경지에 반영되어 재현된다. 여

7 정은진, 「14세기 시에나 시청사(Palazzo Pubblico)의 벽화들: 정치적 이데올로기를 중심으로」, 『미술사학보』 34(2010) 252쪽

〈그림 4-4〉 로렌제티, 〈좋은 정부의 도시와 시골의 알레고리와 효과〉(1328년경, 프레스코, 이탈리아 시에나 시청)

〈그림 4-5〉 우첼로, 〈성 게오르기우스와 용〉(1460년경, 캔버스에 유채, 파리 자크마르-앙드레 미술관)의 세부

전히 성벽이 내부와 외부를 경계 짓고 있지만, 이제 성 밖은 세 명의 여인이 남성의 보호 없이 산책을 할 수 있을 정도로 안전한 곳이 되었다. 외부의 경관은 다양한 방식으로 경작되어 정돈되었고, 성벽으로 둘러싸인 도시로 가는 길에는 가로수까지 양쪽으로 심겼다. 외경에 나오는 성인의 이야기를 다루고 있지만, 배경에는 15세기 중엽 도시 주변의 농업 생산경관의 모습이 재현되었다.

좋고 유용하여 아름답다

대표적인 서양 정원 양식의 하나로 꼽히는 르네상스 시대의 정원에 대한 연구는 이미 수없이 다양한 분야에서 진행되었으나, 대부분 즐거움의 정원(pleasure garden)으로서의 양상에 집중되어 있다. 그런데 르네상스 정원은 훌륭한 열락정원인 동시에 생산적 정원이기도 하다는 점에 주목해보자.

이상적인 르네상스 정원을 묘사한 것으로 알려진 보카치오(G.

〈그림 4-6〉 보카치오의 〈데카메론〉(1370년경, 파리 국립도서관) 삽화

Boccaccio, 1313~1375)의 『데카메론』(*Decameron*)(그림 4-6)의 묘사를 잠시 살펴보자. 흑사병이 만연한 피렌체를 떠나 피에졸레의 빌라로 피해온 일곱 명의 젊은 여성과 세 명의 젊은 남성이 2주 동안 나누는 이야기로 이루어진 이 작품에서, 이들이 모이는 정원은 아름다우면서도 매우 생산성이 높은 곳이다. '이 세상에 낙원(Paradise)이 세워진다면 이와 다른 형태를 생각할 수 없고, 정원의 아름다움에도 더 이상 보탤 것이 없다고 생각할 정도'인 이곳에는 갖가지 화려한 색깔의 꽃들이 피어 있는 훌륭한 잔디밭이나 시원한 그늘을 드리우는 커다란 나무, 곧은길뿐 아니라, 포도나무 퍼골라와 향기 그윽한 꽃들, 오렌지 나무와 레몬 나무처럼 관상과 식용에 모두 유용한 요소들도 있다. 정원 분수의 물줄기도 정원 곳곳을 지나는 사람들을 즐겁게 하고, 인공 수로를 통해 정원을 지난 다음 마지막에는 두 대의 물레방아를 움직여 주인에게 경제적 이익을 적잖이 준다고 묘사되는 등 정원은 실용성과 아름다움이 공존하는 장소로 묘사된다.

실제로 르네상스의 정원은 정원(giardino)과 과수원(orti), 가축용 풀을 재배하는 등의 용도로 쓰인 초지(prati)가 혼재한 곳이었지, 순수한 미적 감상을 위한 장소는 아니었다. 서신이나 일기, 세금 서류, 공증증서 등의 문서 기록을 통해 정원을 조영할 당시에도 미적 요소보다 생산적 요소가 더 중시되었음이 밝혀지고 있다. 특히 르네상스 빌라 정원을 대표한다고 평가되는 메디치 가문의 정원에 대한 최근의 연구는 정원들이

〈그림 4-7〉 고촐리, 〈동방박사의 행렬〉(1459~60, 프레스코, 피렌체 팔라초 메디치-리카르디)의 세부

〈그림 4-8〉 우텐스, 〈빌라 카파지올로〉(1599년경, 피렌체 코메라 박물관)

하나의 완결된 설계를 바탕으로 조성된 것이 아니라, 현장에서 그때그때의 필요에 따라 조성되었다는 쪽에 무게가 두어진다.[8]

메디치 가문의 사람들을 동방박사로 묘사한 고촐리(B. Gozzoli, 1420~1497)의 〈동방박사의 행렬〉(The Procession of the Magi)(그림 4-7)의 배경에는 잘 정비된 피렌체 주변의 성과 들판이 나타난다. 당시의 문서에는 이처럼 아름다운 건물과 경작된 토지로 이루어진 피렌체의 경관이 좋고(buono) 유용하여(utile) 가장 아름답다(bellisimo)고 기록되어 있어[9], 실용적 활용과 미적 향수가 동시에 이루어지고 있음을 짐작할 수 있다. 16세기 말에서 17세기 사이 우텐스(G. Utens, ?~1609)가 제작한 루네트 연작에 재현된 메디치 빌라와 주변의 정원의 모습도 이를 반증하는 사례

8 Raffaella Fabiani Giannetto, *Medici Gardens: from Making to Design* (Philadelphia: Univ. of Pennsylvania Press, 2008)

9 앞의 책, pp.22-24

〈그림 4-9〉〈비르질리오 리카르디아노〉(1460년경, 피렌체 리카르디아나 도서관) 필사본집

의 하나로 볼 수 있다. 토스카나 대공 페르디난도 1세의 주문으로 제작한 메디치 정원 연작(그림 4-8)은 빌라와 그 주변을 조감하듯 세밀하게 묘사하고 있다. 여기에서 영지 주변의 잘 정리된 아름다운 경관은 지배자 아래에서 잘 정리된 세계를 은유하기도 한다.

고전에 대한 관심이 컸던 르네상스 시기에는 그리스와 로마의 고전 문헌이 재발굴되어 이탈리아어로 번역되어 소개되었다. 로마의 시인 베르길리우스(P. Vergilius Maro, B.C.70~B.C.19)의 〈전원시〉(Eclogues)나 〈농경시〉(Georgics)에 묘사된 자연과 합일된 평화로운 전원생활은 도시민들이 꿈꾸고 예찬하는 이상적인 삶의 모습으로 자리 잡았다. 15세기 피렌체에서 제작된 베르길리우스의 작품을 모은 필사본집은 고대의 이야기를 다루고 있지만, 삽화는 당시 도시 근교에서의 농민의 노동 장면(그림 4-9)과 귀족들의 여가 활동을 묘사한다. 인문학적 관심사의 하나로 원예 취미도 유행하여 전원생활을 예찬한 고대 철학자들의 글들을 다시 소개하는 것이 크게 유행했다. 고대인들의 삶을 모방하면서, 도시 근교에 빌라(villa rustica)를 짓고 정원을 조성하는 것도 인기 있

〈롤랭 수상이 있는 성모〉　성 밖 정원의 세부 모습　성안의 정원 세부 모습

〈그림 4-10〉 얀 판 에이크, 〈롤랭 수상이 있는 성모〉(1435, 목판에 유채, 루브르 박물관)에 나타난 정원 모습

는 여가 활동이 되었다. 실용적 관점에서 15세기의 인문학자들이 집필한 이론서도 등장했는데, 타나리아(M. Tanaglia, 1437~1512)의 『농업에 대하여』(*De re agaria*, 1489)를 일례로 들 수 있다.

같은 시기 플랑드르의 화가들은 상징성이 강한 종교화에 실제 풍경을 사실적으로 묘사하기 시작하였고, 대개 아케이드나 로지아, 창문을 통해 이를 재현하였다.[10] 얀 판 에이크(Jan van Eyck, ?1395~1441)의 〈롤랭 수상이 있는 성모〉(Madonna of Chancellor of Rolin)(그림 4-10)를 보면 아케이드 밖으로 도시 경관이 펼쳐진다. 화면 왼편의 롤랭 수상의 손 너머로는 교회가 있는 마을이 보이고, 이를 에워싼 그가 소유한 숲이 있는 언덕과 포도원의 정비된 경관은 롤랭 수상의 재력과 권력을 암시한다. 한편 아케이드 앞에는 꽃이나 허브, 채소 등을 심은 전통적인 성 안 정원의 모습이 사실적으로 묘사되었는데, 이곳은 실제의 장소이기도 하지만, 성모 마리아를 상징하는 장미나 백합이 가득 피어 있어 마리아의 '담으로 둘

10 황주영, 「18세기 영국 정원의 풍경화적 속성에 관한 연구」(이화여자대학교 석사학위논문, 2006), 21쪽

〈그림 4-11〉 벨리니, 〈성 프란체스코의 엑스터시〉(1480~85, 목판에 유채, 뉴욕 프릭 컬렉션)의 세부

〈그림 4-12〉 만테냐, 〈감람산의 그리스도〉(1457~59, 목판에 템페라, 투르 미술관)의 세부

러싸인 작은 정원'(hortus conclusus)을 은유하기도 한다.

이러한 재현은 당대의 도시 발달상을, 도시 성벽 안과 밖의 경작 경관의 재현은 도시에 밀집한 인구에 식량을 효율적으로 공급하기 위한 농업의 문제를 보여준다. 이는 크게 두 가지 양상으로 나타나는데, 농업과 목축 영역을 담장으로 엄격하게 구분한 조반니 벨리니(G. Bellini, ?1430~1516)의 〈성 프란체스코의 엑스터시〉(St. Francis in Extasy)(그림 4-11)에서처럼 토지를 한정 지어 개인의 소유를 강조하는 것이 가장 보편적이다. 한편 만테냐(A. Mantegna, ?1431~1506)의 〈감람산의 그리스도〉(Christ on the Mount of Olives)(그림 4-12)에서처럼 도시 근교의 농경지에 둑을 쌓거나 다리를 놓아 물을 다스려, 생산공간을 통제하는 도시의 능력을 증명하기도 한다.[11]

도시는 근교에서 생산된 잉여 농업 생산물과 지역의 문화적 특산

11 Jean Barrot, "Le paysage en peinture: espace rural et culture esthétique en Europe occidentale," *Mappe Monde*, 2(1997) p.10

〈그림 4-13〉 피터르 브뢰헐 1세, 〈추수〉(1565, 목판에 유채, 뉴욕 메트로폴리탄 미술관)

물을 최종적으로 흡수하는 곳이다. 도시 근처에서 행해지는 농업 활동은 자급자족이 불가능한 도시의 생존에 필수적이다. 시골에서의 한가로운 추수 장면을 그린 피터르 브뢰헐 1세(Pieter Breugel the Elder, ?1525~1569)의 농민 그림(그림 4-13)은 당대의 풍속을 충실히 묘사하고 있는데, 이들의 수고로운 노동은 중경의 마을과 원경에 있는 도시를 풍요롭게 하기에 예찬되고 화면에 담긴다. 오랫동안 인간은 공동 농사 작업을 통해 생계를 꾸렸고, 함께 노동하는 일이 중요했다. 산이나 숲에서 양을 치는 일이나 물가에서 물고기를 잡는 일이 한두 사람의 일이라면, 너른 들판에서의 곡식을 키워 수확하는 일은 전통적인 집단적 가치와 연결된다.

16세기 중반 이래 경관의 재현은 점차 종교적 상징성을 벗어나 독립성을 획득하기 시작한다. '(풍경화에서) 자연은, 인간에 의해 창조되지 않은, 인간의 감각으로 인지할 수 있는 가시적인 세계'[12]이다. 하지만 회화에 재현되는 자연은 단순한 자연의 경치가 아니라 일정한 법칙에 따라 선정되어 배치된 것이고, 인간의 손길이 닿지 않은 야생이라기보다는 인간에 의해 순치되어 문화화된 경관에 더 가깝다.

양이 사람을 먹어치운다

18세기 영국 풍경식 정원은 정원 경관에서 생산적 요소가 배재된 미적인 조성물로 인식되지만, 그 이면에는 눈에 보이지 않는 사회적 · 경제적 배경이 숨어 있다. 모직 제조가 흥성하여 양모의 값이 폭등하자, 영국의 귀족과 대지주들은 인클로저 운동(Enclosure Movement)을 통해 기존의 공유지를 사유화하고 그곳에서 농사를 짓던 소작농을 쫓아냈다.[13] 밀밭은 양을 키우는 초지로 바뀌었고, "양이 사람을 먹어치운다."는 토머스 모어(Thomas More, 1478~1535)의 비유처럼 대대손손 땅을 일구며 살아온 농민들은 추방되고 봉건적 공동체는 해체되었다. 일자리를 찾아 도시로 갈 수밖에 없던 이들은 산업혁명의 근간이 된 값싼 노동력으로 전락한다.[14]

풍경식 정원은 순수한 자연의 아름다움을 구현한 것으로 평가

12 Kenneth Clark, *Civilization* (New York: Harper & Row, 1969), p.269

13 당시 이런 방목지의 임대료는 경작지의 임대료보다 최대 150퍼센트까지 높았고, 기간과 개체 수 등도 상세히 조정하여 양들이 너무 풀을 뜯어 먹어 풍경식 정원 내의 풀밭이 망가지지 않도록 했다. 18세기 영국 풍경식 정원의 경제적, 이데올로기적 측면에 대한 상세한 논의는 Tom Williamson, "The Landscape Park: Economics, Art and Ideology," *Journal of Garden History* 13(1-2), 1993을 참조하라.

14 John Barrell, *The Dark Side of the Landscape: The Rural Poor in English Painting 1730-1840* (Cambridge: Cambridge Univ. Press, 1983)

〈그림 4-14〉 게인즈버러, 〈앤드류스 부부〉(1750년경, 캔버스에 유채, 런던 내셔널갤러리)

되지만, 이는 또한 가축 임대 계약과 임업, 사냥, 하하(ha-ha)[15]로 보이지 않게 경계 지워진 정원 안팎에서 경작과 생산 활동이 이루어진 생산공간이기도 했다. 잘 가꾸어진 영지를 배경으로 있는 게인즈버러(T. Gainsborough, 1727~1788)의 〈앤드류스 부부〉(Mr. and Mrs. Andrews)(그림 4-14)에는 추수하는 일꾼들이나 목동은 보이지 않고, 오로지 앤드류스 부부만이 있다. 브뢰헐의 추수 장면에서 볼 수 있는 여럿이 모여 하는 추수의 흥겨움은 사라졌고, 젠틀맨 파머(gentleman farmer)만이 자신의 영토 위에 홀로 있다. 인클로저는 농업 생산과 발전의 근간이 되는 농부들을 삶의 터전에서 추방해, 잠재적 불안 요소인 소작농과 지주 사이의 거리를 벌려 놓았다. 멋지게 차려입은 이들 부부는 농업 생산공간에 있지만, 노동을 하지는 않는다. 새로운 농업 기술을 활용 — 추수 방식, 산사나무 덤불 전

15 '하하'는 영국의 전통적인 경관 조성 방식 중 하나로, 정원의 경계부가 드러나지 않도록 도랑을 파고 옹벽을 설치하여 눈에 보이는 경계 없이 외부를 조망할 수 있도록 한 것이다. 프랑스의 군사용 호가 응용된 것으로 알려져 있다.

〈그림 4-15〉 터너, 〈펫워스 파크〉(Petworth Park, 1828년경, 캔버스에 유채, 테이트 미술관)

정, 양을 가두는 새로운 방식의 문, 종과 크기를 선별한 양 — 하여 얻은 풍요로운 생산은 이들에게 당연한 것으로 여겨진다.[16] 특히 넓은 정원 부지 내에서 한가롭게 풀을 뜯는 가축(그림 4-15)은 목가적인 분위기를 부여하고, 고대부터 내려온 아르카디아의 목가적인 이미지와 결합되어 귀족적인 생산 형태로 여겨진다.[17] 풍경식 정원 내에서도 미와 경제적 유용성은 대립하는 것이 아니었고, 이 두 가치는 서로 복잡하게 중첩된다.

결어를 대신하여

유럽 경제의 중심이 산업과 도시 성장으로 나아가던 19세기에 농부들이 일하는 생산공간의 재현이 다시 인기를 얻은 것은 일견 역설적

16 Denis Cosgrove and Stephen Daniels, eds., *The Iconography of Landscape: Essays on the Symbolic Representation, Design and Use of Past Environments* (Cambridge: Cambridge Univ. Press, 1988), p.103

17 Williamson, 앞의 글, p.52

〈그림 4-16〉 밀레, 〈만종〉(1857~59, 캔버스에 유채, 파리 오르세 미술관)

〈그림 4-17〉 카유보트, 〈정원사〉(1875~90, 캔버스에 유채, 개인소장)

으로 보인다. 도시에 식량을 공급하던 도시 근교 농업 생산공간에는 공장이 들어서기 시작했고, 자연과 인간의 관계도 달라졌다. 산업혁명을 거치며 전통적인 농촌 공동체는 해체되었고, 이들은 익명의 노동 집단, 도시빈민으로 전락한다. 모든 것이 급속도로 변해가는 시대에 대한 반응의 하나로, 자연의 속도에 순응하는 전통적인 삶의 방식에 대한 향수가 나타났다. 이 시기 예찬된 농부는 대지에서 양식을 얻고 땅에 의존해 사는 존재이다. 그림 속에 재현된 인간과 경관은 사물의 영구적인 질서 안에 고정되어 안정적이고 편안하다.(그림 4-16, 17)[18]

도시적 삶과 대비되는 경관을 화폭에 담은 풍경화는 도시민들에게 휴식처 역할을 했고, 농업 생산경관은 목가적이거나 낭만적으로 묘사된다.(그림 4-18) 산업혁명으로 교통수단이 발달하고 경제적 여유가 생기면서 도시 근교의 '때 묻지 않은 순수한 자연' 속에서 여가를 즐기는 문화도 생겨난다. 이때 도시민들은 생산의 영역에 있다 하더라도 앤드류스

---

18 반면 동시대 사실주의자들은 농부들의 힘들게 일하는 모습과 고단한 현실을 미화하거나 희화화하지 않고, 있는 그대로 사실적으로 묘사한다.

〈그림 4-18〉 모리조, 〈밀밭에서〉(1875, 캔버스에 유채, 파리 오르세 미술관)

JOURNAL AMUSANT

〈그림 4-19〉 그레뱅, 〈들판에서〉(목판화, 『르 주르날 아뮤장』 1875년 8월 7일 자)

부부가 그러했듯 실제로 생산에 참여하지는 않는다. 이들은 외부자의 입장으로 풍경화 같은 경관을 감상하고 상품처럼 소비하며 일시적인 기분 전환을 할 뿐이다.(그림 4-19)

이상에서 살펴보았듯 도시 내외의 생산경관은 여러 기능을 동시에 수행해왔고, 시대에 따라 다양한 양상으로 나타난다. 혼잡한 도시에서의 작은 삶의 쉼터가 된 작은 텃밭이든, 영혼의 구원을 위한 속죄와 수도의 장이든, 낙원처럼 아름다우면서도 실용적인 빌라의 정원이든, 잘 정리되어 생산성이 높은 성 밖 경작지이든, 보이지 않는 울타리로 경계를 친 널따란 터전이든, 주말에 기차를 타고 나가 바라보는 평화로운 시골 풍경이든, 인간의 삶에서 가장 좋은 곳은 '정원'이었고, 그리고 그 정원은 경작과 생산의 공간이기도 했다. 도시적 삶에 대한 반명제로 정원을 보는 감상적 태도와, 여러 도시 문제에 대한 대안으로 생산경관을 제시하는 실무적 자세를 연결하는 지점에서 생산 환경으로서의 정원을 다시 보자. 다시금 '유용하고 아름다운' 정원을 가꾸어야 하는 오늘날, 생산공간으로서의 정원의 역사적 흐름이 시사하는 바가 있을 것이다.

Chapter 5

정원문화 속
생산경관

영국 얼로트먼트를 통하여 본 도시농사와 정원문화

윤상준

도시 정원은 경관을 향상시키고 자연을 되살리는 매체이기도 하지만, 도시민 모두를 위한 정원문화이기도 하다. 정원이 발달한 나라에서는 도시농사가 자연스럽게 정원일로 받아들여진다. 이제부터 도시에 담길 텃밭정원은 우리 도시의 풍부한 정원문화를 예고한다.

언제부터인가 도시농업이 우리의 주변으로 꽤 가까이 다가왔다. 하지만 아직 그 실체가 체감되고 있지는 않다. 현실적이기보다는 의미적으로 다가왔기 때문이다. 도시농업은 현대 도시사회에서 환경에 대한 자각과 함께 건강과 먹을거리에 대한 사회적 관심이 증가되면서 여가생활과 문화 활동이 동시에 고려된 키워드로 각광을 받고 있다.

유엔개발계획(United Nations Development Programme, UNDP)에 따르면 도시농업이란 '도시 또는 도시 인근의 토지와 수상에서 다양한 작물이나 가축을 생산하기 위해서 자연자원이나 도심의 폐자원을 활용하여 집약적인 생산, 가공, 유통을 하는 행위'라고 정의[1]하지만 실상은 보다 다의적으로 쓰인다. 개발도상국에서는 주로 식량 시스템의 보완, 빈곤의 완화, 유기질 폐기물의 재활용이라는 관점에서 영양부족과 배고픔 해결을 위한 식량 생산을 주목적으로 한다. 반면 선진국에서는 좀 더 많은 목적을 담고 있다. 첫째, 생산, 여가, 취미, 보건, 생태의 측면에서 다양하게 활용하고, 도시 녹지를 보전하는 하나의 축으로서 활용하는 것을

1 Jac Smit *et al.*, *Urban Agriculture: Food, Jobs and Sustainable Cities* (New York: United Nations Development Programme, 2001), 참조, http://www.jacsmit.com/book.html (검색일자: 2012. 4. 30)

목적으로 삼는다. 둘째, 일부 자급을 통해 수송거리 단축에 따른 에너지 절감과 이산화탄소배출량 감소와 생활 쓰레기를 퇴비화해서 재사용하는 과정에서의 자원순환을 목적으로 하고 있으며, 셋째, 경작을 통해 표토유실의 감소와 대기 중의 수분조절과 같은 미세기후 조절을 목적으로 한다. 넷째, 현대 사회에서 쟁점이 되고 있는 패스트푸드(fast food), 정크푸드(junk food), 유전자변형(Genetically Modified Organism, GMO) 작물, 환경호르몬 등으로 인하여 생겨난 먹을거리에 대한 불안감 해소와 안전한 먹을거리 섭취를 목적으로 하여 작물을 직접 재배하는 것이다. 마지막으로, 가족, 나아가 이웃 주민과의 교류를 통한 공동체 의식 향상 등 문화 활동을 목적으로 한다.

현재 국내에서 논의되고 있는 도시농업의 경우도 궁극적으로 이러한 의미나 목적과 크게 다르지 않을 것이다. 하지만 도시농업이 자리를 잡고 발전해온 국가나 도시의 선진 사례는 그 기반에 있어 우리와 근본적인 차이가 존재한다. 도시농업의 대표적 아이콘으로 여기는 독일의 클라인가르텐(Kleingarten)이나 영국의 얼로트먼트(Allotment)는 오랜 시간 동안 정원문화와 함께 사회적 필요성에 따라 발전 · 쇠퇴 · 발전을 거듭하며 자리를 잡아왔기 때문이다.[2]

반면 우리 현황은 다소 차이가 있다. 우리는 1970년대 이후 주거형태의 급격한 변화로 현대적 정원문화가 성립되지 못한 점에서 이들 선

2 현대 사회에서 영국의 얼로트먼트나 독일의 클라인가르텐과 같이 작은 정원을 지칭하는 단어는 유럽 여러 나라에 존재한다. 스위스와 오스트리아는 독일과 같은 단어를 사용하고 프랑스에서는 'jardin ouvriers'나 'jardin familiaux'로 불린다. 네덜란드와 벨기에에서는 'volkstuin', 폴란드에서는 'ogródek dzialkowy', 헝가리에서는 'kiskertek', 체코에서는 'rodinná zahrádka', 덴마크에서는 'kolonihave', 노르웨이에서는 'kolonihage', 스웨덴에서는 'kolonitraedgard', 핀란드에서는 'siirtolapuutarhat'로 불린다; 참조, Patrick Taylor, *The Oxford Companion to the Garden* (Oxford: Oxford University Press, 2006), p.266

진 사례와 큰 차이점을 보인다. 특히 우리나라의 도시 인구 비율은 2009년을 기준으로 전체 인구 대비 90퍼센트가 넘었다. 1980년만 해도 단독주택이 87퍼센트를 차지하였지만 2000년대 중반을 지나면서 아파트를 비롯한 공동주거가 80퍼센트가 넘어섰다.[3] 경제발전과 함께 일어난 주거형태의 변화는 인간과 외부 공간 즉, 녹지와의 관계변화를 가져왔다. 도시의 삭막한 외부 환경은 일상에서 자연과의 단절을 가져왔다. 물론 최근 들어 많이 늘어난 도시 내의 공원과 아파트의 공개공터들에 대한 의문을 제기할 수 있을 것이다. 하지만 정원은 사람이 일상에서 자연을 주체적으로 느끼게 해주는 공간이라는 점에서 공공의 공간과는 큰 차이가 있다고 할 수 있다.

이러한 관점에서 도시농업이 우리에게 가까이 다가오는 단어라고 보기에는 아직 무리가 있다. 그동안 도시농업이 주는 긍정적인 영향과 그것이 필요한 이유는 많이 제기되어왔다. 그러나 정원문화가 사라진 현대 사회를 사는 우리에게 도시농업을 어떻게 실천할 것이며, 어떠한 체계로 확립할 것인지에 대한 구체적인 논의는 부족한 실정이다. 이에 따라 주로 얼로트먼트 가드닝(allotment gardening)이라고 하여 도시농업의 형태를 정원문화의 하나로 인식하고 있는 영국에서 이것이 변화 · 발전되어 온 사례를 살펴보고자 한다. 이것은 우리에게 도시농업의 방향성을 어떻게 설정하고 무엇을 중심으로 실천해야 하는지 엿볼 수 있는 기회가 될 것이다.

---

3 Sang-jun Yoon, "History and Conservation of Gardens in Korea," Unpublished Ph.D Thesis (Univ. of Sheffield, 2009) p.196 & p.206

도시농업과 영국의 얼로트먼트

영국 사람들이 도시농업을 주목하게 된 것은 도시의 열악한 환경에 대한 인식에서 출발하였다. 영국은 90퍼센트에 육박하는 인구가 도시에 살고 있지만 도시의 2퍼센트만이 지표에 드러나 있다. 반면, 75퍼센트의 자원을 소비하는 등 대부분 도시의 환경은 지속가능하지 않다. 이러한 불공평한 관계를 해결하기 위한 방편에서 도시농업은 주목받기 시작하였다. 사실 도시 내 경작 활동의 역사는 수천 년에 달한다. 그러나 도시농업에 대한 관심이 촉발된 계기는 바로 환경에 대한 자각에서 비롯되었다고 할 수 있다. 좀 더 구체적으로는 1992년 6월 브라질에서 열린 리우회의(유엔환경개발회의, United Nations Conference on Environment and Development, UNCED)를 통해 발표된 '리우선언'의 실천계획으로 아젠다 21(Agenda 21)이 채택되면서부터라고 할 수 있다. 아젠다 21은 21세기를 향한 지구환경 보전 종합계획이라고 할 수 있다.

이러한 시대적 배경과 함께 도시농업은 산업농업과 반대되는 개념으로 각광을 받고 있다. 전문가들은 도시농업이 산업농업에 대한 부분적 대안이 될 수 있다고 전망한다. 도시농업이 산업농업에 비하여 소규모가 아님에도 불구하고 보다 작은 규모, 보다 지역적이고, 환경적 훼손이 덜하며, 보다 생산적이고, 보다 저렴하며, 여가와 함께할 수 있다는 인식을 가지고 있다. 이러한 인식은 도시농업에 대한 관심을 증대시켰다. 여기에 산업농업 생산물에 대한 화학적, 생물학적 우려감도 한몫한다. 따라서 도시농업은 지역사회의 발전, 경제발전, 교육, 환경개선, 건강, 레저, 지속가능성이라는 영국정부의 목표에 부합한다고 할 수 있다.

도시농업은 채소재배, 작은 목장, 양봉, 도시 내 재생쓰레기를 활

〈그림 5-1〉 햄프턴 코트 팰리스 플라워 쇼의 전시공간 중 하나인 '과일과 야채 천막'(Growing & Showing Marquee) 화단에 전시된 여러 채소

용한 콤포스트(compost) 생산 등 그 범주가 다양하며 그 활동 목적 또한 여가에서 음식의 안전성 확보까지 다양하다. 100년이 넘는 역사를 가진 얼로트먼트는 영국에서 이러한 도시농업의 중심적인 역할을 하는 형태로 자리하고 있다. 우리나라에서는 얼로트먼트를 단어의 직접적 의미인 '할당원'이라고 해석하여 통용하나 영국에서는 일반적으로 식용작물 재배를 위해 임대한 땅을 이야기한다. 얼로트먼트는 1922년 얼로트먼트 법(Allotment Act)에서 얼로트먼트 가든(allotment garden)을 '점유자에 의해 본인과 가족이 소비하는 과일과 채소를 생산하기 위해 경작되는 1,000제곱미터가 넘지 않는 땅'으로 정의하면서 처음으로 법적으로 규정되기 시작했다. 그 후 얼로트먼트에 대한 정의는 1925년 얼로트먼트 법에 의해 확대되었다. 이때 '농장이나 정원 혹은 부분적인 정원이나 농장으로 경작되든지 그리고 주택에 붙어 있거나 독립적으로 존재하건 간에

2만 제곱미터가 넘지 않는 일정 구획의 땅으로 임대된 것'이라 정의하면서 면적이 확대되었다.[4] 그러나 통상적으로는 1922년 법에 의한 정의가 사용된다. 실질적 면적은 1,000제곱미터가 넘지 않고 매우 다양하며 '재배를 위해 임대된 일정구획의 분리된 땅'을 의미하는 것이 얼로트먼트의 일반적 정의이다. 지방정부에서 공급하는 얼로트먼트가 아닌 개인이 공급하는 얼로트먼트는 정확하게 규격화되지 않고 그 크기가 다양하다. 땅은 주로 지방정부가 소유하고 관리하며 연합체의 성격으로 스스로 관리하는 곳과 특정 단체에서 공급하는 곳도 있다. 얼로트먼트의 중요한 개념은 바로 개인에 의해서 경작, 관리되는 점이다. 형태적으로는 같지만 경작, 관리 주체가 특정 단체 혹은 모임이면 이를 커뮤니티 가든(Community Garden)이라고 부른다.

오랜 시간 변화와 발전을 거듭한 영국의 얼로트먼트는 현재 영국의 지역적 특성과 함께 기능, 의미, 미(美)를 결합시킨 중요한 문화경관으로 인식되고 있다.[5] 많은 지방정부를 비롯하여 여러 단체에서 중요한 정책으로 얼로트먼트를 채택하고 있다. 또한 얼로트먼트와 여가 정원사 협회(National Society of Allotment & Leisure Gardeners Limited), 얼로트먼트 재생 계획(The Allotments Regeneration Initiative)[6] 등 얼로트먼트를 다루는 직접적인 단체뿐만 아니라 내셔널 트러스트와 왕립원예협회에서도 중요한 이슈로 얼로트먼트를 다루고 있다.

---

4 Paul Clayden, *The Law of Allotments* (5th Edition) (London: Sweet & Maxwell, 2010), pp.10-11

5 Environment, Transport and Regional Affairs Committee, "The Future for Allotments: the Government's response to the report," HMSO, 1998

6 www.farmgarden.org.uk/ari (검색일자: 2012. 4. 30)

얼로트먼트의 역사

얼로트먼트는 현재 정원문화의 하나로 널리 인식되어 있지만 그 시작은 할당된(alloted) 땅에서부터였다. 역사적으로 얼로트먼트는 다양한 영향 아래 발전되었다. 초창기 색슨족은 산림지대를 개간하고 이를 공동으로 사용하며 유지하였다. 그러나 11세기 노르만 정복 이후 영국에서는 토지 소유 제도가 근본적으로 변화하였다. 왕과 귀족 그리고 교회가 공유지를 사유화하기 시작하였기 때문이다. 이러한 과정에서 '할당된 땅'의 개념이 16세기 엘리자베스 1세 시대에 처음으로 등장하였다. 지배계층이 일반인들이 식량을 재배하고 동물을 기르던 공유지를 빼앗고 이에 대한 보상으로 소작인의 거처 옆에 붙은 땅을 할당하여 주었던 것이다.[7]

17세기에 들어서도 공유지는 계속적으로 지배계층에 의해 사유화되었다. 이에 따라 사회의 불만은 커져만 갔다. 약 600년간 쌓여온 불만은 1649년 노르만족이 일반인의 생득권을 강탈당했다고 주장하는 시위로 표출되었는데, 제라드 윈스턴리(Gerrard Winstanley)의 주도 아래 일련의 기아를 겪는 사람들이 이 시위에 참여하였다. '땅을 파는 자들'(Diggers)로 알려진 대단위 시위대는 서리(Surrey) 주의 '성 조지의 언덕'(St. George's Hill)을 점령하고 일련의 먹을거리를 재배하기 시작하였다. 윈스턴리는 모든 사람의 평등을 주장하며 땅을 일구는 권리를 역설하였다.[8] 시위는 진압되었지만 당시의 사회상으로 비추어 볼 때 그의 혁명적 주장은 영국 사회에 큰 경종을 울리기에 충분하였다.

7 Jane Eastoe, *Allotments* (London: National Trust Books, 2009), p.8

8 앞의 책

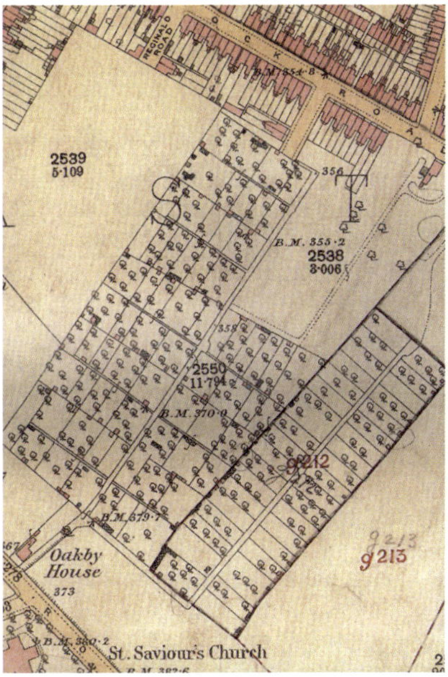

〈그림 5-2〉 1890년대 버밍엄(Birmingham)에 있는 얼로트먼트

자료: *Ordinance Survey*, (1st ed.) Warwickshire XIV.6

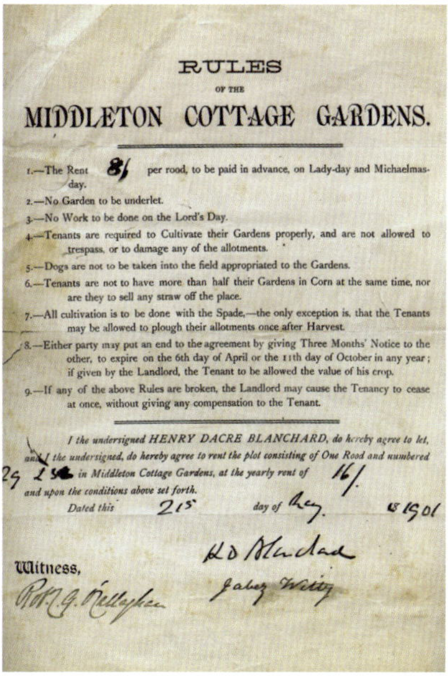

RULES
OF THE
MIDDLETON COTTAGE GARDENS.

1.—The Rent 8/ per rood, to be paid in advance, on Lady-day and Michaelmas-day.
2.—No Garden to be underlet.
3.—No Work to be done on the Lord's Day.
4.—Tenants are required to Cultivate their Gardens properly, and are not allowed to trespass, or to damage any of the allotments.
5.—Dogs are not to be taken into the field appropriated to the Gardens.
6.—Tenants are not to have more than half their Gardens in Corn at the same time, nor are they to sell any straw off the place.
7.—All cultivation is to be done with the Spade,—the only exception is, that the Tenants may be allowed to plough their allotments once after Harvest.
8.—Either party may put an end to the agreement by giving Three Months' Notice to the other, to expire on the 6th day of April or the 11th day of October in any year; if given by the Landlord, the Tenant to be allowed the value of his crop.
9.—If any of the above Rules are broken, the Landlord may cause the Tenancy to cease at once, without giving any compensation to the Tenant.

I the undersigned HENRY DACRE BLANCHARD, do hereby agree to let, and I the undersigned, do hereby agree to rent the plot consisting of One Rood and numbered 25 *in Middleton Cottage Gardens, at the yearly rent of* 16/ *and upon the conditions above set forth.*

Dated this 21st *day of* Aug. 1901

Witness,

〈그림 5-3〉 1901년 제작된 얼로트먼트에 대한 규칙을 명시한 포스터

자료: *The Collection of the Museum Garden History*, ref 2002, 263

18세기에는 산업혁명으로 상황이 더욱 열악해졌다. 산업혁명이 일어나자 영국 의회는 공유지를 사유화시키는 것에 더욱 적극적이었다. 조지 3세(George III) 재위기간(1760~1820)에는 공유지의 사유화에 대한 사법률이 무려 3,554개나 제정되었다.[9] 이 시기에 고대부터 내려온 땅에 대한 일반인의 권리는 완전히 소멸되었다. 산업혁명과 함께 많은 사람은 교외에서의 극단적인 최저 생활을 포기하고 공장에서의 노동을 선택

9 Paul Clayden, *The Law of Allotments* (5th ed.) (London: Sweet & Maxwell, 2010), p.1

하였고 이에 따라 도시의 인구가 증가하였다.[10] 이것은 사회보장연금 제도의 혜택을 받지 못하여 식량 부족을 겪고 식물을 재배할 땅이 없어 굶주리는 많은 시민을 양산하였다. 반면 사회적 불만이 커지자 몇몇의 귀족에 의해 자선 활동이 이루어졌다. 1770년 튜크스베리(Tewkesbury) 인근의 영주는 노동자들에게 땅을 임대해주기 위하여 그의 영지에 약 1만 제곱미터의 땅을 마련하였다. 요크셔(Yorkshire)의 에그리몬트(Egremont) 경, 링컨셔(Lincolnshire)의 캐링턴(Carrington) 경과 스카보로(Scarborough) 경 또한 얼로트먼트를 지원하였다.[11] 그러나 사회 전반적으로 이러한 활동은 미약하였다. 버밍햄 외곽 지역의 공유지가 도시를 위한 얼로트먼트로 개발된 경우가 있었으나 도시의 확장으로 사유화되거나 건물을 지으면서 점차 사라지게 되었다. 더불어 사법률들에서 '노동자들을 위한 땅'에 대한 조항들이 기각되었다. 1796년 국회에 사정된 공유지 사유화 법령(General Enclosure Bill)에는 보상 성격의 얼로트먼트에 대한 조항이 삭제되어 있었다.

그러나 19세기에 들어서 이러한 흐름에 변화가 생겨났다. 1806년 처음으로 얼로트먼트와 같은 땅을 일정 정도 확보하도록 법에 규정하였다. 1845년 법 개정을 통해서는 사유하는 토지의 25퍼센트를 소유하지 못한 시민들을 위해 제공하도록 하였다.[12] 필드 가든(field gardens)으로 불린 이러한 조치는 비록 한 개소당 1,000제곱미터를 넘지 못하도록 규정하고

10 Patrick Taylor, *The Oxford Companion to the Garden* (Oxford: Oxford Univ. Press, 2006), p.7; Twigs Way, *Allotments* (Oxford: Shire Library, 2010), p.7

11 Twigs Way, *Allotments* (Oxford: Shire Library, 2010), pp.7-8

12 Gerald W Butcher, *Allotment for All: the story of a great movement* (London: G. Allen & Unwin ltd, 1918), p.4; Jane Eastoe, *Allotments* (London: National Trust Books, 2009), p.9

교외에 국한되었지만 현대 개념의 영국 얼로트먼트의 시작이라고 할 수 있다. 그러나 현실은 이를 제대로 반영하지 못하였다. 이 법으로 인하여 총 24억 4,075만 제곱미터의 공유지가 사유화되었으나 약 0.35퍼센트인 약 891만 제곱미터의 얼로트먼트만이 조성되었다.[13] 결과적으로는 대지주들의 공유지 사유화를 법적으로 보다 수월하게 만들어주었을 뿐이다.

1887년에 들어 얼로트먼트에 대한 혁신적인 변화가 일어났다. 「얼로트먼트와 코티지 가든 보상법」(Allotments and Cottage Gardens Compensation for Crops Act)이라고 하여 얼로트먼트 전반을 다루는 법률이 탄생한 것이다. 이 법에는 지방정부가 얼로트먼트를 공급해야 하는 의무조항이 포함되었다. 지방정부는 이 법에 대하여 강하게 반대하였으나 이후 법은 개정을 통하여 더욱 강화되었다.[14] 1890년 얼로트먼트의 숫자는 40만 개에 이르렀으며 교외지역에 국한되었던 조성지역이 도시지역으로 확대되었다. 이때부터 현대적 의미의 얼로트먼트가 자리를 잡게 되었지만 법에서는 그 공급 대상을 노동인구로 한정하였다. 1907년 「소규모 농지와 얼로트먼트 법」(Small Holdings and Allotments Act)에서는 행정교구나 기초지방자치정부의 얼로트먼트 공급에 대한 책임을 보다 확실하게 명시하였다.[15] 1908년 「소규모 농지와 얼로트먼트 법」 개정에서는 그 대상을 노동인구로 한정하던 것을 폐지하였고 1919년 「토지정주법」(Land Settlement Act)에서는 의무적으로 얼로트먼트를 공급해야

---

13 Allotment Growing (http://www.allotment.org.uk/articles/Allotment-History.php); Gerald W Butcher, *Allotment for All: the story of a great movement* (London: G. Allen & Unwin ltd, 1918), p.4

14 이후 1894년 지방자치법(Local Government Act)에서는 지방자치정부의 자발적 그리고 의무적 얼로트먼트 조성에 대한 조항을 강화하였다.

15 Gerald W Butcher, *Allotment for All: the story of a great movement* (London: G. Allen & Unwin ltd, 1918), p.5; Twigs Way, Allotments (Oxford: Shire Library, 2010), p.12

〈그림 5-4〉 영국 농림부의 '승리를 위해 일구자'(Dig for Victory) 로고 (© Crown Copyright)

〈그림 5-5〉 'Dig for Victory'를 알리기 위한 다양한 포스터 (© Crown Copyright)

하는 지방자치정부 대상을 광역 지방자치단체로 확대하였다.[16]

얼로트먼트에 대한 명확한 법적 정의는 앞에서 살펴보았듯이 1922년 얼로트먼트 법에서부터 이루어졌다. 이전 1908년 '소규모 농지와 얼로트먼트 법'에서 1845년 '공유지에 대한 사유화 법령'의 필드 가든이 다시금 정의되었지만 얼로트먼트에 대한 법적인 규정은 없었다. 국가의 제도 아래에서 법 개정을 통하여 얼로트먼트의 상이한 문제들을 해결하고 정의를 확립함과 동시에 특정 계층에 국한되었던 대상을 철폐함으로써 얼로트먼트는 모든 국민이 향유할 수 있는 정원문화의 하나로 자리 잡기 시작하였다.

영국정부는 정원을 가지지 못한 계층에게 건강에 좋은 먹을거리를 공급하는 한편 그들이 잉여시간을 생산적으로 사용할 수 있도록 돕기 위해 얼로트먼트를 끊임없이 조성하였다. 제1차 세계대전 중에는 독일의 봉쇄정책으로 인해 발생한 식량부족을 해결하기 위한 방편으로 얼로트먼트의 사회적 요구가 팽창하였다. '모든 사람이 정원사'(Every-man-

16 Paul Clayden, *The Law of Allotments* (5th ed.) (London: Sweet & Maxwell, 2010), p.5

〈그림 5-6〉 런던타워에 조성된 얼로트먼트(© Crown Copyright)

a-gardener)라는 구호 아래에 1914년 60만 개였던 얼로트먼트의 수가 1918년에는 무려 150만 개로 증가하였다.[17] 특히 철도회사가 소유한 철도변의 땅이 얼로트먼트로 개발되었다. 현재까지 철도변에 남아 있는 얼로트먼트는 당시에 조성된 것들이다. 그러나 전후에는 주택의 수요가 늘어나면서 많은 얼로트먼트가 주거지로 개발되어 그 수가 점차 줄어들기 시작하였다.

제2차 세계대전이 발발하자 얼로트먼트에 대한 수요는 다시 늘어났다. 이 시기는 영국 역사상 얼로트먼트에 대한 수요와 공급이 최고로 팽창하였던 시기다. 1939년 영국 농림부는 '승리를 위해 일구자'(Dig for Victory)라는 구호 아래 군수품 조달에 따른 식량 부족분을 국민 스스로 해결하자는 캠페인을 시작하였다. 정부는 50만 개의 얼로트먼트를 빠른 시일 안에 공급하는 계획을 세웠다. 유휴지부터 공공공원까지 가능한 모든 곳에 얼로트먼트를 조성하였다. 심지어 런던타워(Tower of London) 옆에도 얼로트먼트가 조성되었다. 1942년에는 그 수가 전국적으로 150만

17 Patrick Taylor, *The Oxford Companion to the Garden* (Oxford: Oxford University Press, 2006), p.8

〈그림 5-7〉 버밍엄(Briminham)의 무어그린 팜(Moor Green Farm)의 1968년도 기존의 격자형 얼로트먼트
자료: Harry Thorpe, "The Homely Allotments: from rural dole to urban amenity: a neglected aspect of urban land use," *Geography* 60(3), 1975, p.180

〈그림 5-8〉 엘리자베스 겔러웨이(Elizabeth Galloway)가 1969년 무어그린 팜에서 선보인 레저가든
자료: Harry Thorpe, "The Homely Allotments: from rural dole to urban amenity: a neglected aspect of urban land use," *Geography* 60(3), 1975, p.181

개를 넘겼고 1943년에는 절정을 이루어 175만 개의 얼로트먼트에서 130만 톤의 식량이 공급되었다.[18]

그러나 1945년 제2차 세계대전 종전 이후 제1차 세계대전 종전 뒤와 같은 상황이 발생하였다. 얼로트먼트의 수가 급격하게 감소하여 1947년까지 50만 개가 준 것이다. 특히 법으로 조성되지 않은, 사립으로 조성

18 Jane Eastoe, *Allotments* (London: National Trust Books, 2009), p.10; Patrick Taylor, *The Oxford Companion to the Garden* (Oxford: Oxford Univ. Press, 2006), p.8; Steve Poole, *The Allotment Chronicles: A social history of allotment gardening* (Northamptonshire: Silver Link Publishing Ltd, 2006), pp.156-157

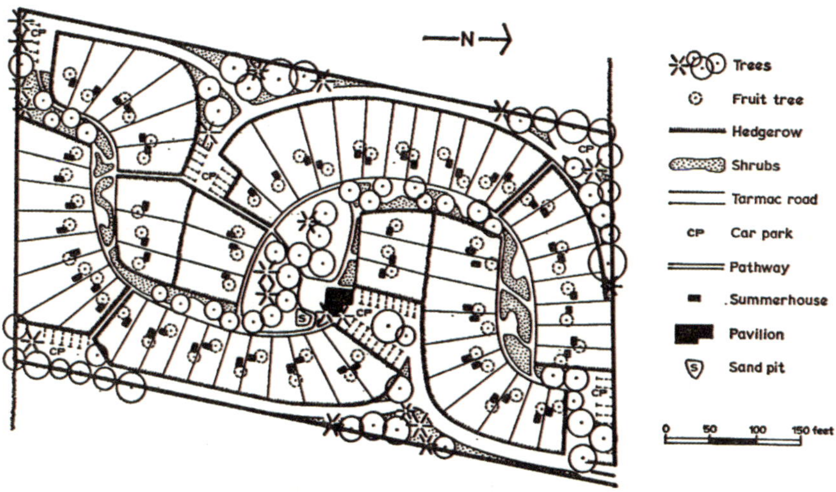

〈그림 5-9〉 소프 교수와 겔러웨이가 쿨데삭을 적용하여 디자인한 웨스트우드 히스(Westwood Heath) 레저가든. 1971년에 문을 열었다.
자료: Harry Thorpe, "The Homely Allotments: from rural dole to urban amenity: a neglected aspect of urban land use," *Geography* 60(3), 1975, p.182

된 얼로트먼트가 현저히 감소하였다. 1950년에 100만 개로 감소하자 얼로트먼트 법의 개정을 통하여 인구 1,000명당 1만 6,200제곱미터의 얼로트먼트를 조성하도록 법으로 규정하였다. 그러나 1950년대 일어난 건축붐으로 인하여 얼로트먼트는 개발의 대상지가 되었고 따라서 그 수는 계속적으로 줄어들었다. 1970년에는 약 53만 개소까지 감소하여 19세기 후반의 상황으로 되돌아갔다.[19] 1960년대에는 얼로트먼트 경작을 그만두고자 할 때에는 사전 신고기간을 12개월로 하도록 법을 개정하였지만 얼로트먼트의 감소를 멈추지는 못하였다.

얼로트먼트가 급격하게 감소한 원인은 도시 개발로 인한 건축

19 Jane Eastoe, *Allotments* (London: National Trust Books, 2009), p.10

붐과 함께 과학 발달에 따른 산업의 발달, 사회의 변화 등 다양한 방면에서 찾을 수 있다. 그중 산업농업의 생산성 향상이 가장 큰 원인을 차지한다. 제2차 세계대전을 통한 화학 공업의 발전은 살충제 및 비료의 질이 향상되는 결과를 가져왔다. 이에 따라 산업농업의 생산성 및 편리성이 증대되면서 얼로트먼트의 전통적인 필요성도 쇠퇴하였다. 이러한 생산성 향상에 따른 잉여 농산물은 냉동기술 등 농산물 보전 기술의 발달과 함께 얼로트먼트의 필요성을 더욱 위축시켰다. 1960년대 냉동식품의 유행과 함께 '데워서 먹기만 하면 되는 조리가 다 된 식품'(ready-made meal)의 등장은 1970~80년대 여성들에게 '주방으로부터의 해방'을 상징하며 인기를 끌었다. 따라서 집에서 만드는 음식, 특히 집에서 생산한 채소로 음식을 만드는 것은 별난 사람 혹은 가난한 사람의 전유물로 인식되면서 얼로트먼트의 사회적 관심이 쇠퇴하였다.

1975년 해리 소프(Harry Thorpe) 교수는 논문[20]을 통해서 얼로트먼트가 버려지고 방치되는 것의 대명사가 되고 있음을 지적하였다. 사회가 변화됨에 따라 전통적인 얼로트먼트의 필요성은 사라졌지만 여전히 과거와 같은 형태로 남아 있는 것이 문제였다. 특히 남아 있는 얼로트먼트의 대부분은 '빈민의 땅'(Poor's Land), '배고픈 자의 언덕'(Hunger Hills), '자선의 땅'(Charity Land) 등 19세기에 사용되었던 명칭이 그대로 사용되고 있었으며, 형태적으로도 전통적인 격자 형태를 유지하고 있었다. 이러한 상황은 얼로트먼트를 시대에 뒤떨어진 곳, 즉 현대 사회에서 오래되고 낙후된 장소의 이미지로 각인시켰다.[21] 또한 얼로트먼트는 노동자

---

20 Harry Thorpe, "The Homely Allotments: from rural dole to urban amenity: a neglected aspect of urban land use," *Geography* 60(3), 1975, pp.169-183

21 앞의 논문 p.170

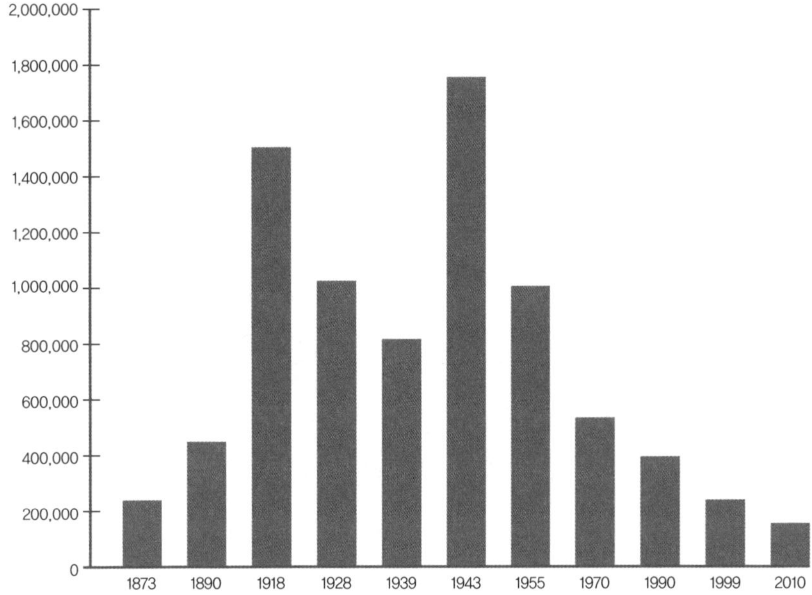

〈그림 5-10〉 얼로트먼트 개발의 변화 추이(1873-2010)

가 먹을거리를 확보하기 위해 더 많은 노동의 고통을 감수하는 장소로 인식되었다. 얼로트먼트의 크기도 문제였다. 전쟁 당시 식량 생산의 필요성에 의하여 상대적으로 넓어졌던 크기는 현대의 중산층들이 직접 관리하기에는 지나치게 넓었던 것이다.

이러한 부정적인 이미지를 개선하고자 소프 교수는 버밍엄에 있는 무어그린팜(Moor Green Farm)에 1960년대 도시 계획에서 선호하였던 패턴인 쿨데삭(cul-de-sacs)을 얼로트먼트에 적용한 디자인을 제안하였다. 그리고 이곳에 얼로트먼트 대신 레저가든(Leisure Garden)이라는 새로운 명칭을 부여하여 그 성격 또한 개선하고자 하였다.[22]

22 앞의 논문 pp.180-181

이러한 제안은 과거의 전통적인 이미지의 얼로트먼트가 더 이상 대중에게 관심을 끌지 못하는 점과 이에 따른 새로운 사회적 욕구를 반영한 것에 따른 결과였다. 국민 대부분은 더 이상 경제적 필요성에 따라 얼로트먼트를 경작하고 있지 않았던 것이다. 따라서 소프 교수는 중산층의 여가 활동과 연관하여 새로운 이미지의 얼로트먼트를 고안하였다. 좋은 디자인을 반영하고 쾌적성, 생산성 그리고 품위를 느낄 수 있으며 양질의 화훼, 과실, 채소를 생산할 수 있는 장소를 핵심 사항으로 고려하였다. 또한 단지 내에 가족이 식사하는 장소 등의 시설과 강의나 축제를 위한 커뮤니티 센터를 첨가하였다. 레저가든이라는 이름으로 명명된 새로운 얼로트먼트는 개인의 여가뿐만 아니라 공공의 오픈스페이스로서의 역할을 할 수 있도록 하였다. 직접 운영하는 개인뿐만 아니라 주말이나 휴일에 일반인들이 자유롭게 들어와서 거닐 수 있는 공간으로 만들기를 제안하였다.

사회적으로 그 의미가 조금씩 변화되어갔지만 얼로트먼트의 감소세는 계속되었다. 더욱이 1980~90년대를 거치면서 지대와 집값이 상승하자 지방정부는 주택 개발업자에게 높은 가격에 얼로트먼트 부지를 매각하여서 그 수는 지속적으로 감소하게 되었다. 민영화된 철도선 인근과 교회에 있는 얼로트먼트 등 사유지의 얼로트먼트는 개발로 인해 줄어드는 속도가 더욱 심하였다. 1999년에는 잉글랜드에 있는 얼로트먼트의 수가 약 25만 개까지 줄어들었다.

얼로트먼트와 동시대의 영국 정원문화

얼로트먼트의 수는 지속적으로 감소하여 2009년 15만 6,490개까지 되었지만, 1990년대 중반부터 얼로트먼트가 다시금 사회적 관심을 받기 시작하면서 그 감소율은 현저히 줄어들었다. 이는 정부와 민간단체가 노력한 결과다. 정부는 1998년 「얼로트먼트의 미래」[23](the Future for Allotments)라는 보고서를 발표하고 얼로트먼트를 영국의 대표적인 문화경관의 하나로 규정하였다. 지역사회를 구현하고, 다양성, 생태보호, 지속가능성, 정신적 · 신체적 웰빙 등을 구현할 수 있는 장소로 얼로트먼트를 주목하였다.

지방정부도 2001년 지역사회의 단체와 파트너십을 제안하는 골자의 『얼로트먼트 관리 안내서』[24]를 출판하는 등 얼로트먼트를 주요 정책의 하나로 다루며 적극적으로 나서게 되었다. 지역사회 지방정부부(Department for Communities and Local Government)는 복권기금 및 환경과 도시생활 기금과 함께 출자를 하여 얼로트먼트 재생 계획을 운용하기 시작했다. 이것은 도시농장과 커뮤니티 가든 연합(Federation of City Farms and Community Gardens, FCFCG)에 의해 기존 얼로트먼트에 대한 재생과 새로운 얼로트먼트의 조성과 지원을 목적으로 2002년 시작되었다. 이 단체는 얼로트먼트 운영의 좋은 사례를 모으고 전파시키며 대중과 정부의 얼로트먼트에 대한 관심을 이끄는 역할을 하였다. 또한 주요한 자원봉사 그룹과 지역사회 기반의 활동단체에 의하여 얼로트먼트의 운영이 지속가능하도록 장려하게 되었다. 얼로트먼트에 관심을 가진 개인부터 지방정부까지 다양한 이들이 이 계획에 참여하고 있으며, 현재 영

23 Environment, Transport and Regional Affairs Committee, "The Future for Allotments: the Government's response to the report," HMSO, 1998

24 David Crouch, Growing in the Community, *A Good Practice Guide to Management of Allotments* (London: Local Government Association, 2001)

국에 있는 15만 개소 이상의 얼로트먼트가 재생 계획의 프로그램 연구, 계획에 대한 피드백 및 의견제안 등에 참여하고 있다.

이뿐 아니라 정부의 산하 단체에서도 얼로트먼트를 적극적으로 도입하여 전파하고 있다. 로열 파크(Royal Parks)[25]는 유기농 채소 가꾸기, 지속성, 야생동물 보전에 대한 의식을 고취시키기 위하여 런던에 있는 세인트 제임스 파크(St James' Park)에 얼로트먼트를 조성하고 3년간 관리하는 프로그램을 운영하였다. 2007년부터 2009년 11월까지 진행된 프로젝트는 도시 중심에서의 유기농 채소 재배를 보여줌으로써 얼로트먼트에 대한 도시민의 관심을 높이는 데 일조하였다. 이후 리젠츠 파크(Regent's Park)와 켄싱턴 가든(Kensington Garden)에 얼로트먼트를 조성하여 일반인에게 공개함으로써 '어떻게 유기농적으로 채소를 재배하는가?'에 대한 다양한 조언을 해주고 있다.

2011년 현재 영국은 총 323개의 지방자치정부 중 214개의 지방정부에서 얼로트먼트에 대한 자료를 확보하고 있다. 법에 의하여 지방정부에서 확보한 얼로트먼트는 총 3,546개소에 달한다. 또한 밭은 총 15만 2,442개로, 평균적으로 개소당 43개의 밭이 조성되어 있다. 제한적인 예산에도 불구하고 2010년에 31개의 지방자치정부에서 새롭게 조성한 얼로트먼트의 면적은 총 15만 제곱미터에 이른다. 얼로트먼트 대기자는 1996년 이후 해마다 증가하고 있으며 2011년 대기자는 총 8만 6,787명으

---

25 '로열 파크'는 문화미디어스포츠부(Department for Culture, Media and Sports, DCMS)의 외청으로 런던에 있는 8개의 로열 파크(Bushy Park, The Green Park, Greenwich Park, Hyde Park, Kensington Gardens, The Regent's Park, Richmond Park, St James' Park)를 관리하는 단체다. 또한 그로브너 스퀘어를 비롯한 8개(Grosvenor Square, Victoria Tower Garden, Brompton Cemetery, Canning Green, Poet's Corner, the gardens of 10, 11 and 12 Downing Street)의 녹지 공간도 관리한다. 관리면적은 면적 2,025만 제곱미터에 달하며 직접적으로 필요한 식물을 공급하기 위하여 종묘원을 운영한다.

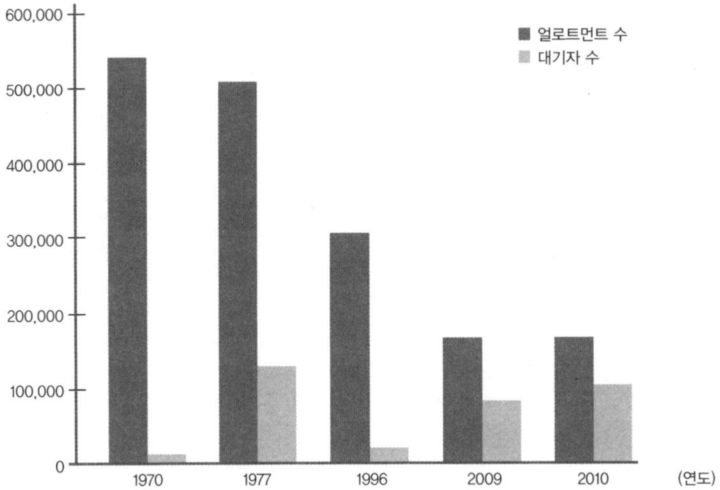

〈그림 5-11〉 1970년 이후 얼로트먼트 대기자 수

로 한 개소의 대기자가 약 25명인 셈이다.[26]

민간단체 중에는 '얼로트먼트와 여가 정원사 협회'(National Society of Allotment & Leisure Gardeners Limited)[27]가 대표적 단체다. 이 단체는 1901년 회원들에 의하여 협동조합 형태로 설립되어 오랜 시간 동안 얼로트먼트를 보호, 진흥함으로써 미래세대가 이를 즐길 수 있도록 얼로트먼트를 소유하고 관리하는 단체이다. 특히 개인이 소유한 얼로트먼트의 보호와 관리에 많은 역할을 해오고 있다. 얼로트먼트를 가꾸는 사람뿐만

26 Margaret Campbell & Ian Campbell, "Allotment waiting lists in England 2011," May 2011 Transition Town West Kirby, p.2

27 '얼로트먼트와 여가 정원사 협회'는 자체적으로 법률 자문을 고용하고 있으며 법으로 지정된 얼로트먼트의 처분이 대두되었을 때 공식적인 협의 과정의 일원으로 참여한다. 또한 얼로트먼트 운동에 대한 과거, 현재 그리고 미래의 중요한 정보를 대중매체에 제공함으로써 앞으로 대두될 중요한 사안을 한발 앞서서 주도해나가고 있다. 얼로트먼트가 현재 사회에서 중요한 부분으로 남을 수 있도록 소유자들의 의견을 정부에 전달하는 가교의 역할도 협회의 중요한 활동이다. 2011년부터는 찰스 황태자가 협회의 후원자로 활동하는 등 더욱 공신력을 키워나가고 있다. 참조, http://www.nsalg.org.uk/index.php (검색일자: 2012. 4. 30)

〈그림 5-12〉 로즈메리 비에리 여사가 디자인한 반슬리 하우스(Barnsley House)의 채마밭

아니라 가정집 정원을 가꾸는 사람들에게도 다양한 조언과 정보를 제공해주어 국민 건강을 증진시키고, 레크리에이션을 즐길 수 있도록 해왔다. 뿐만 아니라 지역 유대의 진흥을 목표로 한다.

이렇듯 정부와 민간단체들의 노력과 함께, 2000년대 들어 환경과 건강에 대한 관심이 고조되어 얼로트먼트가 재조명받게 되면서 이에 대한 국민의 수요가 커졌다. 유전자변형 작물과 화학약품 남용으로 인한 식품의 안정성 문제가 사회적인 이슈로 제기되자 스스로 유기 농법을 이용해 채소를 재배함으로써 신체적 건강을 꾀하는 한편, 좋은 먹을거리를 생산할 수 있는 정원의 중요성이 부각되었다. 얼로트먼트라는 물리적 공간뿐만 아닌 신체적, 정신적 건강을 위한 정원 가꾸기가 먹을거리와 함께 사회적으로 주목을 받았기 때문이다.

이러한 변화는 근본적으로 오랜 시간 사회 저변에 쌓인 정원문화와 관련된 다양한 사회적 · 문화적 활동이 있었기 때문에 가능하였다. 정원의 디자인적 측면에서 주로 차고 뒤나 주정원의 울타리 밖에 있던 채마밭(kitchen garden)이 정원을 구성하는 중요한 주제로 대중화된 점이 정원문화의 변화에 있어 큰 특징이다. 20세기 후반 정원디자이너인 로즈메리 비에리(Rosemary Verey, 1919~2001)는 채마밭을 일반 가정에도 충분히 도입할 수 있는 작은 크기로 변형하여 선보였다. 그녀는 바라보는 데 만족하는 장식용 채마밭이 아닌 실제로 수확할 수 있는 즐거움까지 느낄 수 있는 실용적인 채마밭을 선보이며 이를 정원의 중심 요소로 자리를 잡게 하였다.[28] 그녀의 영향으로 많은 정원에서 일반인이 따라 할 수 있는 실용적인 크기의 채마밭이 유행하여 대중의 관심을 유발시켰다.

또한 영국왕립원예협회(The Royal Horticultural Society, RHS)가 주관하는, 첼시 플라워 쇼(Chelsea Flower Show)로 대표되는, 영국의 많은 플라워 쇼는 다양한 텃밭의 쇼케이스를 통하여 일반인이 접촉하는 기회를 제공하였다. 플라워 쇼에 전시되는 텃밭과 유기농 주제는 사람들에게 먹을거리를 직접 생산할 수 있는 정원이라는 점에서 관심을 불러오고 있다. 특히 햄프턴코트팰리스 플라워 쇼(Hampton Court Palace Flower Show)에서는 2004년부터 2차 세계대전 때의 슬로건인 '승리를 위해 일구자'(Dig for Victory)라는 이름으로 '과일과 야채 천막'(Growing & Showing Marquee)의 새로운 범주를 선보이고 있다. 야채를 기르는 사람이라면 누구나 참여할 수 있으며, 본인이 재배한 과일이나 야채가 완벽하다고 생각되거나 엄청나게 크다고 느껴지면 출품해볼 만한 범주이다. 이 범주는 전문 재배자가 아닌 순수 애호가들이 참여하는 경쟁 전시이기 때문이다.

---

28 윤상준, 『윤상준의 영국 정원 이야기 1: 12인의 정원 디자이너를 만나다』 (나무도시, 2011), 22-26쪽

이 전시에서는 경쟁 부문을 크게 채소, 과일, 허브로 나누어 각각의 품종별 수상작을 선정하여 시상한다.[29] 이는 60년 전 전쟁 때 일어난 캠페인이지만, 당시의 사회상이 현재의 시대사조와 맞아떨어지면서 다시금 사람들의 관심을 불러일으키고 있다.

왕립원예협회는 플라워 쇼를 통하여 관련 캠페인을 활발히 진행하고 있다. 유기농 제품을 직접 정원에서 길러 자급자족할 수 있도록 한 '모두를 위한 유기농 식품'(Organic Food for All) 캠페인과 '직접 재배하기'(Grow your own) 캠페인은 신선하고 비타민이 풍부한 계절별 채소를 식탁에 올릴 수 있는 가장 좋은 방법인 직접 재배를 권장하는 캠페인이다.[30] 웰빙의 의미가 좋은 먹을거리 형성에 있다는 판단에서 출발하였으며, 최근 들어서는 이러한 주제가 보다 강화되어가는 중이다. '직접 재배하기' 캠페인은 2008년부터 햄프턴코트팰리스 플라워 쇼의 주요 전시 공간으로 확대되었다. 2009년에는 얼로트먼트를 주제로 하여 조성된 정원이 최고의 정원으로 선정되는 등 얼로트먼트는 바야흐로 정원문화의 정점에 위치하게 되었다.

또한 왕립원예협회는 전국 최고의 채소 재배자 열 명을 선정하여, 정원 가꾸기 경험이 없는 사람들에게 도움을 주도록 해오고 있다. 이들은 화분을 비롯한 다양한 재배 용기 등을 활용하여, 정원이 없는 사람도 채소를 재배할 수 있도록 조언해준다. 이러한 방법은 최근 몇 년 사이 협소한 정원을 가졌거나, 정원을 가꿀 시간이 없는 사람들 사이에서 인기 있는 정원 가꾸기 방법으로 부각되고 있다.

---

29 윤상준, 『영국의 플라워 쇼와 정원문화』(나무도시, 2008), 186쪽

30 윤상준, 앞의 책, 185쪽

'직접 재배하기'(Grow your own) 캠페인을 위해 BBC 라디오 지역방송에서 2005년 조성한 정원

유기농 재배를 홍보하기 위해 2010년에 조성한 'Crops for Health area'(© RHS)

2009년 최고의 정원을 수상한 'Growing Tastes Allotment Garden' (© RHS)

영국왕립협회(RHS)에서 채소재배를 진흥하기 위해 2011년 조성한 'The RHS Edible Garden'(© RHS)

2011년의 'The RHS Edible Garden'(© RHS)

Lytes Cary Manor에 조성된 얼로트먼트의 입구

〈그림 5-13〉 영국에 조성되어 있는 다양한 정원문화 사례

국내에도 잘 알려진 민간단체인 내셔널 트러스트(National Trust, NT)도 2009년 랜드셰어운동(landshare movement)[31]의 일환으로 내셔널 트러스트 자산 내에 얼로트먼트 1,000개소를 조성하겠다고 약속하였다.[32] 2010년 현재 총 64개 내셔널 트러스트 부지에 기존 412개소 외에 1,295개소가 조성되어 운영되고 있으며 이후 121개를 추가로 조성할 계획이다.[33] 내셔널 트러스트의 동참은 지역사회에 미치는 효과가 크다. 왜냐하면 단순히 얼로트먼트의 장소를 제공하는 데서 나아가, 내셔널 트러스트의 프로그램을 활용하여 얼로트먼트를 이용하는 사람들에 대한 전문적인 교육 및 관리가 가능하기 때문이다.

정원문화 속의 도시농사를 바라며

영국의 도시농업은 정원을 소유하지 못한 노동자들에게 얼로트먼트를 제공하도록 하는 법적 기반에서 시작되었지만 현재는 정원 소유의 유무를 떠나 웰빙이라는 키워드와 함께 정원문화로 자리 잡고 있다. 이것은 기존 정원문화의 탄탄한 기반 위에 그 필요성이 증대되었기 때문에 가능한 일이었다.

---

31 랜드셰어는 단어 그대로 땅을 공유하는 프로그램이다. 유휴지는 이용해서 농산물을 재배하고 싶은 도시민들에게 땅을 연결해주는 프로그램으로 유휴지를 가진 사람, 농부지만 혼자 경작을 하기 어려운 사람, 농산물을 직접 재배하고 싶은 사람 등을 서로 연결해주는 상생의 모델로 개발되었다. 참조, 랜드셰어 홈페이지, http://www.landshare.net (검색일자: 2012. 4. 30)

32 Louise Gray, "National Trust to give land for allotments," *The Telegraph* (23 January 2009); Sam Jones, "National Trust creates 300 new allotments," *The Guardian* (19 February 2010)

33 National Trust Allotments 2010, http://www.nationaltrust.org.uk/main/w-national_trust_allotments_2010.pdf (검색일자: 2012. 4. 30)

〈그림 5-14〉 영국 첼튼엄(Cheltenham) 지역에서 얼로트먼트를 가꾸는 사람들(© RHS)

민과 관의 노력으로 얼로트먼트가 사회적으로 긍정적인 영향을 미치고 있으며, 실용적으로도 유기농 생산물을 증대시킴과 동시에 푸드 마일을 감소시키는 것으로 나타났다.

최근 실시된 얼로트먼트-유케이닷컴(Allotments-UK.com)의 설문조사에 따르면 영국의 얼로트먼트 이용자의 92퍼센트는 얼로트먼트를 통하여 새로운 사람과 교류를 하였고, 81퍼센트는 자신의 얼로트먼트에 친척이 방문하였다고 응답하였다. 이는 얼로트먼트가 사회에서 인간 간의 유대감 증진에 많은 역할을 담당하고 있음을 증명한다. 얼로트먼트는 사회적으로뿐만 아니라 실용적으로도 중요한 역할을 담당한다. 얼로트먼트 이용자의 62퍼센트는 가족 구성원과 같이 얼로트먼트를 가꾸며 여가의 한 형태로 이를 이용하는 것으로 나타났다. 97퍼센트는 상호 간에 정보를 공유하며 90퍼센트는 이웃한 이용자들과 그들의 재배 작물을 나

누는 것으로 나타났다.[34]

이러한 결과는 대의적 필요성이 대두되고 장소가 마련된다고 해서 실현되는 것은 아니다. 도시농업이 하나의 문화로 자리 잡기까지 지방정부가 장소를 제공하고 직접 관리하며 교육 프로그램을 운영했기에 가능했던 것이다. 영국의 얼로트먼트 역사에서 알 수 있듯 관리가 병행되지 않는다면 도시농업의 장소는 훼손되고 도시의 흉물로 전락할 수밖에 없다. 영국에서는 정부의 정책적 뒷받침 덕분에 다양한 단체의 활동이 가능하였다. 2012년 현재 영국왕립원예협회나 내셔널 트러스트 등 실질적인 교육과 캠페인을 담당하는 단체를 비롯하여 일반인에게 직접 장소를 분양하는 실천적인 단체, 그리고 교육과 캠페인 및 정책을 담당하는 로비 활동 단체가 활발히 활동하고 있다.

우리는 영국의 얼로트먼트처럼 도시농업을 위한 장소 제공과 함께 이를 이용하는 사람들에 대한 교육 프로그램이 시스템적으로 잘 구축되어 있는 정원문화에 주목하여야 한다.

---

34 얼로트먼트-유케이닷컴 홈페이지, www.allotments-uk.com (검색일자: 2012. 4. 30)

Chapter 6

도시농업의
국내 전개

우리나라 도시농업의 현황

송정섭

도심텃밭이 확산되면서 텃밭 활동이 개인 중심에서 공동체 단위로 확장되고 있다. 개인이 공동으로 텃밭을 마련하기도 하고, 지자체에서 제도적으로 지원하기도 한다. 그렇게 모인 작은 텃밭들이 저마다 개성을 가진 채 도심 속 공공정원 역할을 한다.

© 안명준

치열한 경쟁과 빠른 변화에 지친 도시인에게 건강과 여유를 동경하는 욕구가 도시농사를 통해 표출되고 있다. 웰빙 트렌드 확산과 함께 건강에 대한 관심이 높아지고 안전한 먹을거리를 직접 기르고자 하는 세대가 늘어난 데다 주5일제 실시 등으로 라이프사이클이 바뀌거나 노령 인구가 증가하여 국가 전반에 걸쳐 여가시간이 많아지면서 다양하고 생산적인 활동에 대한 수요도 커지고 있다. 농업(Agriculture)과 여흥(Entertainment)이 결합된 애그리테인먼트(Agritainment)라는 신조어까지 생겨날 정도다.

도시농업은 안전한 먹을거리의 확보나 건강증진 효과 외에도 지속가능한 생태계 유지, 삭막한 도시 환경 개선, 이웃과의 나눔이라는 새로운 가치가 조명되면서 21세기 세계 도시의 트렌드로 자리매김하고 있다. 이미 세계 곳곳의 도시에서 시티팜(City Farm)을 발견할 수 있으며 텃밭, 옥상농원, 상자텃밭, 베란다농원 등 다양한 형태로 도시농업이 등장하여 확산되고 있다. 현재 지구상의 도시농부는 8억 명 이상으로, 캐나다 몬트리올에 8,000개 이상의 텃밭이 있고 뉴욕엔 600개 이상의 빌딩에 옥상텃밭이 있으며, 도시농부들이 이용할 수 있는 농사매뉴얼, 다양한 소포장, 디자인이 가미된 패션 농기구 등 새로운 시장도 자연스레 생겨나고 있다.

도시농업의 필요성 및 효과

경제성장과 함께 진행된 급격한 산업화 및 도시화는 다양한 사회적 · 환경적 문제를 수반하였다. 즉 도시집중화로 야기된 생활환경의 악화는 물론 지역공동체의 파괴, 절대녹지의 감소 등 다양한 문제를 유발해왔다. 우리나라 도시화율은 1960년 39.1퍼센트였으나 1990년에는 81.9퍼센트, 2005년에는 90.2퍼센트, 2009년에는 90.8퍼센트로 빠른 속도로 증가하였으며, 이는 선진국 도시화율 — 2005년 미국 80.8퍼센트, 영국 89.2퍼센트, 독일 88.5퍼센트 — 보다도 훨씬 높은 수준이다. 특히 미래학자들은 2050년경 세계인구의 80퍼센트가 도시지역에 거주할 것이라 전망하고 있으므로 이제 우리나라도 선진국 진입과 함께 도시농업이 피할 수 없는 국가적, 사회적 이슈로 맞이하게 되었다.

사실 도시와 농업은 본디 하나였다. 농업은 급격한 도시화와 함께 농촌으로 옮겨져 지금처럼 집약적인 대량생산 형태로 발전되어온 것이다. 이제 농업이 다시 도시를 만나면서 농업의 역할이 이전보다 훨씬 커지고 있다. 즉 국민의 식량을 생산하는 기간산업으로서의 역할은 물론 도시민들의 건강한 심신을 단련하고, 미래 세대들에게 생명교육의 도구로 쓰이며, 도시민들의 공동체 의식 회복과 정서함양, 고령자 일자리 창출 및 도시 생태계 개선 등 농업이 원래 가진 다양한 가치가 극대화되고 있다.

도시농업은 도심 공간의 실내외 녹화는 물론 도시민들의 건강한 삶을 유지시키는 다양한 체험꺼리가 주를 이룬다. 도시농업이란 '도시지역에 있는 토지, 건축물 또는 다양한 공간을 활용하여 취미, 여가, 학습 또는 체험 등을 위해 농작물을 경작하거나 재배하는 행위를 말한다.'[「도시농업의 육성 및 지원에 관한 법률 시행령」(이하 도시농업법) 제2조]라고 규정되어 있다. 따라서 소득

〈표 6-1〉 도시농업의 5색 매력

5색 매력	내 용
몸과 마음의 건강	• 규칙적 농작업이 주는 운동과 식물로 맑아진 공기는 건강한 몸을 선물 • 농사는 생명체를 돌보는 녹색체험으로 정서적 안정감 제공
가꾸는 재미	• 텃밭을 가꾸는 과정은 하나의 행위이자 공간 디자인임 • 농업의 소중함을 느낄 수 있는 신선한 재미
나누는 행복	• 동네 텃밭에서 이웃 간의 소통이 시작되고 도시 속 공동체가 싹 틈 • 기른 농산물을 이웃과 나누는 기부천사도 탄생
뿌듯한 자부심	• 안전한 홈메이드를 생산한다는 자부심이 생김 • 도시텃밭은 도심의 녹지대로써 도시 환경을 지킨다는 뿌듯한 느낌
먹는 즐거움	• 농사의 마지막 매력은 신선한 농산물을 먹는 데 있음 • 직접 기른 채소로 음식을 만들고 주말농장으로 소풍가 직접 따먹는 즐거움은 도시농업의 열매

자료: 송정섭 외, 「도시농업의 매력과 가치」, 『농촌진흥청 interrobang 리포트』 5호, 2011

창출을 목적으로 하는 기존의 농업과 달리 국민들의 삶의 질 향상에 초점이 맞춰진 개념이다. 도시농업법에서 도시농업의 형태는 주택활용형, 근린생활형, 도심형, 농장 및 공원형, 그리고 학교교육형 등 다섯 가지 유형으로 실천되는 공간이나 목적에 따라 구분하고 있다.

도시농업은 도시민들이 농작물을 직접 재배하면서 살아있는 식물과 교감하는 것으로서, 농사를 통해 먹고, 보고, 느끼고, 즐기는 인간 중심의 생산적인 여가 활동이다. 이를 통해 자신의 몸과 마음의 건강과 행복을 꾀하고, 협업과 공동체험을 통해 구성원끼리의 공동체 의식을 회복하여 건강한 현대 사회를 구현하며, 최종적으로는 인간과 자연의 조화로운 삶을 통해 지속적인 공존을 추구하는 데 목적이 있다. 도시농업에 수단으로 활용되는 대상품목은 식량작물, 원예작물, 가축, 곤충 등 모든 농

〈표 6-2〉 텃밭 가꾸기의 기초적 고려 사항

항목 구분	주요 내용
텃밭 가꾸기의 효과	• 생태계 다양성의 확보: 생태계의 자연적 시스템을 도입함으로써 도시의 생태적 터전을 건강하게 한다. 단순화된 도시 생태계를 회복시키는 의미도 있다. • 도심 미기후(microclimate) 조절: 식물을 이용한 도심 열섬 방지와 가습 효과를 기대할 수 있다. 쾌적한 도시 환경 조성과 건물 에너지 측면에서도 의미가 있다. • 사회적 공동체감 형성: 다양한 체험 활동으로 단절되기 쉬운 일상적 교류를 유지시킨다. 농사는 혼자서만 잘할 수 없기 때문에 다양한 유대가 형성될 수 있다. • 새로운 도시경관 창출: 녹색의 도시문화 창조 측면에서 시설물 일색인 도시경관에 활기를 불어넣는다. 다양한 녹색 자원은 시시각각 변화하는 도시경관의 매력 요소이다. • 세대 간 교류의 장: 생산 체험을 통한 교육과 가족 간의 유대, 세대 간 소통의 의미도 있다. 텃밭의 교육적 기능은 정서적 측면보다 더 강조되기도 한다. • 푸드마일의 최소화와 로컬푸드의 활성화: 에너지의 차원에서도 의미가 있지만 지역적 식량자원 확보라는 의미도 있다.
도시농사의 조건	• 터(땅): 자연지반, 인공지반, 플랜터(상자), 수반 등과 이를 안전하게 보관 · 유지할 수 있는 공간 • 햇볕(해): 태양광, 인공광 등 식물 생육에 반드시 필요한 광 요소 • 작물: 채소, 약초, 수목, 벌꿀 등 목표로 하는 식물 종과 그에 대한 생육 정보 • 양분: 바람(공기), 물(수분), 비료(유기물) 등 생육에 필수적인 요소와 그 조건 • 관리: 제초, 병충해 방재, 성장 조절, 유해요소 관리(야생동물, 사람), 작업 도구 등 꾸준한 유지 관리를 위한 방법과 도구
도심 농사 실천의 유형	• 개인형: 취미 활동, 가족 단위 농사체험 • 커뮤니티형: 친목 활동, 사회적 커뮤니티 단위 레저형 농사체험 • 네트워크형: 사회적 활동, 리더십, 단위 커뮤니티의 유대, 공동체 발전형 • 기업형: 가치 창출 활동, 전문적 기술 투입 통한 경제적 가치 창출 목적

자료: 안명준, 「도시농업과 조경의 공진화를 위하여」, 월간 『환경과 조경』, 2010년 10월호, 146쪽

업자원이 될 수 있으며 실천공간은 실내, 베란다, 옥상, 벽면, 텃밭, 학교, 사무실, 도로변 등 도시민이 생활하는 모든 장소가 될 수 있다.

도시와 농업의 만남은 경제적 · 환경적 · 사회적 · 교육적 분야에서 가치를 지닌다. 경제적으로는 도시민이 농업에 친근함을 느끼게 되어 농산물 소비증대를 가져오며, 농업에서는 새로운 블루오션으로 작용하

〈그림 6-1〉 생활 속의 텃밭

여 도시와 농촌의 상생을 열어주는 기회가 될 수 있다. 유휴지와 건물 옥상의 녹화는 에너지 비용 절감을, 농지 자연 순환은 폐자원 처리비용 절감 효과를 준다. 도시로 들어온 농(農)은 대기를 맑게 하고 도시경관을 아름답게 하며 생태도시로 이끌어준다.

사회적으로는 소외계층을 위한 복지로, 다가오는 고령사회의 노인 활동공간으로 작용하여 함께 나누는 이웃의 정을 회복한다. 농업은 자연 속 교실로서 생명의 소중함을 일깨워주는 천혜의 놀이터이자 도시민의 정서 치유의 장으로 기능한다.

우리나라 도시농업의 현황

도시농업이란 용어는 비교적 최근 활용되기 시작한 데다 국민의 실천도 비교적 초기단계인 셈이어서 국가적인 통계자료는 거의 없는 실정이다. 우리나라의 도시농업은 옥상농원(텃발형, 상자형, 관상형, 허브용 등), 스쿨팜(유아원, 학교의 화단, 계단, 옥상 등에 자연학습장), 공공텃밭(지자체가 조성한 텃밭이나 농장), 주말농장(개별 농장주가 소유하는 농경지), 도시농업공원(지자체 관리, 농사체험장, 교육장 배치) 등의 형태로 추진되고 있다.

2012년 말을 기준으로 우리나라 도시텃밭 면적은 558헥타르로 2010년보다 4.4배 증가하였으며, 텃밭 수도 12,662개소로 11년보다 2.1배 늘어났다. 도시농업에 참여하는 시민 수도 76만 9천 명으로 2010년에 비해 네 배 이상 대폭 증가하였다. 도시농업은 학교교육형, 도심형, 농장형 등 다양한 형태로 이뤄지며 근린생활권이 전체의 65.3%로 가장 높다. 현재 도시농업을 통해 재배되는 식물은 고추, 상추 등 채소류가 95%로 대부분을 차지하고 있다. 지역 도시농업 활성화를 위해 많은 지자체에서는 도시농업 조례를 이미 제정했거나 준비 중에 있다. 2012년 4월 30일 현재 도시농업 관련 조례가 제정된 지자체는 부산, 대구, 대전, 수원, 서울 강동구, 광명, 안양, 파주시 등 22곳이다.

도시농업의 실천은 생활공간을 중심으로 주거지 외부로는 시민농원, 주말농장, 텃밭, 주택옥상, 학교, 업무용 빌딩의 옥상이나 벽면 등 인공지반, 자연학습장, 생태공원 등 식물을 기를 수 있는 곳이라면 어디든 가능하다. 작목은 채소와 버섯, 과수 등 먹을거리는 물론 각종 화초류, 곤충, 물고기 등 볼거리가 있으며, 사계절 관상할 수 있는 도시화단 조성이나 보리, 밀 등 경관작물 박스재배 등도 모두 도시농업의 주요 영역이다.

현재 이뤄지고 있는 도시농업의 공간별 유형은 주거지, 농장, 학교, 공공복지시설, 공원 등으로 나눠볼 수 있다. 주거지를 활용하여서는 옥상, 발코니와 같이 건물의 일부분이나 골목길에 텃밭상자를 놓을 수 있다. 농장에서의 도시농업은 도시 및 근교지역 농지에서 하는 주말농장 형태가 주를 이룬다. 학교에서는 작물의 발아, 생장 과정을 통해 생명의 가치, 원예 중심 통합교육 등 교육 중심의 형태로 이루어진다. 공공복지시설은 경로당, 복지시설에서 공동텃밭을 활용하여 작물을 기르는 형태다. 공원의 도시농업공원이라는 새로운 형태가 생기고 있는데 이는 단순한 경관적 개념을 넘어 생태계의 순환 고리 역할을 포함하는 형태이다.

이렇듯 도시농업은 안전하고 다양한 먹을거리 생산은 물론 개인의 정서함양, 가족의 화합 및 단절된 지역공동체 회복에 기여할 수 있는 도시생활 문화의 새로운 대안으로 인식된다.

현재 도시농업에 대한 연구나 사업을 추진하는 기관 및 단체에 대해서는 연구, 보급, 시민단체로 구분해 볼 수 있다. 농촌진흥청 국립원예특작과학원, 국립농업과학원, 한국농촌경제연구원, 경기도농업기술원, 서울시립대, 동국대, 서울대, 고려대, 신구대, 한국농수산대, 한국도시농업연구회 등에서 도시농업 관련 기술을 연구, 개발하고 있다. 개발된 기술들은 농촌진흥청 농촌지원국을 중심으로 전국의 농업기술센터(서울, 부산, 대구, 수원, 원주, 시흥, 여수, 군산, 경기도 광주)로 보급되며 서울시 조경과, 경기농림재단, LH(한국토지주택공사), 송파도시농업지원센터, 강동구도시농업위원회, 안양시, 파주시 등에서도 도시농업 기술을 보급한다. 도시농업 활성화를 위한 교육 및 보급, 운영에서는 전국귀농운동본부 텃밭보급소, 서울그린트러스트, 흙살림, 도시농부학교, 인천도시농업네트워크, 도시농업포럼, 경기도시농업네트워크 등 시민단체들이 활발히 활동하고 있다.

관련기술 개발 및 이용 현황

농촌진흥청에서는 도시농업의 확산을 위해 도시농사와 관련된 다양한 기술들을 모아 도시민들이 적용할 수 있도록 『'도시농업' 표준영농교본』을 발간하여 매뉴얼로 공급하고 있다. 특히 농촌진흥청의 도시농업 연구팀은 2010년 4월 1일에 신설되어 도시녹화연구(옥상농원, 그린 빌딩 그린 홈, 도시화단 등), 환경개선연구(공기정화 등 식물의 기능성, 향기, 음이온, 식용꽃 개발 등), 사회원예연구(실내외 텃밭채소 기르기, 실내정원, 원예프로그램 등)에 대한 실용기술 개발과 미래 도시농업을 지향한 관련기술 개발을 체계적으로 추진하고 있다. 최근 개발된 핵심적인 연구 성과는 다음과 같다.

식물을 통해 오염된 실내 생활환경을 정화하고 개선하고자 하는 다양한 연구 결과도 나타나고 있다. 천식, 암, 신경계 이상 등 심각한 질병을 일으키는 원인이 되는 물질은 포름알데히드 같은 휘발성 유기화합물(VOC)이다. 세계보건기구(WHO)는 1년에 160만 명(1분에 세 명)이 실내 공기오염으로 사망한다고 보고[1]하고 있다. 식물의 공기정화에 대한 연구는 나사(NASA)에서 우주선의 밀폐된 공간에 식물의 기능을 활용한 생명유지시스템(life support system)을 만들어보자는 취지에서 처음 시작되었다. 식물은 광합성과 증산작용, VOCs 제거, 음이온 발생과 같은 기능을 통해 실내 공기를 정화함으로써 밀폐된 공간에서 생명체가 건강하게 살아갈 수 있도록 해준다. 식물의 VOC 제거 기능을 중심으로, 새집증후군 완화효과가 우수한 식물들을 선발하고 이를 통해 생활공간에 적정한 화

1 WHO, ed., "The World Health Report 2002: Reducing Risks," *Promoting Healthy Life* (Geneva: World Health Organization, 2002)

분 투입량을 규명하고 있다. 실내 환기 시점에 대한 정보를 좀 더 쉽게 제공하기 위해 실내 이산화탄소 농도에 따라 화분의 색상이 변하여 환기 시점을 알려주는 CO_2 모니터링 화분도 개발하였다. 이 밖에 식물을 이용한 24시간 전천후 공기청정기, 천연가습기 등 다양한 상품들을 개발 중이다. 꽃향기가 사람의 스트레스를 현저히 줄여준다는 결과를 내기도 하였다.

한편 도심에서는 텃밭이나 정원용 용지를 찾아보기 어려운 실정이며 높은 지가로 인하여 충분한 면적의 도시농업 용지를 확보하기도 어렵다. 이에 인공지반을 활용한 옥상녹화, 벽면녹화는 녹색도시를 만들기 위한 새로운 해결책이 될 수 있다. 서울의 경우에 녹화가 가능한 옥상 면적은 55제곱킬로미터이며 이는 서울 전체 표면적의 9퍼센트에 달한다. 따라서 인공지반을 활용한 옥상 · 벽면 등 녹화용 식물선발과 모델개발 등 녹화기술이 개발되고 있다. 옥상은 직사광선과 건조, 풍해의 피해를 입기 쉬우며 여름철에는 극한 고온에 처하게 되는데 이런 환경에 잘 견딜 수 있는 식물 선발 및 재배용기 개발도 이루어지고 있다. 채소재배를 위해 베드형 텃밭과 상자형 텃밭을 개발하고 다양한 잎채소와 줄기, 과실채소를 기를 수 있는 매뉴얼을 개발하여 이를 현장 실증시험을 통해 확산시키고 있다. 특히 옥상은 건물의 성격에 따라 용도가 다르므로, 이 점을 감안한 여러 농업적 이용기술을 개발하고 있다. 즉 회사나 병원 같은 곳의 옥상은 휴식이 주목적이므로 사계절 꽃과 잎이나 열매를 관상할 수 있는 정원형으로, 유치원이나 초등학교의 옥상은 어린이들의 교재에 있는 식물을 실제 가꾸고 학습할 수 있는 자연학습장형으로, 그리고 아파트의 옥상은 거주민들의 휴식과 신선채소를 기를 수 있는 정원 및 텃밭복합형으로 운영할 수 있도록 하는 한편 각각의 옥상 특성에 필요

〈표 6-3〉 도시농업에 대한 주요 연구결과 및 현황

분 야	주요 연구결과 및 연구현황
실내정원, 식물의 기능성 이용 기술	• 생태형별 실내정원의 추천 식물 및 모델 제시 – 사막형, 연못형 등 4가지 생태형 적용식물 및 식재모델 • 실내조경 지원 DB입력 프로그램 – DB화 입력 프로그램: 소비자 검색 편이성 중심 콘텐츠 구성 • 생태형, 배치장소, 식재 방법, 규모별 디자인 매뉴얼 제공: 27종 • 모듈형 정원, 스크린 정원, 부착형 정원 등 공간별 활용기술 개발 • 디지털 온라인 가상정원 프로그램 – 실내공간 식물 및 프로그램, 온라인 식물 이미지 평가 프로그램 등 • 스마트폰을 활용한 식물관리 정보 시스템 개발 및 DB구축 – 화분에 QR코드가 부착되어 스마트폰만으로 다양한 식물관리 정보 획득 • IT기술을 결합한 생활원예기술 – 공기청정기와 결합된 공기정화용 실내정원시스템 개발 – 식물-공기청정기 특허 출원, 상업화 모델 8건 디자인 등록
베란다 채소재배 기술	• 베란다용 채소선발 및 친환경생산 매뉴얼 개발 보급 • 베란다 광량별 재배적합 채소작목 선발 – 광량 30%: 상추, 쑥갓, 청경채, 부추, 엔다이브, 신선초, 생강 – 광량 10%: 부추, 엔다이브, 신선초, 생강 • 채소재배에 필요한 수분 및 양분공급 방법 선발 – 완효성 비료와 심지 관수를 활용한 편리성과 수량성 증가
인공지반의 농업적 이용기술	• 옥상녹화용 내한성 식생 선발: 송엽국 등 16종 • 옥상녹화용 식물평가: 81종(용토 및 녹화유형별) • 벽면녹화용 식물평가: 29종(벽면유형 및 배치유형별) • 자생식물 수질정화 능력평가: 16종(좀속새, 질경이택사 질소 흡수 우수) • 가을 · 겨울철 볼거리가 있는 옥상정원 식재모델 개발 • 옥상의 원예적 활용을 위한 텃밭조성 및 용기개발 연구 • 옥상텃밭용 심지관수 용기개발 등 특허 출원 3건 – 플랜터(Planter) 및 백(Bag)타입 재배용기, 탄력형 지지대 특허 출원 • 옥상에서 기르기 쉬운 텃밭식물 선발 및 추천 – 옥상텃밭용 재배작물 42종 평가, 방울토마토, 상추 등 19종 추천
원예 활동 프로그램 개발 및 활용 증진	• 다양한 원예프로그램 개발로 개인별, 계층 간 심신 순화 • 세대 간 원예프로그램 개발(60~80세 노인과 7세 미취학 아동 대상) • 농촌 다문화가정 원예프로그램 개발(결혼 이주여성 대상) • 초등 수학-원예 통합프로그램 개발(수학개념 습득) • 유치원 탐구생활 영역 통합프로그램 개발(탐구영역 습득) • 초등학교 과학-원예 통합프로그램 개발(과학개념 습득)
보존화 등 새로운 화훼상품 개발	• 보존화 제작 조건 확립 : 탈수용매, 시간, 보존용액 처리농도 등 • 다양한 향기첨가로 보존화 부가가치 향상(특허 출원) • 온도 및 자외선에 따른 변색 보존화 제작기술 확보(특허 출원) • 보존화 제작기술 국산화로 수입대체: 단가 1만 원 → 4천 원

자료: 국립원예특작과학원 내부자료, 2011

한 식물 이용 매뉴얼 및 프로그램을 개발 · 보급하고 있다.

또한 유아 및 초등학생들이 과학탐구 활동을 위해 쓸 수 있는 다양한 원예 활동 매뉴얼도 개발하였는데, 연구진들이 직접 초등학교에서 한 학기 동안 매주 수업을 실시하면서 효과를 확인한 프로그램들이다. 이 밖에도 여름철 혹서기 동안 텃밭에서 기를 수 있는 엽채류 선발, 옥상에서의 텃밭 만들기나 텃밭상자 이용법, 벽면이나 도시화단에 적합한 자생식물 개발 등 총 9건의 산업재산권 출원, 16건의 기술이전 및 20여 건의 정책제안이나 현장 활용기술들을 개발하여 활용하고 있다. 최근까지 국립원예특작과학원에서 개발한 세부 내용은 앞의 표 6-3과 같다.

개발기술의 현장 적용

도시농업의 활성화를 위해 개발된 기술은 시군의 농촌지도기관을 통해 시범사업 형태로 추진된다. 2009년도 농촌진흥청에서 추진한 시범사업은 크게 세 가지 형태이다. 첫째 도시생활농업 활성화 지원사업으로, 활성화를 위해 전국 20개소에 각각 5,000만 원씩 총 10억 원을 지원한 바 있다. 둘째 가정원예 생활화 지원사업으로서 전국 20개소에 각기 3,880만 원씩 총 7억 7,600만 원을 지원하여 추진하였고, 셋째 시군 특성화사업 일환인 도시소비자 농업 특성화 사업을 위해 5개소에 10억 3,600만 원을 지원하여 사업을 추진하였다. 그 밖에도 도시농업 확산을 위해 도시민의 전원생활교육을 추진하여 2005~2009년까지 1,201명의 수강생을 배출하였고, 1년간의 유료과정인 원예 활동 지도자 과정을 통해서는 2007년~2011년 132명의 전문가를 배출하였다.

〈그림 6-2〉 텃밭채소 기르기 매뉴얼 개발을 위해 실험 중인 다양한 시범포장(국립원예특작과학원)

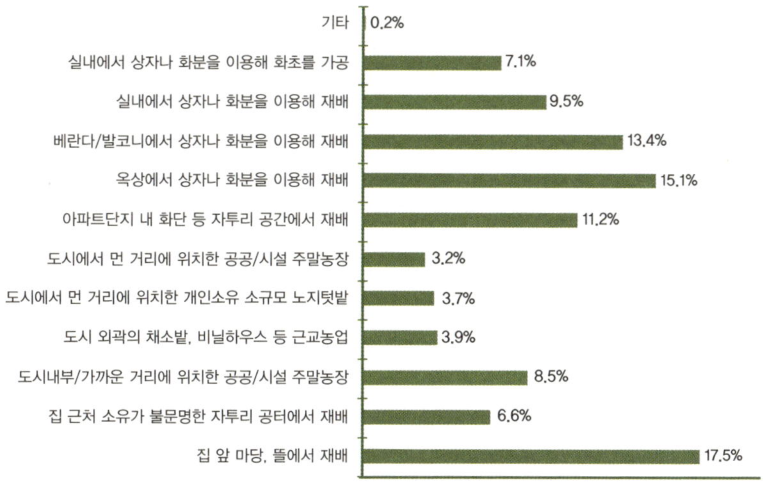

자료: 오충현, 「취미적 도시농업 활성화 방안」, http://www.rda.go.kr (검색일자: 2012. 4. 30)

〈그림 6-3〉 취미적 도시농업 인지도 및 인식

〈그림 6-4〉 도심 공원에 조성된 논에 모가 심긴 모습(© 안명준)

도시농업의 발전 방향

현재 지구촌 도시농업에 참여하는 인구는 8억 명 정도로써 세계인구가 68억 명이니 평균 12.5퍼센트 이상이 도시농사를 짓는 셈이다. 여기에 비해 우리나라는 이제 전체 인구의 3퍼센트 수준의 시작 단계에 있으며, 도심에서 고추, 상추 등 텃밭채소를 길러 먹는 수준이다. 하지만 최근의 추세를 보면 유럽이나 일본, 미국 등 선진국처럼 사계절 꽃을 볼 수 있는 볼거리부터 각종 체험 활동을 통해 즐기는 느낄거리에 이르기까지 도시농업이 다양한 형태로 활발하게 확산될 것으로 예상된다. 이를 위해 농촌진흥청에서는 관계법령에 의거한 우리나라 도시농업 연구 중장기계획을 수립하여 시행해오고 있다.

도시농업 연구는 단계적으로 추진하게 된다. 1단계에는 조기 확산을 위해 실용기술 개발, 매뉴얼 발간, 효과 확산, 제도개선을 중점 추진하고, 2단계에는 도시농업의 탄탄한 기반 조성을 위해 한국형 모델 설정, 실천 및 응용 기술, 여가 활동 기술, 친환경 기술 등을 개발하며, 3단계에

〈표 6-4〉 도시농업 발전을 위한 분야별 역할

분 야	주요 내용
정책적 역할	• 도시농업법의 지속적 보완 • 농식품부에 도시농 전담부서 신설 • 도시농업의 지속적 실천정책 수립 • 농지 확보(세제혜택 등 제도 개선) • 도농상생 기본의 각종 사업 발굴 • 도시농업공원 허용 및 기존 공원에 농업 도입 • 커뮤니티 회복 실천방안 강구 • 도시농업 포털사이트 개설 운영 • 도시농 관련산업의 육성 • 전문가 양성 및 교재 표준화 • 대학에 관련학과 또는 과목 개설 • 도시농업 홍보 및 박람회 등 전시 • 도시 그린 코디네이터제 도입 • 도시 절대농지 보존책 강구 • 도시 하천의 농업적 이용방안 강구 • 도시농업 5개년 발전계획 수립 • 도시 1가구 1텃밭 제도화 방안 도입
기술적 역할	• 친환경 농법, 병해충 방제 및 제초 기술 • 도시농업을 원예, 식량, 축산 등 농업전반으로 확대 • 농업의 다양한 가치 발굴 • 국가, 민간, 대학의 연구역할 분담 • IT, 환경, 공학 등 타 분야와의 융 · 복합 확대 • 교육 면에서 도시농업의 다양한 활용기술 개발 • 빌트인, 리빙월 등 미래 식물적용기술 개발 • 공간, 식물 디자인 수요분석 후 방향 설정 • 식물과 환경의 상호작용. 식물사회학 연구 • 식물과 인간의 환경(정서적, 공간적, 관계적, 공동체적, 도농 및 소비자적) • 자연과학과 식물 기준으로 영역횡단과제 수립 • 도심 생산물의 안전성 검증과 정기적 분석 • 도심 공간별 도시농업 적용 품목과 종류 선정 • 도시농 비료 및 농약사용기준 설정 • 음식물 쓰레기 등 자원 재활용 및 순환 연구 • 텃밭 매뉴얼, 교육프로그램 등 DVD로 개발 • 도시농장 공간 및 운영기술 개발
사회적 역할	• 도시농업을 전체 생태를 고려하여 실천 • 자연순환 생태농업의 도시농업 보급 확산 • 다양한 공동체 활동과 문화 프로그램 가동 • 도시민들의 도시농 요구사항 분석 제공 • 파머스 마켓 상설화 • 도농 연계를 위한 체험 행사 확대 • 취약자 나눔 행사 추진 • 공동체 회복을 위한 다양한 활동 전개

자료: 송정섭, 「원예산업 확대를 위한 도시농업 발전방안」, FTA 대응 NEW 원예산업의 방향 정책토론회, 2012. 2. 24

는 미래 도시농업 설계 및 이행을 위해 그린홈, 바이오돔, 그린시티 등의 그린토피아 개발에 집중하며 자연과의 교감을 통해 삶의 질을 극대화하는 데 필요한 연구를 개발할 계획이다. 우리나라 도시농업 발전을 위한 분야별 역할분담의 내용은 앞의 표 6-4와 같다.

도시가 꽃이라면 농촌은 그 꽃의 뿌리가 사는 토양이다. 토양이 건강해야 꽃이 아름답게 피듯이 도농의 연계와 상생이 특히 중요한 것이 도시농업이다. 도시농업은 우리나라 농업이 국민농업으로 가는 교량 역할을 하며, 농업의 핵심 가치를 기존의 생산 중심에서 생산은 물론 소비와 정서함양에 이를 수 있도록 하는 초석이기도 하다.

Chapter 7

도시농업의
경제성

도시텃밭이 만드는 건강하고 경제적인 삶

정명일

농사일과 정원일을 일상적으로 즐기기 위해서는 연구가 더 필요하다. 현대 도시는 인류가 처음 경험하는 환경이고 적응하기엔 시간이 충분치 않았기 때문이다. 그러나 도심텃밭에서 기른 다양한 채소가 소풍 가서 먹던 도시락 찬합처럼 차려질 날도 멀지 않았다.

© 안명준

인류가 한곳에 정착하게 되면서 처음 곡식을 땅에 심기 시작한 이유는 잘 먹기 위해서였다. '잘 먹고 살기 위한' 소기의 목적을 이룬 후에는 한 단계 나아가 곡식을 화폐처럼 사용하기도 하였다. 농업은 정착생활을 시작한 인류의 잘 먹고 잘 살기 위한 첫 선택이었다.

미국의 도시학자인 제인 제이콥스(Jane Jacobs)는 전문적 농업으로만 살아가는 농촌이 나타나기 전부터 도시에서 이미 농업 활동이 이루어지고 있었다고 지적했으며, 생물학자인 해리 월터스(Harry Walters)는 "최초의 농업은 텃밭과 같이 어쩌면 원예의 형태였을 것이다."라고 말하기도 했다.[1] 서울의 경우를 보아도 조선시대 도읍이 조성된 후 성내와 주변에 많은 농사 활동이 이루어졌는데, 그 예로 양잠을 하던 잠실과 잠원동, 궁중에 채소를 공급하던 내농포(內農圃)가 있었던 권농동, 왕실의 고추재배용 고초전(苦草田)이 있었던 연희동 등을 지명에서 확인할 수 있다.[2] 이들 모두 도시 내 농사 활동이 활발했음을 시사한다.

근대 이후 도시 내 농업 활동은 제2차 세계대전 이후 생계유지를

1 주은철, 「도시농업의 역사와 발전방안」, 편집부, 『도시농업산업의 시장현황과 사업전략』 (비아이알, 2011)

2 송정섭, 한승원 등, 「도시농업의 매력과 가치」, 『인터러뱅』 5호 (농촌진흥청, 2011)

위해 부족한 부식 조달 및 정원 활동 장소로 급속하게 확산되었으나 현재와 같은 도시농업에 대한 관심은 산업화와 도시화 문제가 심각하게 대두되었던 20세기 말 시작되었다고 할 수 있다. 현대 도시농업은 1973년 미국에서 도시텃밭 조성운동으로 시작되었으며, 1990년 일본에서는 「시민농원정비촉진법」이 만들어지면서 보편화되었다. 우리나라의 경우 1992년 서울시 농촌지도소에서 '시민과 함께하는 농업'이라는 슬로건과 함께 60명의 회원이 주말농장 형태의 텃밭 활동으로 시작되었으며, 1993년에는 회원이 1,200명으로 증가하였다.[3] 그 후 주5일제 실시와 길어진 평균수명 등의 영향으로 건강에 대한 관심이 높아지고 안전한 먹을거리를 직접 생산하고자 하는 욕구가 높아지면서 2000년 초, 도시 내 농업 활동이 급격하게 증가하였다. 이러한 변화에 맞추어 농촌진흥청은 2003년 생활원예에 대한 연구와 시범사업을 추진하기 시작하였으며, 2010년에는 도시농업연구팀을 신설하여 도시농업 연구와 확산을 위해 노력하고 있다.

도시농업 유형과 접근 방법

도시농사 활동의 접근 방법으로 가장 손쉬운 방법은 도시 내 빈 공간을 이용하여 텃밭을 조성하는 것이다. 도시 내의 주거지역, 상업지역 또는 공업지역 등 다양한 지역에서 행해질 수 있으며 접근성이 높아 빠르게 확산될 수 있다. 주거지역 내에서는 단독주택의 안뜰이나 옥상을 이용한 텃밭을 가꾸는 경우가 대표적이다. 장소가 좁을 경우에는 용

---

3 김수봉, 조진희 등, 「환경친화적 도시와 도시농업」, 『환경과학논문집』 7(1), 2002

기를 이용하여 재배하고, 시멘트나 아스팔트로 덮인 공간에서도 인위적으로 조성하여 이용할 수 있다. 아파트에서는 베란다나 발코니에서 용기를 이용하여 텃밭을 만들 수 있다. 또 도시 내 개발 유보지 같은 공한지의 경우 비록 사유지일지라도 텃밭으로 이용하려는 적극적인 시도도 가능하다. 아파트와 같은 공동주거지에서도 과거와 같은 텃밭을 쉽게 발견할 수 있다. 특히 최근 새롭게 건축되는 아파트에서는 단지 내 공터뿐 아니라 세대별 텃밭을 제공하겠다는 시행사도 생겨나고 있다. 일부 주문형 공동주택에서는 입주자의 특성을 고려한 텃밭이나 1층 입주자들이 단독주택처럼 텃밭으로 활용할 수 있는 정원을 제공하기도 한다. 최근에는 일부 학교 사례이긴 하지만 교육용 텃밭을 조성하여 학교 교육에 이용하는 사례도 꾸준히 늘고 있다. 영국, 미국, 일본 등에서는 시민단체나 지방자치단체가 주체가 되어 자라나는 세대의 환경 친화적인 교육을 위한 도시농장과 체험농원 등을 조성하고, 학생 대상의 농사체험 활동을 통하여 파괴적 기술주의에 대한 대안을 스스로 찾도록 하기도 한다.

그러나 주로 언급되는 국내 주말농장은 해외의 사례들처럼 도심에서 이루어지는 형태가 아니다. 주로 도시 근교에서 이루어진다. 대부분의 도시농부가 교통이 편리하고 자연경관이 좋은 농지를 임대하거나 구입하여 주말이나 공휴일에 가족과 함께 채소나 꽃을 가꾸며 수확의 기쁨을 누릴 수 있는 가족농장의 형태로 운영하는 수준이다. 또 영리목적이 아닌 영농목적을 위해 이용객들에게 농지를 임대해주거나 용역을 제공해주기도 하고, 기타 부대시설을 갖추어 이용하게도 한다. 지역은 주로 서울, 인천 등 대도시 근교와 지방도시 인근에 위치하며, 임대가격은 3.3제곱미터(1평)당 2만~3만 원으로 수도권과 지방 사이에 약간의 가격 차가 있다. 임대기간은 1년 단위이며, 매년 4월 초에 개장해서 김장채소의 수확이 끝나는 11월에 마감하는 형태가 대부분이다. 또 외국의 사례와 같이 교통이 편리한 곳을 중심으로 한 일부에서는 주말에 머물면서 농업 활동을 할 수 있는 체재형 가족농원도 늘고 있다.[4]

도심텃밭 조성 방법

개인주택과 같은 단독텃밭은 개인의 취향에 따라 설치하지만 공동텃밭의 설치에는 원칙과 운영규칙이 필요하다. 최근 생태농업이 각광받으면서 농약, 제초제, 화학비료를 쓰지 않는 방향을 지나치게 강조하다보니 관리가 잘 되지 않아 실패하는 사례가 늘고 있다. 무엇보다도 작물에 따라 적당한 비료의 보충과 화학적 방제를 필요로 하는 경우가 많으므로 사용 방법을 준수하여 재배하는 지혜도 필요하다. 가능하면 사전에 관련 서적이나 교육기관을 통하여 필요한 영농지식을 쌓은 후 도전하는 것이 좋다.

텃밭의 설계에는 독창성과 다양성이 요구된다. 텃밭을 계획할 때 디자인은 이용자와 이용목적에 따라서 달라져야 한다. 교육용 텃밭처럼 텃밭 이용자가 안으로 들어가서 손으로 흙을 만져야 하는 체험용 텃밭에서는 참여자의 활동이 중심이 되는 방향으로 모양이 결정되어야 하며, 생산물 생산이 목적일 때에는 이용자의 관리적 편의를 고려하여 규모와 이랑의 넓이 등이 고려된 형태로 설계되어야 한다. 무엇보다도 전형적인 밭의 모양이 아닌 이용자의 개성이 살아있는 예쁜 텃밭을 만들어보는

---

4 박병덕, 이상영 등, 『체재형 가족농원 운영 매뉴얼』(농촌진흥청, 2008)

〈그림 7-1〉 서울 주변의 주말농장 전경

것이 좋다. 구성 면에서는 다양성이 있어야 한다. 텃밭은 채소나, 과수, 허브, 약용작물, 화훼작물 등 먹고 보고 즐기는 다양한 식물을 이용할 수 있다. 이용 식물마다 씨 뿌리고 거두는 시기가 다르고 모양과 색감도 다양하다. 이용성도 매우 다양하여 식용, 관상용, 녹비용 등으로 활용할 수 있으며 허브식물과 같이 독특한 향이 나는 식물은 치료제나 벌레의 접근을 줄이는 기피제 등으로도 활용할 수 있다.

텃밭의 규모는 토지의 여건에 따라 다르지만 보통 성인이 관리할 수 있는 규모로 16.5제곱미터(5평)를 많이 추천한다. 몸에 익지 않은 농사일은 자칫 도시민에게 큰 부담이 될 수 있으므로 초기에는 욕심내지 말고 소규모로 꾸미는 것이 좋다. 밭 모양은 일반 논밭과 같이 직사각형 이랑을 만들면 재배하기에 편리하다. 그러나 토지모양에 따라 작업의 편리성을 고려하면서도 창의적이고 다양한 모양으로 구성한다면 '텃밭의 차별화'를 이룰 수 있을 것이다. 집단화되어 있는 공공텃밭은 진입로, 주차장, 화장실, 휴게실, 보관창고 등과 같은 편의시설을 함께 고려해야 한다.

최근 도심에는 많은 옥상텃밭이 들어서고 있다. 옥상과 같은 인공지반도 약간의 노력으로 텃밭을 조성할 수 있다. 옥상텃밭은 설치하기 전에 건축물에 대한 허용하중과 방수상태를 조사하고, 필요하다면 보강공사를 실시한 후 설치한다. 일반 가정의 단독주택은 하중에 비교적 취약하므로 중량이 가벼운 인공용토를 활용한 텃밭을 조성하며, 중량이 무거운 토양을 활용할 때는 하중을 고려하여 옥상면적의 일부분에만 설치하거나 토양의 높이를 최대한 낮게 조성하도록 한다.

옥상텃밭의 종류로는 베드형 텃밭과 상자형 텃밭이 있다. 베드형 텃밭은 목재나 콘크리트를 활용하여 자신이 원하는 모양으로 넓은 베드를 제작한 뒤 재배용토를 채워 재배하는 방식이다. 설치 방법은 1) 구조물 위에 압축스티로폼(두께 3cm)을 깐다. 2) 스티로폼 위에 방수천을 깐다. 3) 방수천 위에 부목을 규격에 맞춰 베드를 만든다. 4) 베드 안에 5cm 높이의 배수판을 깐다. 5) 배수판 위에 용토의 유실을 막고 배수가 가능

옥상텃밭 설치 구조

엽채류 재배 전경

과채류 재배 전경

〈그림 7-2〉 옥상텃밭의 시설 및 채소류 재배 전경(농촌진흥청 국립원예특작과학원, 2010)

플라워박스의 활용(상추) 화분의 활용(감자) 심지관수 재배상자(상추) 다양한 용기의 활용

〈그림 7-3〉 용기를 활용한 채소재배 전경

한 부직포를 깐다. 6) 용토를 채운다.(용토: 원예용상토인 Mix 4 or 피트모스 6 + 퍼라이트 4 혼합용토, 용토 깊이: 엽채류 15cm, 과채류 20cm 정도) 7) 관수(점적관수)시설을 설치한다. 8) 비닐로 멀칭을 하고 그 위에 작물별 재식거리에 따라 정식을 한다. 9) 바람 피해를 막기 위하여 지주를 세우거나 파풍망을 설치하기도 한다. 비교적 넓은 공간은 공동텃밭이나 교육용 텃밭으로 많이 활용된다.[5]

상자형 텃밭은 소형 화분이나 용기에 재배용토를 채워 재배하는 형태로, 기르는 작목에 따라 다양한 재질과 크기의 용기를 활용할 수 있다. 기르는 작목에 따라 엽채류는 높이가 낮고(높이 10~20cm) 폭이 넓은 평평한 용기, 과채류와 근채류는 높이가 높고(높이 20~40cm) 폭이 넓은 용기를 선택한다. 주로 사용되는 종류는 화분, 꽃상자, 나무상자, 스티로폼 상자, 고무대야, 비료포대 등 다양하다. 최근에는 바퀴가 있는 상자나 심지관수 재배상자 등도 개발되어 이용된다. 용토는 밭토양과 인공용토를 작물의 특성에 맞게 혼합하여 사용하며, 비교적 좁은 면적에도 이용이 가능하고, 이동에 편리한 장점도 있다.[6]

---

5 김광진, 정명일 등, 『옥상정원. 녹색생활농업 실천 매뉴얼』 (농촌진흥청, 2009)

6 오대민, 정명일 등, 『옥상정원. 도시농업 표준영농교본』 (농촌진흥청, 2010)

작물의 선택 및 재배 관리

작물을 선택할 때는 재배하기 쉽고, 병해충의 피해가 적으며, 비료에 대한 적응 폭이 넓은 작물, 어린 모종(유묘, 幼苗)부터 이용할 수 있는 종류를 선택한다. 농촌진흥청에서 60여 종의 채소를 시험적으로 재배한 결과 손쉽게 재배할 수 있는 종류로, 엽근채류는 상추, 쑥갓, 아욱, 겨자채, 콜라비, 엔다이브, 잎들깨, 당귀, 총각무, 메밀순, 가을배추, 무, 당근, 갓 등이며, 과채류는 고추, 토마토, 방울토마토, 가지, 단호박 등이고, 기타 대파, 쪽파, 부추, 마늘, 더덕, 고구마 등이 가능한 것으로 나타났다.[7] 텃밭이 아닌 베란다 등 실내에서 채소를 기를 경우에는 채광이 부족하기 때문에 과채류보다는 엽채류를 재배하는 것이 좋다. 이러한 기준으로 작물을 선택하여 기른다면 초보자들도 실패 없이 잘 가꿀 수 있을 것이다.

재배작형은 텃밭의 유형과 재배시기에 따라 적정한 작물을 선택하여 구성한다. 텃밭은 한정된 공간이라 더 늘릴 수가 없으므로 시기에 따라 씨를 뿌리는 일이 중요하며, 효율적으로 활용하기 위해서는 작형을 잘 구성해야 한다. 재배기간이 긴 고추나, 토마토, 가지와 같은 과채류는 1년에 한 번 정도 가능하지만 상추와 같이 작기가 짧은 것은 여러 번 심을 수 있고, 시금치, 배추와 같은 것은 파종시기가 한정되어 있으므로 선택 시 유의한다. 작형의 구성과 더불어 작물을 해마다 바꾸어 심는 윤작도 고려하는 것이 좋다. 상추를 심었던 곳에는 이듬해에 고추를 심는다든지, 가지를 심은 곳에는 콩과(科) 작물을 심는다든지 각자 형편에 맞게 고려한다. 또 겨울철에는 대부분의 텃밭이 쉬지만 도시의 환경을 고려하여

7 정명일, 「옥상에서 손쉽게 기를 수 있는 엽채류, 과채류선발」, 『원예과학기술지』 별호 I, 2010

겨울철에도 재배가 가능한 작물을 골라 재배하는 것도 고려할 수 있다. 겨울에 재배 가능한 작물로는 마늘, 시금치, 유채, 녹비작물 등이 있다.

병해충 방제에서는 먼저 물리적 방제로 벌레를 하나하나 제거하거나 병충해 입은 부분을 발견하는 즉시 제거함으로써 주변으로의 영향을 최소화하도록 한다. 특히 엽채류는 '나방유충과의 전쟁'이라고 부를

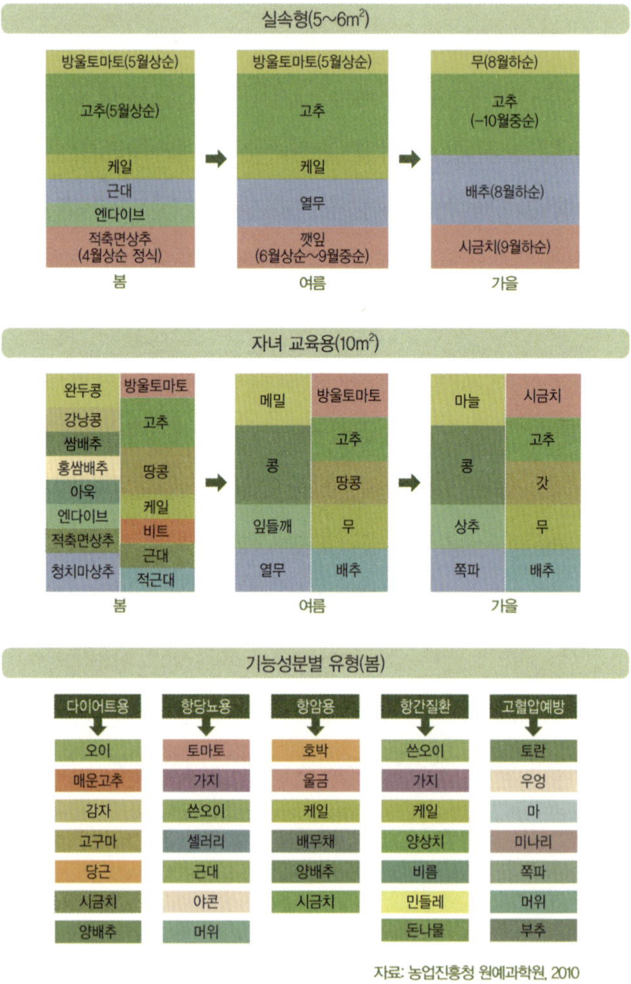

자료: 농업진흥청 원예과학원, 2010

〈그림 7-4〉 다양한 텃밭 작형

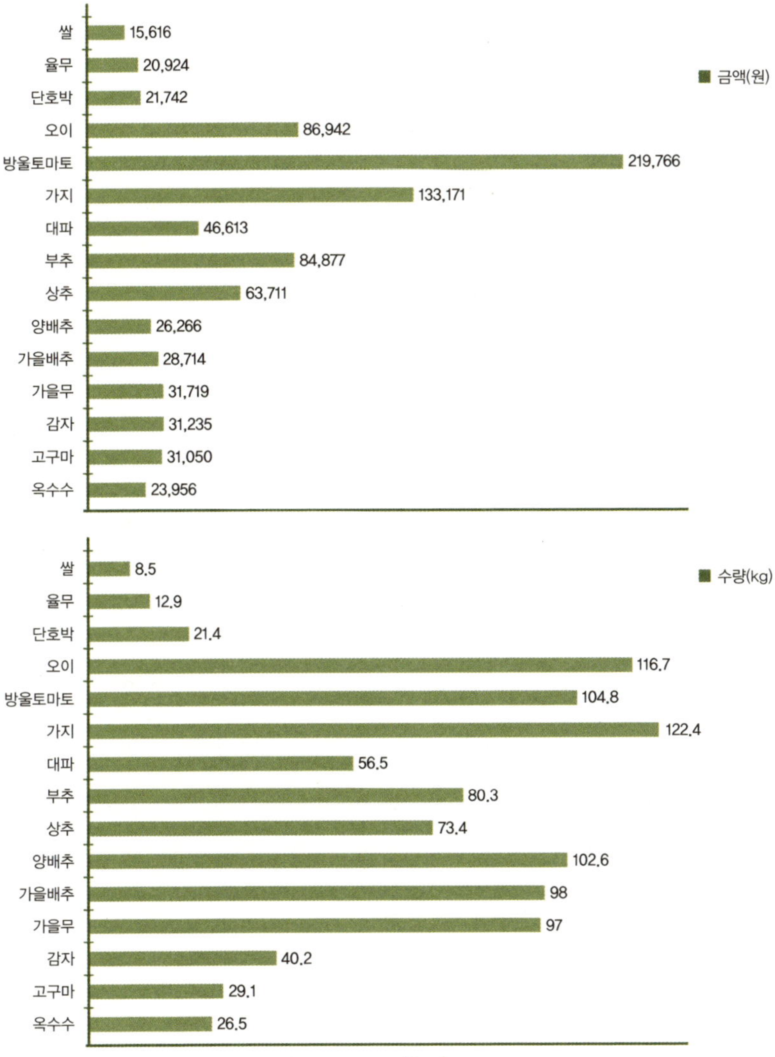

〈그림 7-5〉 농산물의 표준수량 및 경제적 가치[기준면적: 16.5m^2(5평)]

만큼 나방유충의 방제 관리가 중요하다. 직접 잡아주는 데는 한계가 있으므로 방제를 위해서 망을 치거나 친환경 재제를 이용하면 화학방제에 대한 거부감이 적다. 도시농업에서 가장 중요시하는 것은 안전하고 깨끗한 농산물을 바로 식탁에 올리는 것이다. 밥상을 차릴 때 텃밭에서 따온 풋고추와 상추를 흐르는 물에 씻은 후 식탁에 올리면 30분 이내에 수확한 것을 먹을 수 있다. 이것은 깨끗할 뿐 아니라 안전하고 싱싱한 먹을거리를 먹는 기쁨을 우리에게 준다. 그러기 위해서는 가급적 화학약제보다는 물리적 방법이나 친환경 재제를 활용하는 것이 바람직하다.

도시농업 생산물의 가치

도시농업 생산물의 경제적 가치는 매우 적다. 대부분의 주말농장이나 텃밭의 기준 재배면적은 16.5제곱미터(5평) 안팎이다. 이 면적에서 얻을 수 있는 농산물의 양은 재배 여건에 따라서 다르다. 2009년 농촌진흥청 표준소득분석 자료에 따르면 여기서 얻을 수 있는 수확량은 가지 122.4킬로그램, 오이 116.7킬로그램, 방울토마토 102.6킬로그램, 양배추 102.6킬로그램 순이었으며, 쌀이 8.1킬로그램으로 가장 적었다. 금액 면에서는 방울토마토 21만 9,766원, 가지 13만 3,171원, 부추 8만 4,877원, 상추 6만 3,711원의 순이었으며, 쌀이 1만 5,616원으로 가장 적었다.[8] 이 소득분석 자료는 농가가 생산하는 노지작물의 생산량과 농가 수취가격을 기준하여 작성한 것이므로 집중관리가 이루어지는 텃밭에서는 수량이 훨씬 많아질 수도 있다. 보통의 텃밭이 소규모로 집약 관리되어 수량이 많고, 재배기간이 짧은 작물이라면 연간 두세 번 재배도 가능하기 때문이다. 가격에 있어서도 직접 소비하는 소비 단계이므로 농가 수

8 농촌진흥청, 『2009 지역별 농산물 소득 자료』(농촌진흥청, 2010)

자료: 농촌진흥청 원예과학원, 2009

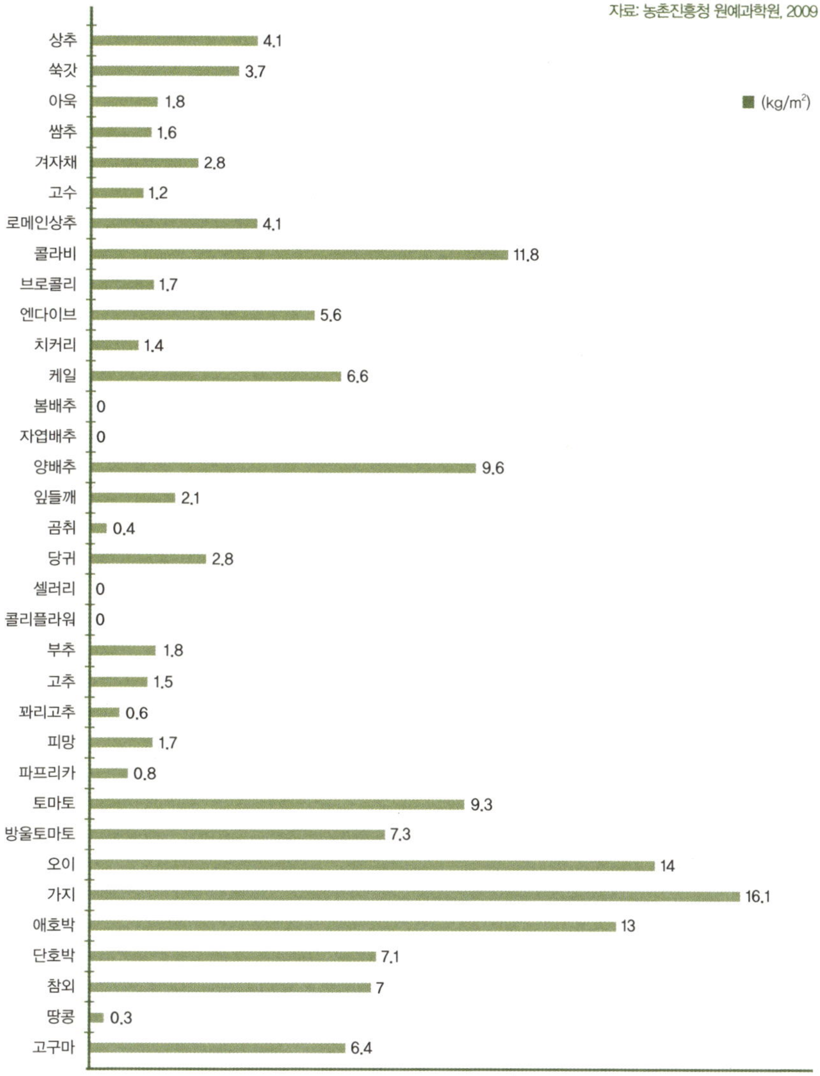

〈그림 7-6〉 옥상텃밭 수량 특성

취가격의 두 배 정도로 봐야 한다. 따라서 16.5제곱미터에서 얻을 수 있는 생산물의 경제적 가치는 최대 약 30~50만 원 정도로 볼 수 있다. 그러나 그림 7-6의 옥상텃밭 수량 특성 자료[9]와 같이 텃밭의 실재 생산량은 텃밭의 종류와 재배자, 재배작물에 따라 다를 수 있으며, 에너지 절감 및 환경개선 효과, 정서함양 효과 등 다양한 효과가 있기 때문에 단순하게 경제적 가치로만 평가하기에는 다소 무리가 있다.

영국 워릭(Warwick) 의회 자료를 살펴보면 시카고시의 연구에 의거할 때 숲이나 채소밭 등이 범행을 숨기기에 좋아서 범죄에 부정적이지만, 실제 적절한 양의 채소작물을 심으면 범행율이 감소한다고 한다.(Kuo와 Sullivan, 2001) 이 연구에서 채소, 키 높은 나무, 다듬어진 잔디밭을 비교하였을 때, 채소가 많이 심긴 곳의 범행율이 적었다. 이는 채소재배가 화와 난폭함을 발산하도록 하는 전구체 역할을 하기도 하며 정신적 피로를 누그러뜨리는 효과가 있기 때문이다. 채소 이외에도 식물과 인간에 대한 연구는 많이 존재하는데, 일리노이대학의 인간-환경 연구실에서는 나무가 사회에 주는 많은 이점을 연구한 바 있다. 나무는 많은 사람들을 그들의 집에서 공공장소로 나가도록 이끌며, 공공장소에서 다른 사람들과 많이 교류하고 강한 사회적 관계를 맺도록 하는 데 영향을 주는 것으로 확인되었다.(Kuo, 2003) 또 다른 이점으로 집중력 부족 등을 나타내는 아이들이 자연과 접촉하면 긍정적인 효과를 얻었다는 연구도 있다.(Taylor, Kuo, Sullivan, 2001)[10] 이러한 효과들은 우리가 도시 내 농사 활동을 통해서 얻을 수 있는 사회적인 효과를 잘 대변해준다.

---

9 정명일, 「옥상텃밭의 무한변신」, 『하남시 도시농사꾼 교육교재』 [(사)도시농업포럼, 2011]

10 정명일, 「도시녹화에 의한 환경정화 효과 및 연구동향」, 『2008 공기정화워크숍 자료집』 (국립원예특작과학원, 2008)

〈표 7-1〉 주요 채소작물의 CO_2

채소작물	CO_2 g/주		CO_2 kg/10a		CO_2 kg/10a/일	
	고정	흡수	고정	흡수	고정	흡수
Daucus carota var. (당근)	86.1	74.5	2,496.90	2,160.50	22.69	19.65
Raphanus sativus L. (무)	74.9	90.7	411.95	498.85	5.88	7.13
Colocasia esculenta L. (토란)	235.6	475.6	424.08	856.08	2.36	4.76
Brassica capitata L. (양배추)	149.5	164.8	672.75	741.60	5.61	6.18
Brassica capitata L. var. (양배추)	142.9	99.7	371.54	259.22	3.91	2.73
Lactuca sative L. (상추)	28.3	38.6	186.78	254.76	1.97	2.68
Brassica oleracea L.var.botrytis (꽃양배추)	66.0	310.3	224.40	1,055.02	2.36	11.10
Allium fistulosum L. (파)	14.6	13.9	511.00	486.50	1.90	1.8
Cucurbita maxima (호박)	514.1	767.9	251.91	376.27	2.10	3.14
Solanum melongena L. (가지)	231.1	169.4	346.65	254.10	3.85	2.82
Capsicum annuuml.var.longum (고추)	342.3	275.9	376.53	303.49	3.14	2.53

자료: 일본 지바(Chiba)대학교, 2003

환경적인 효과 중 대표적인 것은 온실가스 가운데 하나인 CO_2를 흡수하며 광합성 동안에 산소를 발산한다는 것이다. 또 식물들은 대기의 오존, 질소 이산화물과 분진을 없애며 휘발성 유기화합물을 감소시킨다. 유타카(Yutaka)에 의하면 지바(千葉, chiba)대학교에서 표준 작물재배 방법으로 생산한 식물에서 얻은 식물별 CO_2 고정량과 흡수량을 연구한 결과 CO_2 고정량과 흡수량이 가장 많은 작물은 서양계 호박이고, 가장 적은 작물은 파였다. 호박과 같이 줄기, 잎이 넓은 면적을 갖는 작물이 많은 CO_2를 고정하는 것으로 나타났다. 그러나 작물별 재식밀도가 다르므로 비록 식물체당 CO_2 총량이 낮더라도 10아르(1a=100m^2)당 CO_2 총량은 훨씬 많게 될 수도 있다. 또 호박, 가지, 고추 등은 수확기간이 길고 과실이 계속하여 수확되기 때문에 과채류의 식물체당 CO_2 고정이 다른 작물에 비하여 많을 수도 있다. 실험에 사용된 작물 중에는 당근이 하루 10아르당 22.7킬로그램을 고정하여 효율이 가장 높은 작물로 조사되었다. 따라서 이러한 요인들을 모두 고려하여 CO_2 고정능력을 평가하는 것이 바람직할 것이다. 실험에 사용된 농장의 노지포장 총 87아르(8,613m^2)에서 채소작물의 CO_2 총량은 5,147.63킬로그램이었으며, 그 가운데 고정된 것은 1,974.16킬로그램이었고, 흡수된 것은 3,173.47킬로그램이었다.[11]

도시농업 생산물의 안전성

현대 사회의 식생활 특징은 그 지역에서 생산되지 않은 것, 자연의 흐름에 거슬러 생산되는 것, 패스트푸드를 비롯한 인스턴트식품, 냉동식품의 의존도가 높은 것 등을 소비한다는 점이다.[12] 우리는 수천, 수만 킬로미터 떨어진 곳에서 알 수 없는 생산자가 만들어낸 식품을 소비하며 때로는 동물성 사료와 성장호르몬을 먹고 자란 축산물, 유전자변형(GMO) 농산물과 식품에 대한 두려움 속에 살고 있다. 또 화학비료와 농약 등이 대량 투입되는 고투입 농업에서 오는 크롬, 납, 수은 등의 중금속 오염 문제까지 식품의 안전성에 대해 우려하는 목소리가 커지는 환경에서 살고 있기도 하다. 이러한 우려 가운데 스스로 땀 흘려 재배한 안전한 농산물로 가족의 건강을 지킬 수 있다는 점은 소비자와 수요자로서만 살아온 도시민에게 매력적이지 않을 수 없다. 그리고 이것이 이들을 도시

11 Yutaka Noma, Satoru Tukagoshi and Katuji Noda, "Amount of CO_2 Biomass of Economic Potential In Vegetables," Center for Environment, Health and Field Sciences (Chiba University, 2003)

12 김종덕, 「웰빙과 참먹거리」, 한국지역사회생활과학회 2004 추계학술대회 자료집, 2004

농부가 되게 하는 가장 큰 이유이다.

그러나 도시 내에서 생산되는 농산물에 대한 우려의 목소리도 있다. 도시 내 오염된 하천이나 대로변에서 생산된 농산물에 대한 우려가 그것이다. 그러므로 이러한 장소에서의 농사 활동은 먹는 채소보다 화단을 조성하여 꽃을 기르는 등 볼거리 위주로 추천해나가야 한다. 농촌진흥청에서는 2011년 도시생산 농산물에 대한 중금속오염 등 안전성에 대한 공동연구를 수행하기 시작하였는데, 조만간 가이드라인을 만들 예정이다.[13] 우리와 여건은 다르지만 독일, 영국, 미국, 캐나다 등 도시농업 활동이 활발하게 이루어지는 국가에서는 중금속 등의 오염문제가 발생한 사례가 보고되지 않았다. 그러나 일부 폐광지역과 오염된 하천의 생산물에 대한 오염사례는 보고된 적이 있으므로 아직 섣부른 판단은 이른 것 같다.

도시농업 활성화를 위한 제언

텃밭은 산업화 이전 주거에서 흔하게 조성되었으나, 근대 이후 급격한 도시화가 진행되면서 거의 자취를 감추었다. 17~18세기에 유럽은 왕의 궁전이나 별장, 대저택 등의 주변에 관상과 경관을 위해 채소, 과수, 화훼, 약용작물, 허브 등을 이용, 유용성을 목적으로 실용정원이 발달했다. 제2차 세계대전 때 유럽과 미주지역에서는 '빅토리가든'(victory garden)을 조성하고 채소를 심어 식량의 자급자족에 활용하였는데, 최근

13 농촌진흥청, 「한국형 텃밭농원 유형별 모델 개발 및 적용」, 2011 공동연구과제계획(농촌진흥청, 2011)

음식과 건강, 웰빙에 대한 관심이 높아지고, 경제위기, 에너지위기, 기후 온난화가 심각해지면서 이러한 활동이 '도시농업의 한 형태'로 다시 각광받게 되었다. 다른 한편으로 도시농업은 아시아, 아프리카의 저개발 국가에서 도시 내 저소득층 식량문제 해결의 한 축이 되기도 한다. 하인베르그(Heinberg)와 처치(Church)는 이미 석유에너지에 의존하는 세계 식량체계의 가격 급등, 비효율, 장거리 수송에 따른 환경침해 등 많은 문제점을 지적하였다.[14] 지금 우리가 실천해나가고 있는 도시농업이 세계 식량문제를 해결하는 대안은 아닐지라도 가족농이 영농의 주체가 되어 석유에너지 의존을 줄이고, 다품종 소량생산과 지역자원을 최대로 활용하는 쪽으로 전환되는 계기가 될 수 있음은 분명하다.[15]

우리나라의 경우에도 주택지, 학교 등 작은 면적의 공간에 텃밭을 꾸미거나 도시 근교의 주말농장을 이용하여 농작물을 가꾸는 도시민이 늘고 있다. 농촌진흥청이 실시한 주말농장에 대한 조사에 따르면 이용자 중 인근 도시에 거주하는 직장인이 80퍼센트를 차지하며 대부분 어린 자녀를 둔 30~40대 가정에서 영농과 어린이 교육 및 주말 쉼터로 활용하기 위해 이용하는 것으로 나타났다.[16] 이처럼 이용자의 성향과 공간특성, 이용시설들이 반영된 한국형 텃밭이나 주말농장의 모델이 많이 개발되었으면 한다.

또 보다 많은 도시민을 텃밭으로 끌어들이기 위해서는 인프라

---

14 Richard Heinberg, "Threats of Peak Oil to the Global Food Supply" What will We Eat as the Oil Runs Out? A paper presented at the FEASTA Conference, 2005, Norman Church, "Why Our Food is so Dependent on Oil," 2005, http://www.fromthewilderness.com (검색일자: 2012. 4. 30)

15 김종덕, 「석유에너지 위기와 대안식량체계」, 『환경사회학연구 ECO』 12(2), 2008

16 박병덕, 이상영 등, 『체재형 가족농원 운영 매뉴얼』(농촌진흥청, 2008)

구축이 시급하다. 무엇보다 도시농업 확산의 큰 걸림돌은 도심 내에 토지를 확보하는 일이 어렵다는 점이다. 국유지, 유휴지, 공원, 학교나 공공건축물의 옥상 등 다양한 토지나 공간의 공급방안을 강구해야 한다. 다행스러운 것은 많은 도시농업 관계자들의 노력으로 「도시농업의 육성 및 지원에 관한 법률」이 지난 2011년 10월 28일 국회 본회의를 통과하여 2012년 5월 23일 시행에 들어간 점이다. 이 법안을 통하여 도시농업에 필요한 토지의 공급을 포함한 도시농업 육성 및 지원에 관한 종합계획을 수립하여 추진할 수 있는 길이 열렸으므로 여러 희망을 가져볼 수 있게 되었다.

도시농업은 우리에게 몸과 마음의 건강, 가꾸고 기르는 재미, 나누는 행복, 뿌듯한 자부심, 먹는 즐거움 등을 제공해준다. 이러한 효과들이 확산될 수 있도록 텃밭과 같은 활동공간의 조성뿐 아니라 초등학생, 청소년, 다문화가정 등 대상자에 따라 각각의 수요자에게 맞는 맞춤형 활동 프로그램을 공급할 필요가 있다. 또 텃밭, 학교농장, 주말농장 등의 참여자에 대한 농사기술교육도 함께 이루어져 도시민 모두가 농업생산 활동에 쉽게 참여할 수 있도록 지원하는 것도 필요하다.

〈그림 7-7〉 도심 공공영역의 다양한 텃밭 모습(© 안명준)

Chapter 8

도시농사와
공교육

도시농업의 지속가능성과 스쿨가드닝

임거영[*]

자연의 대리물, 도시의 잔디밭은 바라만 보는 것이 아니라 밟으며 즐기기 위해 펼쳐 놓은 것이다. 자연의 복합체인 정원은 자연과 교감하며, 참여하고 즐기는 데 본질이 있다. 도시농사는 미래세대가 자연을 직접 만지고 가꾸는 지속가능성 실천의 첫걸음이 된다.

© 안명준

개인 소유의 텃밭정원에서 주민 참여형 커뮤니티가든까지 다양한 영역에서 도시농사가 시도되고 있다. 시민들은 도시농업을 통해 과일과 채소를 생산할 수 있으며 가축을 사육하거나 식량 생산도 가능하다. 이와 더불어 최근의 도시농업은 경제, 환경, 교육 등의 사회적 자원 역할도 한다.[1]

이미 중국이나 일본, 미국, 유럽 등에서는 잔디 대신 작물을 심은 캠퍼스가 등장했는가 하면, 사람이 떠나 폐허가 된 도시 내 공터에 텃밭 가꾸기, 정원 만들기, 얼로트먼트 등 형태나 명칭은 조금씩 다르지만 본질적으로는 비슷한 유형의 도시농사가 이루어지고 있다. 이런 모습을 생산경관이라고 부를 수 있는데 최근에는 도시 녹지를 이러한 생산경관으로 연결하여 녹지네트워크화하자는 움직임도 일어나고 있다.

국내 한 연구에 따르면 도시농업 경험을 가진 사람 중 60대 이상은 40.7퍼센트인데 반해 20대는 9.5퍼센트인 것으로 나타났다. 도시농업을 하게 된 가장 큰 이유로는 먹을거리 안전(55.7%), 체험교육(17.6%), 환경개선(12.5%) 등이 꼽혔다. 또한 도시농업 의향에 있어서는 44.0퍼센

1 Kimberley Hodgson, Marcia Campbell, Martin Bailkey, “Urban Agriculture: Growing Healthy, Sustainable Places,” 563 (Chicago: American Planning Association. Planning Advisory Service. Natl. Book Network, 2011). p.13

트가 긍정적인 태도를 보였지만, 관심부족(33.0%), 마땅한 장소가 없다(33.0%), 어려워 보인다(10.0%)는 이유로 도시농업을 하지 못한다고 밝힌 이들도 있었다.[2] 그러나 도시농업의 지속가능성을 담보하기 위해서는 적극적 참여계층 외에도 잠재적 참여의사를 지닌 세대가 지속적으로 존재하여야 하고, 이들이 충분한 참여의지를 가질 수 있는 여건이 조성되어야 한다.

농작물을 기르기 위해서는 많은 전제조건이 필요하다. 우선 농작물을 심을 터가 있어야 하고, 적절한 기후조건, 생육에 필요한 양분, 시기와 생산 목적에 적합한 작물, 이들을 관리해줄 농사꾼이 그것이다. 그러므로 바쁜 도시 생활에서 텃밭을 가꾸려면 개인의 의지와 농사에 대한 깊은 애정, 지식이 필수적이다. 50~60대라면 어린 시절의 경험을 바탕으로 여가시간에 텃밭을 가꿀 수 있겠지만, 산업화 이후 도시에서 태어난 젊은 세대처럼 경작경험이 전혀 없는 경우는 여가시간이 있다 해도 농사는 쉬운 일이 아니다.

최근에는 젊은 학부모들 사이에서 도시농사에 대한 관심이 증가하였는데, 이들은 인스턴트식품과 유전자변형 식품, 과도한 농약 사용, 검증되지 않은 수입 농산물에 방사능오염 식품까지 식품안전에 대한 관심이 높고, 그 대안으로 도시농업을 찾는다. 이를 지원이라도 하듯 각종 제도 마련과 도시농업을 위한 유형별 기술 개발, 인식증진을 위한 시민사회 활동 등도 활발히 이루어지고 있다. 그러나 아직까지는, 앞의 조사에 따르면, 도시농업 의향이 40대에서 가장 높고(48.6%), 20대에서 가장 낮은(32.5%) 실정이다.

---

2 김한도, 권용덕, 김영순, 『경남 도시농업실태와 발전방안』(경남발전연구원, 2011), 12-14쪽

도시농사 교육의 필요성

미래의 도시농사꾼을 양성해야 한다는 데는 동의할 수 있을 것이다. 이제 그것을 실천할 방법을 생각해야 한다. 지금 우리 아이들은 예전과는 많이 다른 교육환경에서 자라고 있는데, 농사를 접하게 하는 방법도 달리해야 한다. 기본적으로 우리가 아이들에게 바라는 것은 당장 농촌으로 가서 농사를 지어야 한다는 것은 아니다. 우선 농사라는 것이 어떤 것이고, 우리 삶에 필수적이라는 것 그리고 그것이 재미있고, 보람 있으며 꼭 필요한 일이라는 인식을 갖도록 도울 필요가 있다. 농사에 대한 동기와 호기심이 있어야 관심이 생기고, 직접 해보고 싶은 마음도 커질 것이기 때문이다.

이를 바탕으로 제도교육에서 농사를 다루기 위해서는 농사에 대한 학습이 보편적 교육 목적에 부합되어야 한다. 현재 공교육에서는 수학, 과학 교육을 강화하기 위해 융합교육(Science · Technology · Engineering · Art · Mathematics, STEAM)을 추진하고 있다. 교과목을 나누어 교육하기보다 교과 간 연계성을 강화함으로써 통합적 사고가 가능하도록 하겠다는 취지다.

이런 교육 방향은 창의적 문제해결력을 지닌 인재를 추구하는 미래 인재상과 관련이 깊다. 수학 · 과학 내용의 심화와 속진에만 관심을 두던 교육에서 인문적 사고와 예술적 사고를 통해 사회 전반에서 일어날 수 있는 다양한 문제를 인식하고 해결하는 능력, 문제해결의 의미나 타당성을 타인과 공유하고 설득하는 능력, 자신의 정서를 표현하는 능력 등을 지닌 포괄적 인재 양성이라는 교육으로 큰 흐름이 바뀌고 있는 것이다. 인문사회적 · 예술적 소양 교육 중심으로 변화할 필요가 있다는 취지에서 창의적 인재 양성을 위한 교육 방법이 융합교육 차원에서 모색되고 있는 것이다.

과학이 다루는 대상과 인문사회, 예술이 다루는 대상은 크게 다르지 않음에도 이전에는 각 학문 영역에 대해 한 분야의 시각으로만 접근하는 경향이 강했다. 예를 들어 정원에 핀 예쁜 꽃을 두고 과학자는 생물학, 토양학, 기후학적 관점에서 해석할 수 있겠지만, 인문학자는 인문학적 관점으로 이를 해석할 가능성이 높다. 그러나 미래 인재들은 여러 관점에서 한 사물을 다양하게 생각하고, 탐구하는 과정을 통해 종합적으로 바라보게 될 것이다. 도시농사는 바로 이런 통합적 사고를 촉진할 수 있는 다양한 소재와 탐구 주제, 체험의 기회를 제공하는 촉진제가 될 수 있다.

농사체험과 교육을 위한 스쿨가드닝

미래의 도시농사꾼들에게 농사에 관한 경험과 지식을 제공할 수 있는 방법 가운데 학교 정원 가꾸기(스쿨가드닝, school gardening)가 있다. 요즘 우리나라 일부 유치원과 초 · 중 · 고등학교에서 실시하는 것으로, 학교텃밭, 옥상정원, 상자텃밭, 스쿨팜 등을 조성하고 농작물을 선정하여 가꾸고, 수확한 작물을 이용해 수행하는 일련의 활동이 포괄적으로 이에 해당된다. 도시농업을 활발히 진행해온 해외 여러 나라에서 공통적으로 관심을 기울이는 것 중 하나가 교육과 연계된 도시농사의 한 방법이다.

학교정원은 특히 초등학교에서 활발하게 활용되며, 정규교육 과정에도 손쉽게 이용할 수 있기 때문에 활용가능성이 높은 환경교육의 장으로 인식된다.[3] 스쿨가드닝은 살아있는 실험실이자 여러 과목의 수업을 연계할 수 있는 교실이며, 학생들에게 정원일(가드닝)을 통해서 실제 삶의 활동적인 경험과 용기를 북돋워주는 교육이 될 수 있다.[4] 또한 학교 정원을 통해 학습하는 어린이는 자연과 교감하고, 야외에서 더 활발한 활동을 체험하며 배우고, 사회성을 발전시키며 재미를 느낄 수도 있다.[5]

스쿨가드닝은 아이들이 자연에서 듣고 배우며 창의력을 향상시킬 수 있는 수단이다. 덕분에 스쿨가드닝은 현대 생태교육의 도구로 배움과 학습의 기초가 되는 매개체로까지 부상하고 있다. 또 정원은 아이들에게 훌륭한 가르침의 도구이자 교육적 전략으로 활용될 수도 있다.[6] 자연과 환경에 대한 관심이 증가하면서 1980년대 이후 세계적으로 교육계에서 정원을 통한 야외체험학습이 유행하였다.

오늘날의 학교교육에서 '가든'(garden)이라는 명칭은 프뢰벨(F. Froebel, 1782~1852)과 맥밀런(M. MCMillan, 1860~1931)이 빈번히 사용하였고[7] 현재 정원일(가드닝)은 '플레이그라운드, 아웃도어 플레이 스페이스, 아웃사이드 에어리어'(playground, outdoor play space, outside area)라

---

3 김인호, 김귀곤, 「환경교육의 장에 대한 교사들의 인식에 관한 연구」, 『환경교육』 11(1), 1998, 195-216쪽

4 미국 국립원예협회 홈페이지, www.garden.org (검색일자: 2012. 4. 30)

5 영국 대안학교(Learning through Landscapes) 홈페이지, www.ltl.org.uk (검색일자: 2012. 4. 30)

6 Daniel Desmond, James Grieshop, and Aarti Subramaniam, "Revisiting Garden-based learning in basic education" (Rome: Food and Agriculture Organization of the United Nations, 2003) p.20

7 1899년 프뢰벨(Froebel)은 'kindergarten'을 창안하였고 이후 의미는 'children's garden'으로 변화하였다. 지금까지도 이러한 용어들은 여전히 통용된다. 마거릿 맥밀런(Margaret MCMillan)은 1923년 영국에서 유아들을 위한 '오픈 에어 너서리스쿨'(open air nursery school)이라는 야외 학교를 설립하였다. 이 옥외 어린이 학교의 교실은 'roofed only by the sky'라고 묘사되었다. 또한 그녀는 정원디자인을 미래지향적이면서 친환경적인 개념의 사용을 주장하였으며 낮은 담장과 나무줄기, 통나무, 징검다리(low wall, tree trunks, logs and stepping stone) 등의 자연적 재료는 아이들에게 용감함과 모험심을 심어준다고 설명했다. 더불어 정원 속에는 스토리텔링(story-telling)이 존재하며 역동적인 놀이를 할 수 있는 공간이 마련되어야 한다고 설명하였다.

〈그림 8-1〉 국내 어느 초등학교에 마련된 옥상텃밭(© 안명준)

는 교육적 장소로 대체되고 있다. 화이트와 스토클린(White and Stoeklin, 1998)은 '포레스트 스쿨'(Forest School)이 환경적인 발전을 위해 적절하다고 제안하였으며[8] 사라 나이트(Sara Knight, 2009)는 비록 우리가 집 주변에서 숲을 가질 수 없지만 우리의 삶 속에 '포레스트 스쿨'의 정신을 새겨야 한다고 언급하였다.[9] 현재 영국왕립원예협회(The Royal Horticultural Society, RHS)와 같은 단체는 스쿨가드닝 캠페인에 적극적으로 앞장서는 매우 모범적인 곳이다.[10]

스쿨가드닝은 다양한 방면에서 효과가 있다. 루브(Louv, 2005)는

---

8 R. White, V. Stoeklin, "Children's Outdoor Play and Learning Environments: Returning to Nature," *Early Childfood News Magazine*, March/April 1998, pp.1-2

9 S. Knight, *Forest Schools and Outdoor Leaning in the Early Year* (London: Sage, 2009)

10 Ann Watts, *Every Nursery Needs a Garden* (New York: Routledge Press, 2011) pp.2-3. 재인용

"아이들과 자연의 교감은 신체적 · 정신적인 건강에 도움을 준다."[11]고 강조한다. 미키와 뱅갈로(Michie and bangalor, 2010)는 집안에서 제한적인 활동만 하는 몇몇 아이들은 햇볕을 쬐는 시간이 부족하여 비타민 D 결핍에 시달린다고 보고한 바 있다.[12] 옥외 활동을 증진시키는 스쿨가드닝은 실제적인 건강 향상에 효과적이라는 것이 중론이다.

마저리 우브리(Marjorie Ouvry, 2005)는 어린이들은 야외 활동에 시간을 많이 투자하는 것이 매우 중요하다고 강조한다.[13] 또한 그는 2009년 발표한 저서 『아웃도어 포 에브리원』(Outdoors for Everyone)에서 야외공간에는 특별한 자연이 있다며 야외 활동의 중요성을 강조하기도 한다.[14] 이처럼 스쿨가드닝은 자연과의 친밀감을 촉진시키고, 자연을 사랑하고 보호하는 법을 배울 수 있는 장소이자 교육의 장으로 활용될 수 있다. 라버스 등(F. Laevers *et al.*, 2005)은 열린공간에서 자란 아이들은 나중에 더 강해질 수 있으며, 더불어 상상력이 풍부해진다고도 강조한다.[15] 그 밖에 스쿨가드닝은 학업성취도를 높이기도 하며 건전한 생활방식도 촉진시킨다. 또한 환경보전 윤리를 실천하게끔 도와주며 지역과 사회발전에 기여하게끔 용기를 준다. 더불어 공간적 감각을 길러주고 자연과의 놀이를

---

11 Richard Louv, *Last child in the Woods: Saving our children from Nature Deficit Disorder* (New York: Algonquin Books, 2005)

12 C. Michie, S. Bangalor, "Managing Vitamin D Deficiency in children," *London Journal of Primary Care* 10(1), 2010, pp.6-31

13 M. Ouvry, *Exercising Muscles and Minds: Outdoor Play and the Early Years Curriculum* (London: National Children's Bureau, 2005)

14 M. Ouvry, "Outdoors for Everyone: Enjoying Outdoor Play in the Early Years," CD-Rom issued by Learning through Landscapes as part of their toolkit *Outdoors for Everyone* (2009)

15 F. Laevers, M. Daems, G. De Bruyckere, B. Declercq, J. Moons, K. Silkens, G. Snoeck, M. Van Kessel, *Well-being and Involvement in Care: A Process Oriented Self-evaluation Instrument for Care Settings Manual* (Belgium: Leuven University, 2005)

통해 상상력과 이해력도 증진시킨다.[16]

앤 와츠(Ann Watts)는 스쿨가드닝을 운영하는 단계에 대해 소개하였는데[17] 우리 교육에 있어서도 시사하는 바가 크다. 그가 제안하는 스쿨가드닝 운영 단계는 다음과 같다.

① 공감대 형성(Getting Started): 아이들에게 스쿨가드닝이 놀이의 일종으로, 일정한 성향과 태도로 다가가게 함. 부모와 아이의 공감대 형성과 스쿨가드닝을 함께할 파트너 찾기.

② 프로젝트 관리(Managing a Project): 스쿨가드닝의 조직과 실천, 관리를 위한 소규모 그룹 만들기.

③ 아이들의 참여 유도(Involving the Children): 정원에 대한 그림과 설명 등을 통한 흥미 유발. 가까운 도서관에 아이들을 데리고 가서 정원에 관련된 잡지나 서적 등을 보여줌.

④ 아이의 관찰력 유도(Observing Children): 아이들이 자연풍경을 통해 배우고 싶은 것을 play 노트에 작성하게 하고 정원에서 유용한 아이템을 찾아보게 함.

⑤ 부모들의 참여(Involving the Parents): 아이들의 아이디어 향상을 위해 부모들은 열정과 격려를 공유해야 함. 가능하다면 지역행정가를 만나서 스쿨가드닝의 필요성에 대해 언급하고 같은 생각을 가진 공유자의 참여를 유도함.

⑥ 연수 일을 계획(Development day): 스쿨가드닝을 계획하는 부모와 스태프 간의 모임을 갖고 아이디어 콘셉트 회의를 가짐. 아이디어를 공유하고, 묻고 답하는 기회 마련.

⑦ 전문가와 협업(Working with a Professional): 스쿨가든의 디자인, 시공, 관리 등에 대한 자문과 도움을 요청. 더불어 아이와 부모들의 생각을 제안하여 디자인 전문가에

---

16 Arden Bucklin-Sporer, Rachel kathleen Pringle, *How to grow a School Garden* (London: Timber Press, 2010)

17 Ann Watts, *Every Nursery Needs a Garden* (Routledge Press, 2011), pp.6-11

〈표 8-1〉 해외의 도시농사와 스쿨가드닝 관련 주요 단체(1)

국가	단체	주요 활동 내용
영국	GSG (Growing School Garden)	2006년 11월 시작된 교실선언문에서 스쿨가든을 통한 자연학습을 장려하고, 각 학교가 자연학습에 참여하는 것을 목적으로 함. 교실 밖 스쿨 가든 학습지원을 위하여 담당 조직을 구성하고, 모든 어린이와 청소년에게 고품질의 자연학습 경험을 제공하기 위해 학교 및 지방 자치 단체를 포함하여 총 950명 이상이 참여하고 있음.
	LTL (Learning Throught Landscapes)	1990년에 설립된 사회단체로 아이들에게 스쿨가든의 교육적 학습 및 참여를 유도하고 스쿨가든을 희망하는 학교에 대해 지원해주는 국가적 차원의 단체. 스쿨가든 조성 시 전문가들이 참여하여 자문하고 지속적인 관리와 유지를 위해서 지원함. 자연학습을 위한 교재와 자료, 시청각 자료, 포스터와 안내판들을 개발하여 배포.
	RHS (Royal Horticultural Society)	1804년 설립되어 원예학을 발전시키고 아름다운 정원을 홍보하는 단체. 설립 목표는 사람들이 서로 식물에 대한 열정을 공유하고, 원예에 관심 가진 모든 사람에게 도움을 주는 것에 있음. 스쿨가드닝 활성화에 이바지하고자 직속 단체를 설립하고, 스쿨가드닝에 대한 RHS 캠페인을 전개함. 캠페인의 일환으로 웹사이트를 통한 자원과 광범위한 프로그램을 교사와 학생들에게 제공.
미국	NAIC (National Agriculture in the Classroom)	1995년 미국 농무부(United States Department of Agriculture)에 의하여 편성된 산하기관. 농업의 원리를 학생들에게 가르치고 참여시켜 학생들에게 사회성과 경제성을 함양하는 것이 목표. 교사와 학생들을 위하여 농업 지식을 전달하고 프로그램을 제공하며 상호작용적 역할을 함.
	BSI (Boston Schoolyard Initiative)	학교 오픈스페이스의 계획 및 설계, 시공을 도와주는 기관. 어린이를 위한 스쿨가든을 조성하여 호기심을 갖게 만들고 자연적인 소재를 체험할 수 있는 기회를 줌. 학교의 교사와 학생들에게 학교 안팎에서 환경학습의 가르침과 교수법을 제공. 자연학습 커리큘럼을 통해 학생과 선생님의 참여를 유도하기도 함.
	CSGN (California School Garden Network)	캘리포니아의 모든 학교를 대상으로 지속가능한 스쿨가든을 만들고 지원하는 단체. 캘리포니아에 있는 모든 스쿨가든은 국가기관, 민간기업, 교육기관과 협력하여 만들고 유지함. 조성에 필요한 자원을 지원하고 중앙 허브로서의 역할을 담당함. 학업성취도, 건강한 생활방식, 환경 및 지역사회 활성화를 강화시키고 캘리포니아 스쿨가든을 유지 · 관리함.

〈표 8-1〉 해외의 도시농사와 스쿨가드닝 관련 주요 단체(2)

국가	단체	주요 활동 내용
캐나다	ETLG (Evergreen Toyota Learning Grounds)	1991년 설립된 단체로 캐나다 학교와 지역 커뮤니티를 위해서 창조적이고 역동적이며 건전한 자연환경 기능을 유지시키고 사람들의 참여를 유도함. 사람과 자연 사이의 유대감을 심화시키고 현재와 미래의 자연생태계를 지속적으로 보존해나가는 데 애씀. 푸른 학교를 만들기 위해 녹화지원 사업 등을 펼침.
	CF (City Farmer)	1978년 설립되어 도시농업에 대한 정보를 제공함. 주로 도시텃밭에 대한 소개, 재배 방법, 토양에 따라 알맞은 재배작물, 텃밭 디자인, 시비 방법 등 자세한 정보를 손쉽게 접할 수 있도록 구축함. 설립 시부터 밴쿠버 환경지역보존센터로 자리매김하였고, 현재는 웹상에서 도시농업 관련 검색엔진 역할을 함.
일본	JEEF (Japan Environmental Education Forum)	1987년 '제1회 키요 사토 환경교육포럼'이 시작된 이래, 매해 포럼을 개최하면서 성장함. 1997년 환경부 소관 '사단법인 일본환경교육포럼'이 설립되면서 환경교육의 보급, 자연학교의 보급, 개발도상국에 대한 환경교육 지원 등을 중심으로 다양한 활동이 전개됨. 환경교육 및 환경학습 개발사업, 환경수업 프로그램 작성, 자연체감 프로그램 '숲 자연 학교', '마을 자연학교' 운영, 지역 챌린지 네트워크사업, 어린이 자연체험 활동 등이 있음.

게 반영토록 함.

⑧ 내부감사 및 결산(Audit skills): 스쿨가드닝의 지속가능한 발전을 위해 내부감사 및 결산 시스템 구축이 중요. 이를 통해 내부 구성원의 의견과 제안을 수렴함.

⑨ 모금(Funding): 스쿨가드닝에 관심 있는 기부자의 참여와 후원 유도.

⑩ 실행(Practice & Action)

우리나라의 스쿨가드닝

우리나라 유치원 및 초등학교에서 진행되는 도시농업과 연계된 활동은 교육과정상 농작물을 이해하는 정도에서 그치는 경우가 많아 몇몇 작물을 재배해 본다거나, 이론적으로만 참여해볼 수 있는 활동이 많기 때문에 체험의 빈도와 강도가 제한적이다. 또한 근래 활발히 운영되는 전문가 참여방식의 학교텃밭 교육, '1교 1촌' 운동, 지자체에서 제공하는 도시농업 관련 권장 활동, 산림청과 기업에서 출연하여 운영하는 학교숲 운동 등이 주목할 만하다.

● 제7차 개정 교육과정 내 도시농업 연계 활동

제7차 개정 교육과정에서 실과교육의 일부로 도시농업 수준의 농업교육이 시작되었다. 실과교육 과정은 실천적 활동, 일의 체험, 체험학습을 강조하고 '가족과 일의 이해', '생활기술', '생활자원과 환경의 관리'의 세 영역을 통하여 5~6학년에서 주당 두 시간씩 운영하도록 하고 있다.[18] 5~6학년의 실과 교양농업 영역의 단원 내용은 표 8-2와 같다.

현재 많은 학교에서 생태교육 및 인성교육 등의 일환으로 학교정원이나 옥상 및 공한지를 활용하여 텃밭 가꾸기와 도시농업 활동을 지원하고 학생들의 참여를 유도하고 있다.

● 인천도시농업네트워크의 활동

인천도시농업네트워크는 2007년 5월 지역아동센터, 어린이도서관,

18 방교연, 『초등학교 교양농업교육 운영 실태에 관한 연구』(광주교육대학교 석사학위논문, 2010), 6쪽

〈표 8-2〉 제7차 교육과정의 실과 교양농업 영역의 단원 내용

학년	단원	소단원	내용
5	꽃과 채소 가꾸기	1. 꽃 가꾸기	• 우리 주변에 있는 꽃 이름 알기 • 화초 분류하기 • 봉선화, 피튜니아, 홍초(칸나) 가꾸기(선택) • 꽃 재배 일지 쓰기
		2. 채소 가꾸기	• 채소 분류하기 • 상추, 감자, 고추, 무순 가꾸기(선택) • 채소 재배 일지 쓰기
6	아름다운 환경 가꾸기	1. 나무 가꾸기	• 뜰에 심기에 적합한 나무의 종류 • 뜰이나 화분에 나무 심기(선택) • 나무 관리하기
		2. 실내 꾸미기	• 잘 꾸며진 실내 조사하기 • 실내에서 기르기에 적합한 식물의 종류 • 식물을 이용하여 실내 꾸미기 • 소품 만들기 구상하기 • 실내 꾸미기 계획하기
	동물 기르기	1. 애완동물 기르기	• 애완동물 기르기 체험 이야기하기 • 애완동물을 기르는 과정 알아보기 • 키우고 싶은 애완동물 기르기에 대하여 알아보기(선택) • 애완동물 청결 활동 체험하기 • 애완동물을 직접 길러보고, 애완동물 일지 작성하기
		2. 경제동물의 사육과 이해	• 경제동물의 종류와 특성 • 경제동물의 사육과정 알아보기(선택) • 경제동물 생산물의 이용 방법 이해하기

자료: 『초등학교 5~6학년 실과 지도서』(2002)

청소년단체와 여성단체, 노인복지, 시민운동단체 등 여러 단체의 네트워크로 출발하였다. 도시가 안고 있는 문제들을 해결할 수 있는 대안의제로 도시농업에 주목했고, 시민운동의 각 영역에서 도시농업 프로그램을 활용할 수 있도록 연계시키는 역할도 했다.

그 밖에 지역아동센터, 어린이도서관과 연계한 상자텃밭을 활용

한 생태체험 프로그램, 독거노인과 노인정 여가 활동 프로그램 지원을 위한 텃밭 보급 활동, 회원 간의 공동체 형성을 위한 공동체 텃밭운영 등을 기획하고 지원하는 역할을 수행하고 있다. 이러한 활동을 통해 각 단체는 도시농업 프로그램을 활용해 각 단체의 활동에 활력을 불어넣을 수 있었고 도시농업 프로그램의 활성화를 통해 도시농업 의제를 시민사회의 주요 의제로 확산시키는 효과를 가져왔다.

이후 도시농업네트워크는 도시농업에 대한 인식을 높이고 활동가들을 양성하기 위한 도시농부학교와 생태텃밭 전문강사를 양성하는 도시농업 교육 활동, 도시텃밭 보급 활동, 도시농업 의제를 시민사회 영역에 확산시키는 도시농업 관련 전문 NGO 등으로 그 활동 영역이 확장되고 있다.[19]

한편 도시농부학교는 도시농업에 대한 관심에서 시작된 프로그램으로, 현재 다양한 시민단체 혹은 지자체의 지원을 받아 여러 기관에서 운영 중이다. 도시농부학교는 주로 농사에 관심 있는 사람을 대상으로 농사에 대한 전반전인 지식과 농사 방법 등을 체계적으로 교육한다.

도시농부학교는 한 해 동안 이론수업, 재배실습, 텃밭 일지 작성, 연구보고서 제출(개인과 모둠)과 연구발표회 등의 과제를 수행한다. 또한 현재 수료생 중 많은 수가 동아리텃밭, 사무실텃밭, 학교텃밭, 상가텃밭, 주말농장과 같은 형태의 텃밭공동체를 운영하거나 텃밭연구모임과 도시농업운동 조직 내에서 여러 연구와 활동을 펼치는 중이다.

---

19 전국귀농운동본부, 『도시농사꾼이 알아야 할 모든 것 도시농업』(들녘, 2011), 162-163쪽

● 여성환경연대의 텃밭수업

여성환경연대는 2007년부터 서울시 초등학교를 대상으로 하여 아이들과 함께하는 텃밭수업을 진행하고 있다. 여성환경연대의 학교 텃밭교육은 감수성 교육을 진행할 수 있다는 점이 특징이며, 텃밭작업과 생태 활동을 하는 1년 동안 아이들에게 긍정적인 변화를 가져온다는 점이 텃밭교육의 가장 큰 장점이며 매력으로 지적한다.

학교텃밭 진행은 크게 학교 선정 및 모집 방법, 학교텃밭 프로그램 등 세 과정으로 나뉜다. 먼저 수업을 진행하기에 앞서 대상학교를 선정한다. 선정되려면 학교 내의 텃밭 경지가 최소 20~30평 확보되어야 한다. 또한 담당교사는 텃밭수업의 교육적 효과를 인지하고, 1개 반이 매주 1회 90분(2교시) 정도의 텃밭수업을 진행할 수 있어야 하며 담임 재량시간을 활용하여 텃밭수업을 진행할 학급이 있어야 한다.

두 번째 진행과정은 학교 모집이다. 이를 위해 교육청을 통해 학교텃밭 수업의 효과를 알리는 한편 각 학교가 신청과 지원을 할 수 있도록 긴밀한 협조를 얻을 수 있어야 한다. 더불어 각 학교로 공문을 발송하여 신청을 받으면 담당기관에서는 대상학교의 현장방문과 학교장 및 교사의 면담을 수업조건과 학교 측의 협조태도를 심사한다. 보통 이 모든 것은 보통 봄학기 개학 전에 확정된다. 텃밭작업에서는 봄학기와 가을학기가 시작되기 전 파종작업이 각각 진행될 수 있도록(연 2회) 한다. 다만 상황에 따라 가을학기 시작 전 학교모집과 선정을 진행하기도 한다.

마지막 진행과정인 학교텃밭 프로그램은 학교의 수업가능 일수와 학사운영을 반영하여 주 1회씩 실시하는 것으로, 1학기 15회와 2학기 15회를 합하여 총 30회의 텃밭교육을 실시한다. 수업은 학교 또는 담당교사와 협의해 주당 1회에 2시간씩 진행한다. 대부분의 교육은 정규수업

〈표 8-3〉 2010년 서울 오류초등학교 텃밭수업 주제와 내용 예시

회차	날짜(1학기)	1학기 수업 내용	날짜(2학기)	1학기 수업 내용
1	04/02	우리가 텃밭을 하는 이유 밭 만들고 거름 넣기	09/03	텃밭을 하면 좋은 점은? 배추 모종 심기, 거름 넣기
2	04/09	우리가 텃밭을 하는 이유 감자 심기, 거름 넣기	09/10	텃밭에서 주의할 점은? 잎채소
3	04/16	옥수수 모종 만들기 강낭콩, 완두콩 심기	09/17	갓, 씨 쪽파 심기, 고구마순 솎기
4	04/23	모종 심을 밭에 거름 넣기 지렁이와 친해지기	10/01	양파씨 뿌리기 텃밭을 건강하게 지켜주는 지렁이, OX퀴즈
5	04/30	살아있는 흙지렁이와 친해지기, 빙고게임	10/08	배추벌레 잡기, 목초액 뿌리기 지렁이 만나기
6	05/07	모종심기(토마토, 가지, 고추, 오이 등) 텃밭이름표 만들고 꾸미기	10/15	밭에 사는 곤충들 찰흙으로 곤충 만들기
7	05/14	모종심기(들깨, 땅콩, 작두콩, 수세미 등) 허브심기, 텃밭 이름표 만들기	10/22	고구마, 땅콩 수확, 삶아 먹기 생태 놀이(고구마 줄기로 놀이)
8	05/28	고구마 모종 심기, 지지대 묶어주기	10/29	고구마, 땅콩 수확, 삶아 먹기 생태놀이(고구마 줄기로 놀이)
9	06/04	토마토 곁순 따기, 오이집 묶어주기 수확한 채소로 요리하기(채소 부침)	11/05	배추 묶어주기, 배추전 해먹기
10	06/11	솎아내기, 북 주기, 목초액 뿌리기 수확한 채소로 요리하기(들깨소스샐러드)	11/12	김치는 언제부터 먹었을까? 깍두기 담그기
11	06/18	잡초 뽑기, 웃거름 주기(오줌액비), 증산작용 텃밭에서 만나는 곤충들(천적과 공생)	11/19	김치의 유래와 종류 알기 배추김치 담그기
12	06/25	잡초 뽑기, 식물의 증산작용 텃밭에서 만나는 곤충들(보호색과 경계색)	11/26	보리, 시금치 씨 뿌리기 메주 만들기
13	07/02	감자 수확, 감자 쪄 먹기 친구의 장점, 명함 만들기	12/03	보리, 시금치 씨 뿌리기 텃밭정리, 텃밭 골든벨
14	07/09	잡초로 퇴비 만들기, 칭찬 나눔	12/10	물을 깨끗하게~천연비누 만들기 칭찬 나눔
15	07/16	잡초로 퇴비 만들기, 칭찬 나눔	12/17	물을 깨끗하게~천연비누 만들기 칭찬 나눔

자료: 전국귀농운동본부, 『도시농사꾼이 알아야 할 모든 것 도시농업』 (들녘, 2011), 181쪽

시간에 이루어지지만 아토피 어린이, 저소득층 어린이를 위하여 방과 후 수업으로 진행하는 경우도 있다. 수업의 주제는 두세 명의 텃밭 강사가 의논하여 정하며, 수업 내용은 해마다 또는 학교마다 차이는 있지만 대략 앞의 표 8-3과 같이 진행된다.

● 경기농림진흥재단의 학교농장지원사업

경기도와 경기농림진흥재단은 2009년부터 '도농교류 학교농장 조성사업'을 추진하고 있다. 학교텃밭의 조성목적은 도심의 학교를 도농교류의 메카로 조성하고 미래의 농업 일꾼이자 농산물 소비자인 학생들에게 농업 · 농촌의 가치와 중요성에 대한 이해를 제시하고 미래의 농업 CEO 육성기반을 구축하는 데 있다. 또한 녹색성장시대의 농업과 친환경 농산물에 대한 가치 향상을 인식시키고 농업에 대한 생활 속 접근을 통해 자연과 생명의 소중함을 깨닫도록 하여 청소년의 농촌과 친환경 농산물에 대한 친근감을 높이는 데도 그 목적이 있다.

현재 경기도는 총 20개 초등 · 중학교(2009년 10개교, 2010년 10개교)에 텃밭을 조성하여 생태환경교육장으로 이용하고 있다. 또한 사업의 부대행사로 학교와 농촌체험마을 사이에 '1교 1촌'의 자매결연을 하는 체험 활동, 직거래장터 등의 도농교류 활성화 사업을 추진하고 있다.[20]

도시농업의 인프라적인 측면과 소프트웨어적인 측면은 강한 반면, 도시농업과 학교교육의 관계를 명확히 해석하거나 규정한 사례는 드물다. 또한, 성인 대상의 프로그램이나 교육내용이 주류를 이룬다. 따라서 아이들을 위한 도시농업교육의 관계 설정은 더욱더 절실하다고 판단된다.

---

20 참조, 전국귀농운동본부, 『도시농사꾼이 알아야 할 모든 것 도시농업』(들녘, 2011), 202쪽

- 창의적 체험 활동 지원 시스템과 도시농업 연계 가능성

교과부에서 추진 중인 2009 개정 교육과정에 따르면, '창의적 체험 활동'을 일선 현장에서 효과적으로 진행할 수 있도록 '창의체험자원지도'(Creative activity Resource Map, CRM)를 운영하여 관련 정보를 제공하고 있다. 창의체험자원지도는 시·도교육청, 관련 부처, 교육지원청, 산하기관, 산학연, 학교, 비영리기관의 창의 체험 활동 담당자들이 각 지역과 내부의 CR(Creative Resource, 자원과 프로그램)을 등록한 것을 말한다.

창의체험자원지도 안에는 전국 195개 지역교육청, 학교 등에서 선도적으로 개발한 지역 내 창의적 체험 활동 프로그램이 데이터베이스화되어 있으며, 유관기관과의 프로그램 상호 공유를 통해 구축된 자원들은 체계화된 검색 기능과 함께 제공된다. 또한, 창의체험자원지도에는 원하는 프로그램에 쉽게 접근할 수 있는 UI(User Interface)와 각종 부가기능이 구현되어 있어 교사, 학생, 학부모가 적극적으로 활용할 수 있다.[21]

창의적 체험 활동의 영역은 크게 자기소개서 작성, 자율 활동, 동아리 활동, 진로 활동, 방과 후 학교 활동, 독서동아리, 포트폴리오 관리, 진로심리 검사로 나누어진다. 도시농업과 관련된 것은 세부 활동의 실습노작 활동에 포함되어 있다.

창의적 체험 활동에서 도시농업과 관련한 등록 일반프로그램은 총 8개로, 활동 종류는 대부분 시설견학이나 신체 활동 등이다. 관련 교과목은 실과, 사회, 과학, 환경 등이며 주로 자율 활동, 진로탐색, 동아리 활동 등의 영역에서 창의적 체험 활동을 진행하는 것으로 판단된다. 교육시간은 짧게는 회당 1시간, 길게는 3일까지도 소요된다.

---

21 교육과학기술부, 『창의체험자원지도 CRM 등록안내서』(교육과학기술부, 2011), 2쪽

〈표 8-4〉 동아리 활동에서의 세부 활동 분야 예시

세부 활동	세부 활동 분야
학술 활동	외국어회화, 과학탐구, 사회조사, 컴퓨터, 인터넷, 신문 활용, 발명, 다문화 탐구 등 주로 교과와 관련된 연구 및 탐구 활동
문화예술 활동	문예, 창작, 회화, 조각, 서예, 전통예술, 현대예술, 성악, 기악, 뮤지컬, 오페라, 연극, 영화, 방송 등 문화 및 예술 분야와 관련된 창작 활동
스포츠 활동	구기, 육상, 수영, 체조, 배드민턴, 인라인스케이트, 하이킹, 야영, 민속놀이, 씨름, 태권도, 택견, 무술 등 다양한 신체 활동으로 스포츠 역량을 강화시키는 활동
실습노작 활동	요리, 수예, 꽃꽂이, 조경, 사육, 재배, 설계, 목공, 로봇제작 등 학생이 직접 배운 이론을 실제 적용하여 만들어보는 활동
청소년 단체 활동	스카우트연맹, 걸스카우트연맹, 청소년연맹, 청소년 적십자, 우주소년단, 해양 소년단 등으로 정부나 지방자체단체, 민간에서 설립한 청소년 시설에서 운영하는 각종 동아리

자료: 에듀팟, www.edupot.go.kr (검색일자: 2012. 4. 30)

창의적 체험 활동에서 학생들이 선택적 활동을 할 수 있는 기회는 늘었으나 앞의 조사에서 보이듯 도시농업과 관련한 지속적인 활동을 기획한 사례는 부족하다. 늘어나는 학생들의 재량 활동 시간이 스쿨가드닝을 도입할 수 있는 시간으로 활용될 방안을 찾아볼 필요성을 발견할 수 있는 대목이다.

스쿨가드닝과 조경가의 역할

지금이야말로 스쿨가드닝에 대한 인식 전환이 필요한 시점이다. 그것은 경작, 생산 활동을 가치, 문제해결, 생태 시스템 등에 대한 이해로 확장하는 데서 출발한다. 유아들의 경우 야외 활동에 대한 욕구가 가장 많고 다

〈표 8-5〉 도시농업과 관련한 창의적 체험 활동 등록 프로그램 현황

활동 영역	프로그램명	교육장소	교육 시간	운영 기간	참가 비용	활동 종류	활동 규모	관련 교과
자율 진로	방주공동체와 함께하는 친환경 농업 체험	울진 방주공동체 친환경 농업장	4 시간	연중	무료	시설견학 신체 활동	제한 없음	사회 실과
동아리 봉사 진로	농촌 그린투어 체험 활동	어울공간 제공 부산 지역 재배농가	3일	연중	무료	야외답사 신체 활동	25명	과학 환경
자율	만세보령 농업 활력화대회 체험하기	보령시 농업기술센터 행사장	4 시간	2 학기	5 천원	시설견학 기타	제한 없음	실과
자율	농촌 체험 프로그램	이천시 서경들마을 체험장	3 시간	연중	5 천원	신체 활동	10명	사회 실과
자율	전시 프로그램	농심테마파크	2 시간	연중	무료	기타	제한 없음	사회
자율 동아리	농업과학관	충청북도 농업기술원 내 농업과학관	3 시간	연중	무료	기타 노작	제한 없음	과학 사회 실과
동아리	어린이 자연학교	서울농업기술센터 대강당 및 자연학습장	6 시간	여름 방학	3 천원	실내강의 신체 활동	40명	과학 사회 도덕 실과
자율	농업문화관 전시 관람	대구 농업문화관	1 시간	연중	무료	기타	제한 없음	사회

자료: 창의 · 인성 교육넷, www.crezone.net (필자 재구성, 검색일자: 2012. 4. 30)

〈그림 8-2〉 가족 단위의 서울 시민이 함께 가꾸는 서울 염곡동의 공동 텃밭(© 안명준)

양한 경험과 직접적인 체험이 중요한 시기인 만큼, 정원을 가꾸는 경험은 사회적 관계 형성, 생명에 대한 존중, 수학적 개념 형성, 언어발달 등에 효과가 크다. 초등학생의 경우 학문적 성취와 건강한 생활 방식 증진, 올바른 환경관 습득, 사회성 발달, 주변 환경과 장소에 대한 민감성 증진 등 구체적 효과가 있다는 것이 연구를 통해 확인되었다.

이제 스쿨가드닝에 대한 종합적 접근이 필요하며, 교육방법론, 주민 참여, 제도적 뒷받침 등을 고려한 프로그램 개발과 그에 따른 실행체계 마련이 필요하다. 여기서 스쿨가드닝은 계획에서 설계, 예산 편성, 자금 확보, 프로그램 개발 및 코디네이터 양성, 농작물 재배, 수확, 요리, 연관 활동 개발 등 여러 과정에 부모, 교사, 학생, 외부 기관이 모두 참여하여 지속적으로 실행할 때 효과를 볼 수 있다는 점을 잊지 말아야 한다.

스쿨가드닝이 단순히 학교에서 텃밭이나 정원을 가꾸는 것만 뜻하는 것은 아니다. 학생들에게 정원일(가드닝)을 통해 농사에 대한 경험만이 아니라 미래 인재가 가져야 할 주요 덕목인 인성, 사회성, 생태계에 대한 폭넓은 이해력 등을 함께 선물하는 과정이 되어야 할 것이다. 또한 스쿨가드닝을 좁은 의미의 원예로만 볼 것이 아니라 일련의 준비과정, 부지 사정과 목적에 맞는 계획 및 설계, 프로그램 운영을 위한 이해관계자의 참여와 협력 등에서 볼 수 있듯 하나의 종합적인 문제해결 과정으로 접근해야 할 것이다. 따라서 스쿨가드닝은 종합적 관점에서 조율하고 통합해나가는 일이다. 여기에서 물리적, 비물리적, 생태적, 정책적 요소 등등을 모두 아우를 수 있는 조경가의 역할이 강조된다.

Chapter 9

도시농사와
커뮤니티

커뮤니티 자원으로서의 도시농사

김연금

함께 가꾸고 자랑하는 아름다운 공공정원은 도시의 풍경이 되기도 하지만 장소성을 회복하고 커뮤니티를 활성화하는 중요한 수단이 되기도 한다. 텃밭정원은 사람과 사람 사이의 소통과 화합의 매체가 되기도 하는데, 이로서 공공성의 일상적 실천을 모색할 수 있다.

© 안명준

개인공간에서의 도시농사

우리네 삶의 공간을 돌아보면, 특히 저층의 주택가를 거닐다보면 우리네 이웃들이 다양한 방식으로 텃밭을 만들어 가꾸는 모습을 발견할 수 있다. 마당이 있는 집은 있는 대로, 없는 집은 없는 대로 작은 텃밭을 꾸리고 있다. 마음만 있다면야 공간이 무슨 상관이겠는가, 집 앞 담벼락에도 대문 위에도 공간은 있다. 또 굳이 멋진 화분이나 화단도 필요 없다. 조금의 응용력만 발휘하면 생활용품인 빨간색 고무 대야도 물건 포장에 사용되던 스티로폼 상자도 멋지게 재활용될 수 있다. 가벼울 뿐만 아니라 별다른 비용을 치르지 않아도 되니 훌륭한 대안이 아닐 수 없다. 어떤 분들은 응용력을 좀 더 발휘해 빨간색 고무 대야나 스티로폼 상자를 여러 개 늘어놓아 밭처럼 만들기도 한다. 이렇게 이웃들의 텃밭은 생활의 살뜰함을 드러내는 곳이며 개성의 공간이기도 하다. 우리네 이웃의 텃밭을 기웃거리며 그들의 취향을, 개성을 유추해낼 수 있으니. 상추 좋아하시는 분, 고추 좋아하시는 분, 먹는 것보다는 꽃을 좋아하시는 분. 그들의 텃밭은 사시사철 풍요롭고 우리의 눈은 즐겁다.

이러한 이웃들의 텃밭에는 생명체를 키우고 가꾸고자 하는 의욕,

〈그림 9-1〉 우리네 삶의 공간을 돌아보면 이웃들이 다양한 방식으로 텃밭을 만들고 가꾸어가는 모습을 발견할 수 있다.

먹을거리를 스스로 생산하겠다는 의욕, 시간을 생산적으로 쓰겠다는 의욕, 교육에의 의욕, 자신을 표현하고자 하는 의욕 등이 숨어 있다. 농작물 가꾸기는 어르신들의 소일거리가 될 수 있고, 텃밭은 도시에서 '콘크리트 키드'로 자라는 아이들에게 우주의 신비를 손끝으로 느끼고 생명의 순환에 직접 참여할 수 있는 자연학습의 장이 될 수 있으므로. "얘야! 이게 바로 네가 점심으로 먹은 상추가 자라는 모습이란다!" 또 주부들은 싱싱한 채소를 저렴한 가격에 얻을 수 있고, 잘 가꾸어진 텃밭은 주인의 자랑거리이자 이웃이 부러워하는 대상이 되는 것 또한 당연한 일이므로. 이러한 의욕 덕분에 도시농사가 확산될 가능성은 매우 높다. 현재 개봉동의 한 아파트 단지에서 어린이집을 운영하는 원장의 의견을 한번 들어보자.

"어린이집마다 (교육프로그램에는) '바깥놀이' 시간이 있다. 개별 어린이 보육시설의 수준을 높이고자 하는 보육시설 평가인증에서도 보육시설 안이나 주변에 바깥놀이를 할 수 있는 공간이 있는지, 없는지를 평가의 대상으로 삼는다. 보통 영아들은 하루에 30분 이상, 유아들은 1시간 이상 햇빛을 봐야 한다고 이야기한다. 그런데 바깥놀이 프로그램을 운영할 수 있는 공간이 참으로 빈약하다. 텃밭은 좋은 바깥놀이 프로그램이 될 수 있으나 대도시에서 적절한 공간을 확보하기가 쉽지 않다. 넓은 마당이 있는

〈그림 9-2〉 도시의 어린이들은 바깥놀이를 할 공간이 필요하다. 그래서 공원도 많았으면 좋을 듯싶고, 공원에 텃밭도 있으면 좋겠다 싶다.

어린이집도 그리 많지 않고. 그래서 어떤 어린이집은 서울 외곽에 밭을 사서 운영하기도 한다. 가까운 공원에 텃밭이 있다면 좋겠다. 만약 그곳을 이용하는 대신 책임 운영과 관리를 해야 한다면 그럴 마음도 있다."

이 분처럼 텃밭에 대한 의욕은 간혹 집을 넘어, 개인의 공간을 넘어 마을로 확장되기도 한다. 그래서 그녀의 말처럼 공원에 텃밭이 있다면 좋을 것이다. 아니 공원뿐만 아니라 정부나 지방정부의 소유지이지만 사용되지 않는 도시의 자투리 공간이나 도시의 녹지공간 등 많은 공공공간에 텃밭이 조성된다면 좋을 듯하다. 개인의 공간을 벗어나 마을로, 도시로 확장되는 텃밭. 그리고 더 욕심을 낸다면 공간뿐만 아니라 텃밭에 그들의 의욕까지 더해져 마을로, 도시로 확장되었으면 좋겠다. 서로의 의욕이 맞물려 시너지 효과를 거둔다면 훌륭한 커뮤니티로서의 도시 자원이 될 수 있지 않을까? 여가시간에 텃밭을 이용하고자 하는 어르신들의

〈그림 9-3〉 금천구의 어느 마을 어르신들이 경로당 주변을 텃밭으로 만드셨다. 뒤쪽으로 퍼고라를 타고 오르는 호박넝쿨이 보인다.

의욕과 교육 용도로 사용하고 싶어하는 부모들의 의욕, 건강한 먹을거리에 대한 주부들의 의욕이 어우러진다면 그 에너지는 상당할 것이기에.

공공공간에서의 도시농사

그런데 우리 주변을 좀 더 둘러보면 도시농사를 마을로 확장시키는 일이 그리 쉽지 않다는 것을 발견할 수 있다. 왜 그런지 우리네 삶의 공간을 다시 한 번 돌아보자.

● 사례 1 _ 개인 텃밭보다 쓰레기장이 더 좋다?

어느 마을의 빈터가 거의 쓰레기장이 되었다. "이곳에 쓰레기를 버리지 맙시다!"라는 경고도 소용없었다. 간혹 몇몇 주민이 구청에 민원을 넣었지만 그때뿐이었다. 순간적으로 깨끗해졌다가 다시 순간적으로 쓰레기로 뒤덮였다. 그러던 어느 해 봄 한 주민이 그곳에 밭을 일구어 상추도 심고 방울토마토도 심었다. 그런데 주변의 시선이 곱지만은 않았다. 주민 한두 명이 공공공간을 자기 맘대로 사용해도 되느냐고 말을 하기 시작했는데, 방울토마토가 영글면서 말도 커졌다. 주민들의 따가운 눈총에 상추와 방울토마토를 포기하는 게 낫다 싶었던지 밭을 일구던 주민은 텃밭을 다시 빈터로 되돌렸다. 그리고 당연히 그곳은 다시 쓰레기장이 되었다. 일반적으로 마을에 빈터가 있다면 쓰레기장보다 밭으로 쓰이는 게 더 나을 것 같다고 생각하겠지만 꼭 그렇지만은 않음을 보여주는 사례다. 빈터가 쓰레기장으로 방치될 때 비난의 화살은 공간 관리를 하지 못하는 행정으로 향했으나, 개인이 밭으로 사용하자 화살의 방향과 내용이 바뀐 일화는 여러 측면에서 시사하는 점이 많다.

● 사례 2 _ 배추 대신 심긴 푯말 '무단 경작 금지'

마을의 작은 산이 근린공원으로 조성된 곳에서 있었던 일이다. 공원과 인접한 곳에 사는 주민이 자신의 집과 연결된 녹지 공간 일부에 배추를 가꾸셨다. 경사가 심한 곳이었고 바로 연결되는 길도 없어 접근이 어려울 뿐만 아니라 주변에 큰 나무들이 있는 탓에 시선도 많이 받지 않는 곳이었다. 그래서 자주 이 공원을 찾는 몇몇 주민만이 이 밭의 사계절을 즐겼다. 이랑과 고랑으로 구성된 밭은 떠나온 농촌의 풍경을 떠올리게 했다. 가을이면 배추가 탐스러웠다. 물론 넓은 밭을 시샘하는 분도 있었다. 점차 주민 사이에 소문이 조금씩 돌기 시작했다. 배추밭이 공원 부지라는 것이 소문의 핵심이었다. 그리고 어느 순간부터 주민들은 불만을 토로하기 시작했다. "왜 공원을, 그러니까 공공공간을 개인이 사용하느냐?"는 것이었다. 이후 그곳에는 이랑과 고랑이, 배추가 사라졌고 대신 '무단 경작 금지'라는 푯말이 세워졌다.

● 사례 3 _ 공공장소에서 키운 꽃, 팔까? 줄까?

서울의 어느 노인 복지관에는 작은 휴식 공간이 있는데, 관리가 제대로 이루어지지 못했다. 담배 피우는 어르신이 많아 공기는 탁했고 바닥은 담배꽁초로 지저분했다. 당연히 담배를 피우시지 않는 분들은 불만을 가졌다. 그러나 복지관 측에는 이 공간을 가꾸고 운영할 여력이 없었다. 물론 청소는 열심히 했지만 적당한 공간 프로그램 운영에는 한계가 있었던 것이다. 그러다 보니 이 공간은 항상 골칫거리였다. 복지관은 해결방안을 찾던 중 식물 가꾸기를 좋아하는 한 어르신에게 공간 관리를 전담토록 했다. 그렇게 하면 자연스레 금연이 유도되어 그 공간을 화사하고 밝게 꾸밀 수 있으리라는 기대가 있었던 것이다. 그리고 다행히도 어르신은 다양한 꽃과 애정으로 그곳을 채웠다. 그런데 생각치 못한 문제가 생겨났다. 워낙 탐스럽게 잘 가꾸니 욕심내는 분들이 나타난 것이다. "너무 예쁘다. 나에게 하나만 줘." 누구한테는 분양하고 누구한테는 안 할 수 없으니, 또 본인의 노고도 있고 하여, 그 어르신은 최소의 비용만 받고 꽃을 팔았다고 한다. 그래도 '거래는 거래이다보니' 문제가 커졌고, 그 공간은 다시 예전의 담배꽁초가 널린 곳으로 돌아갔다.

● 사례 4 _ 정원과 텃밭의 차이

일산의 한 아파트 단지에는, 1층의 녹지공간을 전용하는 두 분의 주민이 있었다. 그런데 아이러니하게도 한 분은 이웃들에게 칭찬을 받았

〈그림 9-4〉 북쪽이 고향이라는 신수동의 할아버님은 당신의 집 옥상에 텃밭을 가꿔 연간 상추 등 야채 120상자를 이웃에게 나누어준다. 이런 이타적인 분을 만나기란 참으로 드문 일이다.

고 다른 한분은 비난을 받았다. 칭찬받는 분은 그곳에 아기자기한 정원을 만들어 가꾸는 분이었고 비난받은 분은 텃밭을 가꾸는 분이었다. 정원 앞을 지나는 이는 누구나 잠시 걸음을 멈추고 감상하면서 주인의 솜씨에 감탄했다. "너무 예쁘다. 카페 같아." TV에도 소개되어 아파트 단지 주민들의 자랑거리로 떠올랐다. 반면에 텃밭은 아기자기하거나 예쁠 리가 없으니 여기저기서 주민의 불만이 튀어나왔다. "거기 너무 지저분해. 거기다 그렇게 텃밭을 만들면 어떻게 해. 단지 입구 쪽인데 말이야." 둘 다 아파트 단지의 공간 일부를 사적으로 점유해 사용한 것이지만 그렇게 서로 다른 결과를 낳은 것이다.

이렇게 도시에서의 경작 활동이 사적 공간의 텃밭을 넘어 공공공간으로 나왔을 때, 주민들 간에 불화가 생길 수 있다. 그런데 위의 사례들을 살펴보면 어느 누구도 개인적으로는 악의를 갖고 있지 않았다. 나름대로 합리적이었다. 첫 번째 사례에서나 두 번째 사례에서처럼 쓰레기장이나 개성 없는 녹지공간으로 쓰이기보다는 텃밭이 낫다고 누구나 생각할 수 있다. 세 번째 사례에서도 그 어르신의 입장에서 보면 합당할 수 있다. 물론 자신의 땅이 아닌 공공의 공간에서 경작을 했으니 무상으로 결과물을 이웃과 나눌 수도 있을 것이다. 그러나 많은 애정과 에너지, 노력이 들어갔으므로 웬만한 이타적인 사람이 아니라면 이는 쉽지 않을 것이다. 또 구체적으로는 경작물을 함께할 이웃 주민을 설정하는 것도 쉽지 않은 일이다. 누구에게는 주고 누구에게는 안 주고 그럴 수 없으므로. 그래서 경작의 결과물을 취하는 건, 결과물 그대로 취하건 돈으로 환산해 취하건, 당연한 듯 보인다. 물론 공공공간과 그 결과물을 사유화하지 말라는 이웃의 의견도 맞다. 개인적 목적으로 공공공간에서 경작을 하고 그 결과물을 갖고 매매행위를 하는 건 공공공간의 공공성에 위배되는 일이니 말이다. 이렇게 각자의 판단은 모두 맞다. 하지만 커뮤니티의 차원에서는 바람직하지 못한 결과를 낳을 수 있다.

그래서 이러한 갈등은 개인의 판단이 잘못된 데 있다기보다 근본적으로 '공공'에 대한 성찰의 부재에서 비롯된다고 할 수 있다. '공공공간'에서 '공공'은 공공기관을 의미하는 경향이 강하고 마치 '우리의 것'이 아니라고 생각하게 한다. '공공'은 바로 우리인데 말이다. 그리고 이러한 잘못된 성찰은 "모든 이의 것은 누구의 것도 아니다."라는 아리스토텔레스의 언급과 같은 결과로 이어지기 쉽다. 아무도 신경 쓰지 않고 관리하지 않는 공공공간. 그러다가 누군가 경작을 하면, 즉 사유화하여 개인적인 이익을 취하게 되면 그때서야 진정한 공공은, 주민들은 자신들의 소유권을, 즉 사회적 가치를 내세우게 된다. "여기는 네 개인의 땅이 아니다. 우리 모두의 땅이다." 그러나 그것도 거기까지이지 싶다. 앞의 사례들에서 보았듯이 소유권의 주장과 사유화의 금지, 텃밭의 가치야 어떻든지 간에. 그래서 공공공간에 텃밭을 도입하고 커뮤니티 활동으로 도시농사를 활용하는 데 있어서는 '과연?'이라고 의문을 품게 된다.

합리적 인간의 합리적이지 못한 결과의 생산

공공공간이건 공공자원이건 '공공'을 대상으로, '합리적인 인간'이 '합리적이지 않은 결과'를 생산하는 이러한 현상은 '공유재의 비극'과 닮아 있다. '공유재의 비극'이라는 표현은 1968년 개럿 하딘(Garrett Hardin)이 『사이언스』(*Science*)지에 실은 「공유재의 비극」(The Tragedy of the Commons)이라는 논문에서 처음으로 사용하였다. 그런데 여기서 공유재(common resources)는 공공재(public goods)와 차이가 있다. 공공 치안이나 기상 예보와 같은 공공재의 경우, 어느 한 사람이 그 재화를 소비한다고 해서 다른 사람들이 소비할 수 있는 재화의 양이 줄지는 않는다. 그러나 공유재는 자원의 양이 감쇄할 수 있다. 즉, 공유재를 많이 사용할 때 그 사용 총량은 자원체계가 생산해낼 수 있는 자원 유량의 한계량에 접근할 수 있다.[1]

그래서 공유재의 비극이란 공유자원의 사용자들이 자신의 전유에 따르는 사회적인 비용을 무시하고 오직 개인의 비용적인 편익만을 고려

1 안도경, 「등대와 어장: 코즈-오스트롬 제도연구의 공공성 논의에 대한 함의」, 한국행정학회 2009년도 동계학술대회 및 정기총회 발표자료집(2009), 751-759쪽.

한다면 결국 자원의 고갈이 초래되는 것이다. 하딘의 유명한 '모두에게 열려 있는 목초지' 사례를 살펴보자. 목동 각자는 자신이 목초지에 풀어 놓은 가축들로부터 직접적인 이익을 얻는다. 또한 과잉 방목을 하면 손실을 얻을 수 있지만 이로 인한 손실을 당장 겪지는 않는다. 그래서 목동은 될 수 있는 한 많은 가축을 초지에 내보내려 한다. 그렇다면 궁극에 목초지는 어떻게 될까? 누구나 쉽게 예측 가능할 수 있듯이 여기에 비극이 있다. 이러한 하딘의 모델은 보통, 자신의 가장 좋은 이익을 합리적으로 추구하는 개인들이 서로를 믿지 못하여 결국에는 불행한 결과가 초래된다는 죄수의 딜레마 게임으로 정형화된다.

〈그림 9-5〉 서울숲 영주사과길에는 'CCTV 작동 중'이라는 문구와 함께 '과일 훼손 시 과태료 부과'라는 경고문이 부착되어 있다. 공원에서 도시농사를 도입하는 것은 자칫 이런 식으로 이용자를 배척할 수 있다. 생산자와 이용자 모두를 위한 대안은 무엇일까?

오스트롬(Ostrom)[2]이라는 경제학자의 정리에 따르면 공유재의 비극을 피하기 위한 일반적 방안에는 두 가지가 있다. 하나는 공공기관이나 정부, 국제적 권위체 등에 의한 외적인 규제를 가하는 것이다. 다른 하나는 자원이 공동으로 소유되는 모든 경우에 사유 재산권을 설정해야 한다는 것이다. 이 두 대안의 공통점은 외부 행위자에 의한 문제 해결 방안

---

2 Ostrom, Elinor, *Governing The Commons* (Cambridge; New York: Cambridge Univ. Press, 1990), 윤홍근 · 안도경 역, 『공유의 비극을 넘어』(랜덤하우스, 2010). 그녀는 이 책으로 2009년 여성 최초의 노벨경제학상 수상자가 되었다.

에 있다는 것이다. 제도적 변화가 외부에서 시작되어, 영향을 받는 개인들에게 강요되어야 한다는 기본 전제를 가진다.

도시농사도 마찬가지이다. 공공공간에서의 텃밭을 둘러싼 갈등을 없애는 방식으로 쉽게 생각할 수 있는 것은 공원이나 다른 녹지공간처럼 공공기관이나 정부가 관리하는 것이다. 그리고 다른 하나는 분양하는 것이다. 즉 '사유 재산권'으로, 균일하게 땅 가름을 하고 이를 분양해서 각자 관리하도록 하는 것이다. 이 두 가지 방식은 이미 많이 쓰이고 있다. 서울숲 '영주사과길'은 전자의 대표적인 사례가 된다. 특정 지역명이 주는 낭만성, 가을이면 빨갛게 열리는 사과는 여타 조성 녹지공간과는 다른 감성을, 체험의 기회를 준다. 그런데 사과길을 따라 둘러쳐진 전기울타리와 입구부의 'CCTV 작동 중'은 우리를 씁쓸하게 한다. '과일 훼손 시 과태료 부과'라는 경고문은 더욱더. 아무나 사과를 만지고 따지 못하도록 하기 위해서라지만, 안타까운 건 어쩔 수 없다. 이렇게 보기만 하는 도시농사라고 한다면, 도시농사의 중요한 가치인 '생산성'을 감시와 경고로 무력화한다면, 기존의 녹지와 무엇이 다른가? 또 후자는 이미 많이 보급되어 있는 주말농장과 다를 바 없을 것이며, 사유화된 텃밭에서 마을 아이들이 자연학습을 하기도 어려울 것이다. 공원의 사유화에 따른 공공성에 대해서도 문제가 제기될 수 있다.

그런데 오스트롬은 국가 아니면 시장이라는 이분법에서 벗어날 때 공유재의 비극을 넘어설 수 있다고 주장한다. 그리고 이러한 주장 뒤에는 타당한 근거가 있다. 그녀는 스위스 알프스의 마을 공동체에 의한 목초지와 산림 자원의 자치관리, 일본의 산악 마을들과 인도의 숲, 스페인의 관개시설, 브라질의 근래 어장과 미국 매인 주의 가제어장, 캘리포니아 주의 지하수, 텍사스 주와 오클라호마 주의 석유 자원 등 공유 자원을 장기간에 걸쳐 성공적으로 관리한 사례를 대상으로 어떻게 하면 가능한지 분석해보았기 때문이다. 주장을 뒷받침하는 구체적인 사례가 있는 것이다.

사익을 쫓는 개인들의 협동 가능성

그렇다면 오스트롬의 논리를 따라가보면서, 아니 그녀의 논리를 적용해 "모든 이의 것은 누구의 것도 아니다."라는 아리스토텔레스의 언급에서 벗어날 수 있는지, 도시농사를 과연 공공의 공간으로 끌어낼 수 있는지 살펴보도록 하자. 도시농사는 오스트롬이 말하는 공유재에 정확하게 속하지는 않는다.[3] 하지만 오스트롬의 논리를 빌려 사익을 쫓는 개인들이 협동 가능한지, 그래서 도시농사가 커뮤니티자원으로 가능한지는 탐색해볼 수 있지 않을까?

오스트롬이 여러 사례를 검토한 후 내놓은 효율적인 대안은 그 공공재를 필요로 하는 당사자들의 자발적 조직화를 통하여 공공재의 생산 및 공급 과정에 참여하는 것이며, 이것은 지속가능한 자치적 해결인 것이다. 이게 가능하다는 것은, 사람들은 현재 당장의 이익뿐만 아니라 미래에 대해서도 생각할 수 있으며, 서로 신뢰를 갖고 의사소통을 하고 구속력 있는 합의안을 만들어낼 수 있는 능력도 있으며, 감시 및 집행 장치를 만들 능력도 있기 때문이라는 것이다. 여기에는 신제도주의(new

3 오스트롬이 '공공재의 비극'에서 연구대상으로 선정한 공유 자원은 다음과 같다. 첫째는 고갈형 자원보다 재생 가능한 자원. 둘째는 풍요하기보다는 상당한 수준의 희소성이 있는 자원. 셋째는 그 이용자들이 상호 간 제법 해를 가할 수 있기는 하나, 그렇다고 참여 구성원들이 다른 구성원들에게 큰 규모의 외적 위해를 초래하게 할 수는 없는 상황 등이다(Ostrom, 앞의 책, p.62).

institutionalism)적 입장이 반영되어 있다. 제도는 외부로부터 주어진 고정 불변의 것이 아니며, 끊임없이 생성 발전해가는 것이고, 제도의 영향을 받는 구성원들의 동기 유인을 변화시킬 수 있으며, 거꾸로 구성원들의 집합적 선택에 의해 변경될 때 더욱 내구성과 견고성을 갖는다는 것이다.

좀 더 구체적으로 오스트롬이 제시한 대안을 살펴보면, 그녀[4]는 성공적인 공유재 관리 사례들에서 '정교하게 고안된 제도적 장치'를 도출하여 보여준다. 이것의 핵심은 사람들이 규칙을 준수하고 스스로 감시하는 활동의 조건부적 전략에 대한 추구가 유익하고 신뢰할 만하며, 안전하다는 것을 느낄 수 있도록 하는 상황을 조성하는 것이다. 여기서 말하는 조건부적 전략은 모두가 협동하는 한 자신도 협동한다는 것을 의미한다. 이해를 보다 높이기 위해 좀 다르게 설명해보면 유사한 상황에 처한 사람들 대부분은, 합의된 규칙이나 약속을 준수하겠다고 다짐하는 전략적 선택에서 기대되는 장기적 순이익이 단기적인 지배적 전략에 따랐을 때 기대되는 순이익보다 클 경우, 일단 규칙이나 약속에 순응하는 전략을 선택한다는 것이다.

오스트롬 덕분에 도시농사를 공공공간으로 끌어내는 해결방안도 간단해졌다. 주민들 스스로가 신뢰에 기반한 의사소통을 통해 텃밭 전유에 따른 사회적인 비용을 치르고, 그 비용이 마을의 자원으로 환원되도록 하는 합의안을 만들고, 이 합의안에 따라 텃밭을 관리 · 운영하면 된다. 그리고 합의안이 지켜지도록 서로 감시하면 되는 것이다.

물론 과정은 만만치 않다. 먼저 합의안을 주도할 적극적인 개인이나 조직이 있어야 한다. 그 조직은 시민단체일 수도 있고 행정일 수도 있

---

4 Ostrom, 앞의 책, pp.327-384

다. 그리고 이들은 주민들과 함께 장기적으로 개인과 마을에 이득이 되는 합리적 합의안을 만들고 합의안을 따르는 것이 장기적으로 이롭다는 것도 알리고 설득해야 한다. 그런데 전혀 불가능한 것이 아니므로, 해볼 만한 일이다. 앞의 사례에서 발견한 문제 해결에도 도전해볼 수 있다.

커뮤니티 자원으로서의 도시농사 무한상상

그렇게 된다면, 우리는 도시농사를 대상으로 무한한 상상력을 키울 수 있다. 이 글을 쓰고 있는 이의 상상, 다른 이의 상상을 풀어놓아보자. 부족하지만 이미 자신의 상상을 실현해가고 있는 분들도 계시니, 그들이 이룬 상상과 이루지 못한 상상도 함께.

● 상상 1 _ 마을 공터의 텃밭 활용과 분양

원하는 주민들한테 마을 공터를 조금씩 분양하여 텃밭을 가꾸도록 한다. 생산물도 가꾼 이가 가져가되 생산물의 일부는 마을의 독거노인들과 나누고 또 텃밭은 마을의 어린이 학습공간으로 개방하는 것이다. 대신 이웃들은 텃밭이 손상되지 않도록, 생산물이 도둑맞지 않도록 공동으로 감시를 해준다. 또 다른 상상을 해볼 수도 있다. 보통 마을에는 어린이공원과 경로당이 함께 있는데, 경우에 따라서는 인접한 곳에 어린이집도 있다. 이러할 경우 어린이 공원에 텃밭을 만들어 어르신들은 소일거리 삼아 텃밭을 가꾸고 생산물도 점심 공동식사의 찬거리로 가져갈 수 있도록 하되 대신 아이들의 자연학습을 돕는 것이다. 씨 뿌리는 방법과 수확하는 방법을 어린이들에게 알려주고 가끔은 거기서 나온 채소로 만든 음식을 간식으로 나누어 먹으면 그야말로 산 교육이 될 것이다. 물론 아이들도 어르신들에게 무언가를 선물해야 할 텐데, 텃밭을 배경으로 장기자랑을 하는 건 어떨까? 아니 그냥 꼬박꼬박 인사 잘하는 것만으로도 보상이 될 듯하다.

글 쓰는 이는 조경을 업으로 하는 이라 이 정도의 상상력을 풀어놓고도 스스로 뿌듯하기만 하다. 그런데 서울 마포구 신수동의 주민센터에서 일하는 최국무 주무관은 더한 상상력을 갖고 있다. 그리고 이미 그는 상상의 일부를 실현하고 있기도 하다.

● 상상 2 _ 생산과 소비가 동시에 이뤄지는 슬로푸드

최국무 주무관은 이미 2010년부터 신수동 주민센터 옥상에 텃밭을 조성해 가꾸고 있다. 봄과 여름에는 오이, 상추, 가지, 고추 등을 심어 가꾸고 여름이 끝날 쯤에는 마을 중학생들과 배추를 심는다. 당연히 이곳은 어린이들에게 항상 개방되고, 생산물은 독거노인들과 나눈다. 그런데 그는 여기서 더 나아가 상상을 한다. 그것은 신수동 주민들이 식당 형태로 운영해온 커뮤니티 기업 '행복마을 주식회사'와의 연계다. 주민센터의 옥상뿐만 아니라 마을 자투리 공간에서도 채소를 가꾸고 수확한 채소는 마을 식당 '행복마을 주식회사'에서 구입한 것이다. 그러면 이 기업은 채소를 식당의 식료품으로 쓰거나 가공하여 저렴한 가격으로 마을 주민들에게 제공한다. 그렇게 되면 먹을거리의 생산과 소비가 모두 이곳에서 이루어지게 된다. 이러한 순환에 담긴 가치는 누구나 상상 가능하다. 노인들의 소일거리, 어린이들의 학습공간 확보라는 기본적 가치 외에 주민들의 안전한 먹을거리 확보, 식량의 수송거리(푸드마일) 단축으로 인한 에너지 감소, 새로운 일자리의 창출 등등의 가치도 파생될 수 있다.

〈그림 9-6〉 신수동 주민센터 옥상의 텃밭과 최국무 주무관. 이 텃밭은 지역 어린이들의 야외 학습장으로 쓰이고 생산된 채소는 독거노인들과 나눈다.

● 상상 3 _ 놀고 있는 옥상을 텃밭으로!

최 주무관의 상상력은 위에서 멈추지 않는다. 그가 노리는 것은 신수동 주민센터의 옥상같이 도시에 존재하는 수없이 많은 건물의 옥상이다. 그냥 비어 있거나 정원으로 꾸몄지만 활용되지 않아 버려진 옥상을 텃밭으로 개방하는 것이다. 물론 소정의 임대료를 받고. 이를 어린이집에 임대한다면 굳이 도시 외곽 멀리에 땅을 사 텃밭을 만들 필요도 없으므로, 어린이들은 가까운 곳에 채소를 가꾸어볼 수 있고 매일매일 바깥놀이 프로그램도 풍부하게 해볼 수 있다. 물론 텃밭을 가꾸고 싶으나 정당한 땅을 찾지 못한 개인한테도 임대할 수 있고. 수요자는 무궁무진할 테니 이를 걱정할 필요는 없을 듯하다. 이게 가능하다면 집주인은 소정의 임대료를 받을 수도 있으니 옥상을 그냥 비워두는 것보다는 이익이 될 터이고, 커뮤니티는 많은 텃밭을 확보할 수 있게 된다. 또 옥상녹화가 갖는 생태적 기능. 이는 누구나 아는 바일 테니 굳이 언급하지는 않도록 하겠다.

이렇게 도시농사가 개인의 공간에서 공공의 공간으로, 과정과 결과물이 갖는 생산성을 개인적 차원에서 공공의 차원으로 환원시킬 수만 있다면 우리는 더 풍부하게 도시농사의 사회적, 문화적 가치를 육성할 수 있다. 텃밭이라는 작은 눈덩이는 사람들 사이를 구르며 더욱 커질 테니.

생태적 순환성을 사회적 순환성으로

이 글은 "다양한 가능성이 잠재되어 있는 도시농사가 개인의 텃밭에서 벗어나 공공공간으로 확장되는 것이 가능할까? 텃밭에 대한 의욕을 서로 공유할 수 있을까?"라는 질문에서 시작했다. 그리고 대답은 "가능하다."이다. 이러한 대답을 끌어내는 논리적 근거의 마련은 오스트롬의 공공재에 대한 연구에서 도움받았다. 그녀는 사람들은 스스로 조직과 약속을 만들어 공공재의 생산과 공급 과정을 지속가능하게 이끌 수 있다고 주장한다. 즉 '공공'을 대상으로, '합리적인 인간'이 '합리적이지 않은 결과'를 생산하는 '비극'에서 벗어날 수 있다는 것이다. 우리는 또한 이 글에서 이러한 가능성이 전제된다면 도시농사를 커뮤니티 자원으로 발전시키는 데 있어서 무한한 상상력을 발휘할 수 있음을 볼 수 있었다.

이러한 논의는 블랙마르(Blackmar)[5]가 말하는 '공유지'(the commons)[6]의 회복과도 연결된다. 앞서는 공유지, 공유지에서 비롯되는 공유재의 비극에 대해 말했지만 산업화와 도시화 과정을 거치며 우리는

---

5 Elizabeth Blackmar, "Appropriating 'the Commons': The Tragedy of Property Rights Discourse," in *The Politics of Public Space*, edited by Setha Low and Neil Smith (New York: Routledge, 2005)

6 앞에서는 commons를 공유재로 번역했지만 여기서는 공유지로 번역했다. 저자가 public space의 대비 속에서 commons를 사용하기 때문이다.

〈그림 9-7〉 도시농업은 장소와 사람을 잇는 작업이자 생태적 순환성과 사회적 순환성이 공진화하는 것이기도 하다.
자료: http://www.urbanrevision.com (검색일자: 2012. 4. 30)

공유지 자체를 잃어버렸다. 대신 자신의 이익을 위해서 남을 배제하는 사적 공간과 모든 이의 것인 듯하지만 특정 계층에 이롭게 작동하는 공적 공간만을 갖게 되었다. 블랙마르는 이러한 공유지가 사라지는 과정을 추적하면서 지구환경의 회복과 지속가능한 사회 구현을 위해서는 공유지의 개념과 가치를 재검토해볼 필요가 있다고 본다. 공유지는 제3의 공간으로 '우리가' 의무와 관리를 모두 갖는 공간이다.

이러한 공유지에 대한 재검토는 '공공성'이라는 추상성을 우리의 생활로 끌어내려 커뮤니티 차원에서 구체화하자는 것이기도 하다. 앞서 본 사례들에서처럼 서로 외면하고 있다가 문제가 벌어져야 "안돼! 우리 모두의 공간이잖아."하며 반대하는 부정의 구체화가 아닌 "우리 모두의 공간이므로 우리 함께……."로 시작하는 긍정의 구체화. 그러므로 우리는 도시농사를 통해 공유지의 회복을 실험해볼 수 있다. 그리고 이렇게 자신이 발 디디고 있는 땅에 대해 진정한 주인의식을 갖고 그 사용과 관리에 관여하는 일은, 시장이나 국가의 힘을 빌리지 않고 자치적으로 해결하는 일은 근래 대안적 도시관리 방안으로 제시되는 커뮤니티디자인, 마을 만들기가 추구하는 바이기도 하다.

'농사'는 본래적으로 지역의 생태적 순환성이 사회적 순환성, 문화적 순환성 즉 인간의 순환성을 불러일으켜 함께 큰 순환구조를 만들고 공진화(coevolution)하는 것이라고 할 수 있다. 농사는 계절의 지표인 24절기라는 리듬 속에서 진행되었고, 여타 인문환경과 어우러져 다시 세

〈그림 9-8〉 도시에서 발견되는 도시농사 풍경. 도시농사를 통해 마을만들기를 실험해볼 수 있다.

시풍속이라는 리듬을 낳았다. 즉 농사를 매개로 자연의 시간과 인간의 시간이 조화롭게 뒤섞일 수 있었고 커뮤니티의 집합성과 공통의 리듬이 형성되었다. 그렇기에 도시농사는 사람과 사람, 장소와 사람의 관계라는 관점에서 즉 커뮤니티의 관점에서 바라볼 때 생산적으로 진화할 수 있고, 농사가 갖는 본래적 가치에 보다 가깝게 다가갈 수 있을 것이다.

Chapter 10

도시농사와
조경의 공진화

텃밭정원 만들기의 도시적 가능성

생산공원(Productive Park)과 공공정원(Public Garden)의 재발견

안명준

정원 가꾸기도 사람의 일이라 아무리 작은 정원이라도 거기엔 마음이 담긴다. 정원일은 자연을 즐기고자 하는 본능과 닿아 있고, 도시농사는 그렇게 정원일이 된다. 삶터에 두고 즐기는 자연이라는 점에서, 도시농사에는 경작본능이 그리움으로 담겨 있다.

© 안명준

현대 조경은 견고한 개념으로서 이해되지 않는다, 적어도 조경을 둘러싼 외연에서는. 그 예로 한참 유행하는 소위 '랜드스케이프'(landscape) 논쟁[1]만 보아도 충분하다. 이것은 조경(Landscape Architecture)을 나무심기 또는 심어놓은 나무 정도로 보는 오해의 태도에서 연유한다. 이러한 오해는 '경관을 다루는(만드는) 행위'라는 조경 본래의 포괄적이고 통합적인 접근을 지연시키기도 한다. 그러나 한편으로, 부각되는 경관(랜드스케이프)이 조경을 보다 확장하여 논의할 수 있는 가능성도 동시에 열어주는데, 여기에는 조경을 하나의 단단한 개념체로 이해하지 않을 때 보다 조경이 단단해질 수 있다는 아이러니도 내포하고 있다. 복잡한 현대 사회에서 그러한 사례는 다양하게 나타나고 있는데 그중 우리나라에서 최근 주목받는 하나가 소위 '도시농업'(urban agriculture)이라 불리는 것이다.

아스팔트와 콘크리트로 가득한 도심에서 농사라니, 그것도 사회

1 경관을 굳이 외래어 표기인 '랜드스케이프'로 구별하여 사용하는 경우가 최근 많아졌는데, 이는 전통적으로 지리학, 조경학에서 사용해온 경관 개념의 변화 또는 확장이 요청되기 때문일 것이다. 그러나 그러한 요청에는 몇 가지 오해가 담겨 있는 경우가 많으며, 도시에서의 농사를 '도시농업'으로 받아들여 사용하는 데도 비슷한 오해가 발견된다.

적으로 큰 반향을 일으키며 쉽지 않은 일이 여기저기 도시농부들에 의해서 다양하게 이루어지고 또 새롭게 시도되고 있다. 도시는 전통적으로 생산 환경이기보다는 교류와 소비의 공간이었는데 무엇이 이와 같은 도시 변화를 이끌고 있는 것일까?[2] 이 글은 그 배경을 탐구하고 조경의 가능성을 타진하는 데 그 목적이 있다.

도시농사, 삶의 질 향상에 손 내밀다

격동의 시대를 지나면서 우리 도시는 몰라보게 발전하였다. 눈코 뜰 새 없이 바쁜 세월을 지나며 도시는 점차 모두의 삶터로서 자리를 잡았다. 2010년 세계 인구 통계에 의하면 도시화율이 50퍼센트를 넘어섰고 몇몇 국가를 제외한 대부분의 세계인이 도시에 거주한다고 한다. 우리나라의 경우는 인구의 82퍼센트가 이제 도시에 거주한다.

역사적으로 산업화 및 근대화 이후 도시의 밀도가 높아지면서 도시공간의 기능이 효율적으로 재편되기 시작하였는데, 모더니티로 대변되는 기능적 도시공간 배치 즉 직주 분리형의 기계적 도시가 유용하게 되었다. 그러다보니 매일 1시간여 넘는 시간을 들여 출퇴근하는, 이동이 많은 노동자를 위하여 교통이 중요한 형태로 도시공간은 재편되게 되었다. 그뿐이 아니라 좁은 공간에 많은 사람들이 살게 되고, 직장에 따라

2 전통적으로 도시는 2, 3차 생산과 유통의 공간이고 인공적인 장치로 가득한 환경이다. 또한 냉정하고 영악한 사람들이 거주하는 많은 인구와 높은 밀도의 정주 공간이다. 도시 생태계는 돈을 벌어 주고받고, 사고팔고, 먹고사는 도시 사람의 먹이사슬로 정교하게 엮인다. 슬프지만 그러다보니 도시는 헤어질 수밖에 없는 인연과 그러면서도 또 만나야 하는 사람들이 정주하거나 유랑하는 공동화된 삶터이다. 참조, 황기원, 『도시락 맛보기』(다빈치, 2009)

손쉽게 주거를 옮길 수 있게 되면서 장소와 삶이 맺는 다양한 관계성, 기억과 추억, 사촌 같은 이웃 등은 점차 옛 기억이 되어가고 있다.

그러므로 도시는 더 이상 옛 시골 같은 정감 어린 공간이자 풍경이 아니다. 그렇지만 격랑의 시간을 지나면서 배고픔을 벗어나게 되고 역사와 문화를 돌아보게 되면서 도시를 보는 우리의 시각도 달라지고 있다. 걷고 싶은 거리가 곳곳에 만들어지고 근린공원과 생태공원이 일상에서 자리 잡아가고 있다. 가히 콘크리트 도시는 새로운 변신을 경험하고 있는 것이다. 이러한 때 도시농업은 도시 변화의 다양한 논의 중에서 삶의 가치를 되돌아보게 하는 새로운 주제로 부각되고 있다.

본격적인 1차 산업으로서의 농업은 아니지만 농사일을 통해 즐거움을 찾고 생산하는 기쁨을 찾는 것이 도시농업의 일차적인 목적이라고 할 수 있는데, 여기에는 건강한 먹을거리, 믿을 수 있는 먹을거리와 푸드마일을 줄인 친환경적인 생산 활동이라는 긍정적인 효과가 가득하다. 또한 이웃과의 공동 작업을 통한 사회적 건강성을 확보하는 방편이 되기도 한다. 그것은 우리 삶을 윤택하게 하고자 하는 의미에서의 농업이고 지속가능한 도시를 실천하고자 하는 의미에서의 농업이다.

● 삶의 질과 아름다움

최근 도시 변화의 핵심은 다양한 시민의 삶에 초점을 맞춘다는 것이다. 그것은 도시가 더 이상 공동화된 공간이 아닌 다양한 가치와 문화가 살아 숨 쉬는, 장소와 문화가 융합된 하나의 유기체로서 인식되면서부터다. 이는 더 이상 도시를 기계나 기능의 관점에서만 보지 않는다는 것을 말해준다.

남산의 경우를 보자. 1994년은 경관학(景觀學)의 입장에서는 중요

〈그림 10-1〉 생활공간 주변의 도시농사 모습. 큰길을 조금만 벗어나면 잘 보존된 텃밭 풍경이 쉽게 펼쳐진다.

한 사건이 있었던 해다. 그때 수십 년간 남산의 중턱에서 한강을 내려보고 있던 한 아파트 단지가 폭파 철거되었다. 논란이 없었던 것은 아니지만 외인아파트의 철거는 남산 경관을 되살리자는 입장에서 결정된 일이었다. 이것은 당시로서는 기념비적인 사건이었는데, 낡은 건물을 허물고 새로운 공법과 새로운 디자인의 건물을 지어 보다 값비싸게 팔 수 있었을 텐데 그러지 않았다는 점에서 주목받는다. 그러니까 새 건물이 주는 경제적 가치보다 배경 산지인 남산 풍경이 주는 측정할 수 없는 경관적 가치에 더 높은 점수를 주었던 것이다. 비슷한 시기의 사건으로 1995년 중앙청(옛 조선총독부 청사) 철거도 유사하게 이해할 수 있다.

이것은 비로소 생존이 아닌 풍경의 관점에서 우리 도시를 바라보게 되었음을 단적으로 보여주는 '사건'이다. 경제적 가치보다 모두에게 주어지는 풍경적 가치가 훨씬 높게 평가되었다는 것만으로도 우리 도시의 삶이 이제 '삶의 질'이라는 보다 도약된 단계로 눈을 돌리게 되었음을 보여준다. 직주 분리라는 큰 틀의 도시 체계는 여전하지만, 도심 생태공간이 확장되고, 녹지 네트워크가 고민되고, 바람길과 에너지 문제가 부각되는 것은 이런 변화를 배경으로 한다.

이러한 도시 변화는 그 안에서 살아가는 다양한 주인공의 삶에도 영향을 주기 마련이다. 엘리베이터를 타듯 지점과 지점을 직선으로 왕복하던 도시가 점차 에스컬레이터를 타듯 장소와 장소를 연속적으로 연결해주며 이야기를 만드는 공간으로 재편되려 한다. 도시의 라이프스타일도 이에 따라 다양한 경관의 시퀀스를 보이며 저마다의 풍요로움을 좇아 삶의 가치를 변화시키고 있다. 이것은 그 자체로 삶의 아름다움이라는 주체를 부각시킨다. 공간과 삶이 유리되지 않은 채 이야기와 기억을 형성하며 부각된 주체적 삶은 결국 삶을 아름답게 하는 것에 다름 아니기 때문이다. 따라서 도시는 가히 장소성의 시대를 맞고 있다고 할 수 있다.

장소성과 연관된 아름다움은 이미 다방면의 의미로 확장된다. 아름다움은 눈에 보이는 형식적인 것보다는 서로 소통하고 교감하면서 서로에게 남는 마음의 느낌과 감정을 통해 이루어진다고 할 수 있다. 그러므로 눈으로만 보는 아름다움보다는 직접 만지고 냄새 맡고 온몸으로 느끼는 감성적 아름다움이 진정한 아름다움의 가치로 우리에게 오래 기억되는 것이다.

이러한 아름다움의 방향성은 이제 실천을 기본으로 요청한다. 그리고 그것은 자연과 삶 사이의 소통을 바탕으로 하며 정원을 통해 종합적으로 체험되고 발현될 수 있다. 그것은 공원과 같은 공적인 공간이 아니라 정원이기 때문에 가능한 일이다. 정원은 거기에 참여하는 모두를 주인공으로 만들어주며, 누구나 사색과 참여를 통해 정원이 주는 풍요로

〈그림 10-2〉 정원이 주는 아름다움. 잘 설계된 정원에서 우리는 다양한 미적 체험을 이야기할 수 있다.

움을 발견하도록 해주기 때문이다. 그런 의미에서 정원이 주요 연구 대상으로 새롭게 부각되는 것이다.

아름다움의 변화는 단순히 형식에서 내용으로의 전환만을 의미하지 않는다. 그것은 수동적이었던 감상자의 역할을 감성의 장으로 끌어들여 능동적인 참여, 미적 실천을 이끌어내는 역할을 하도록 전환시킨다. 다시 말해 '나'를 자연과 교감하며 삶이라는 예술을 형성해나가는 주인공으로 만들어주는 것이며, 그러한 풍요로운 내용이 도시 정원과 텃밭에서 용솟음치게 하는 것이다.

- 정원과 텃밭 가꾸기의 의미

정원은 단순히 감상의 장이 아니다. 정원에는 역사적으로 자연을 대하는 인간의 입장 변화에 따라 순차적으로 바뀌어온 미적 태도가 녹아 있음을 기억할 필요가 있다. 우리는 이미 자연을 더 이상 두려움의 대상으로 여기지 않으며, 니콜라이 푸생, 클로드 로랭, 폴 세잔처럼 아름다움의 대상으로 여길 줄 안다. 이러한 태도가 자연을 그림처럼 보려는 시각을 가져왔고 그것은 자연에 대한 경험을 경치로 한정해버리기도 했다. 픽처레스크 시대 이후 '그림같이 아름다운' 자연이 중요했으며, 이것이 서구식 자연 이해의 한 단면이다.

그러나 이제 그러한 단편적인 이해의 태도는 한계에 다다랐다. 더 이상 자연은 눈에만 의존하는 경치가 아니다. 삶의 총체적 환경으로 받아들여진다. 자연에 대한 입장은 감상하는 자라는 관조의 태도에서 자연과 미적 장에 함께한다는 참여의 개념으로 확장되었다. 이것은 결국 자연을 보는 우리의 태도를 눈에 의한 시각적 이해가 아닌 오감에 따라 종합적으로 체험하도록 하는 감각과 의미, 그리고 행위라는 공감각적 이해의 태도로 확장시킨다. 실천과 소통이 자연에 대하여 중요해진 것이다.

정원은 자연을 느끼고 자연을 체험하는 '미적 장'(aesthetic field)이며, 정원이 가진 다양한 기능 중 텃밭으로서의 역할을 통해 체험과 참여를 이끄는 중요한 요소로 부각되게 한다. 오늘날 우리가 도시농업을 이야기하면서 정원을 다루는 것도 이러한 이유 때문이다.

정원은 곧 삶을 일구는 공감각적 텃밭과 같은 것이고, 이것은 그 자체로 도시 속 삶을 가꾸는 중요한 실천의 장이 된다. 이것은 우리 스스로를 자연 속의 주인공으로 만들어주며 그렇게 자연과 교감하며 배우는 인생의 가치, 삶의 풍요로움은 도시를 살리고 생태계를 살리는 중요한 원동력이 된다. 텃밭에서의 실천은 그러므로 감성과 아름다움을 실천하는 참여의 장이자 예술의 장으로 확장된다.

그리고 이러한 모든 도시농사의 효과가 강조하는 것은 정원의 대

사회적 기능이 재정의되는 것이며, 이를 통해 지난 시대 일상의 저편으로 멀어져버렸던 정원의 가치와 자연의 의미가 새롭게 주목받고 있음을 보여준다는 점이다. 이러한 변화는 새로운 정원의 기능, 정원의 가능성, '퍼블릭가든'(public garden)이 요청되고 있음을 의미한다.[3]

공공정원, 어바니즘(Urbanism)과 함께하다

역설적이게도 근대 조경학이 탄생하면서 조경을 이끌었던 정원에 대한 관심과 실천은 공원에 대한 그것보다 훨씬 적게 작용하였다. 사회적 변화가 조경의 실천 영역에도 영향을 미쳤으며, 대도시의 발달과 함께 정원은 점차 조경의 주변부로 위치 이동해야 했다. 모더니즘의 격랑을 지나 21세기를 목전에 둔 시점에서야 정원은 점차 다시 주목받기 시작하였는데, 전문분야로서의 조경학이 사회적으로 확고해지고, 바야흐로 삶의 질이라는 가치 전환의 화두가 팽배하기 시작하면서부터였다.

자연에서 정원으로, 정원에서 공원으로, 그리고 다시 정원으로의 흐름은 그러나 이전의 정원과 지금의 정원이 같은 의미가 아님을 강조한다. 처음 정원이 공원으로 확장된 데는 시민사회의 성장이 문화적 배경이었다면 다시 정원으로 관심이 이동한 데는 삶의 질이라는 주체적 가치의 성장이 작용하고 있다. 도시농업이 감상적 대상이 아니라 농사일

---

3 정원은 개인 소유의 공간으로 이해되는 것이 보편적이다. 지난 시절 파크(park)가 시민에게 개방되면서 공원(public park)으로 성격을 변화시켰듯이 정원도 이제는 모두를 위한 정원(공공정원, public garden)으로 개념의 확장이 필요한 시점이며, 몇 가지 주목할 만한 실천에 대하여 이와 같은 이름을 붙일 수 있다고 본다. 예를 들어 담을 허물고 행인에게 개방하는 정원은 도시계획시설로서의 현대 공원과는 달리, 집주인 소유의 개인 정원이지만 모두를 위한 공공정원이라고도 할 수 있다.

이라는 고된 노동의 실천을 통해 얻는 가치의 측면에서 먼저 다가오는 것도 이 때문이다. 그래서 그 노동의 의미는 산업적 가치보다는 심미적 가치에 방점을 둔다.[4]

우리에게 텃밭의 가치가 부각되고 있는 배경은 정원의 사적 소유 관계를 커뮤니티와 소통을 바탕으로 하는 공적 확장의 퍼블릭가든이라는 측면에서 접근할 수 있다. 이러한 변화의 흐름을 도시, 농업, 정원의 측면에서 살펴보면 다음과 같다.

● 도시의 전환: 객체성에서 주체성으로

전통적으로 도시는 생산과는 거리가 먼 교류와 소비의 공간이었다. 입지 이론들은 물자의 수송 관계에 따라 공간의 기능적 배치를 어떻게 하느냐를 중시했다. 산업화와 모더니즘 시대에는 이를 실험하고 실현하기도 했다. 발달하는 기술들은 도시를 과거와는 비교가 안 되는 수준의 복잡한 기능들로 공간적, 밀도적 확장을 이루어냈다.

18~19세기 도시에서는 위생과 보건 상황이 개선되어 영아 사망률이 낮아지고 사람들의 수명도 길어졌다. 산업혁명이 없었다면 급격한 증가 일로에 있던 인구가 배겨내지 못했을 것이며, 거꾸로 막대한 인구 증가가 없었다면 산업혁명이 배겨내지 못했을 것이다. 도시에서 생산되는 농업기구의 도움은 식량 생산에 큰 역할을 하였고 늘어나는 인구에 맞추어 식량 공급을 유지할 수 있었다. 두 요소가 협동하니 경제가 활기를 띠고 더 많은 인구가 살아갈 수 있게 되었다. 즉 대도시의 성장은 산업

---

4 이런 측면에서 지금 우리 도시농업 강조의 배경을 세밀하게 살펴볼 필요가 있으며 보다 지속적인 실천을 위해서는 이에 대한 본격적인 연구가 필요하다. 그 첫걸음으로 도시농업이란 오해의 용어를 도시농사라는 포괄적 이해로 전환할 필요가 있다.

경제의 성장과 직접적으로 연관되었고, 부유한 도시의 성장이 더 빠르게 진행되어 현대와 같은 대도시가 탄생했던 것이다.[5]

이러한 도시도 시대에 따라 변화를 보였는데 현대 도시이론에서는 이것을 네트워크 패러다임의 영향으로 참여자들 사이의 의사소통이 강조되었기 때문인 것으로 이해한다. 이러한 계획이론의 변화는 크게 '합리적 종합계획이론'에서 '협력적 계획이론'으로의 변화라고 정리할 수 있다.[6] 합리적 종합계획이론은 18세기 이후 근대 산업사회의 등장과 국민국가의 형성을 배경으로 탄생한 공공계획(public planning)의 개념에서 출발한 것으로, 이성적 세계관과 과학적 합리성에 충실한 이론적 패러다임이라고 할 수 있다.

여기에 위르겐 하버마스의 '의사소통적 합리성'(communicative rationality)은 기존 이론의 국가 중심의 하향적 접근과 현상 유지적 성향을 거부하는 데 영향을 주었으며, 이것은 대화와 토론을 통한 사회구성원 전체의 토론 및 합의 과정이 중요하게 부각되는 계기가 되었다. 다양한 주체의 협력적 계획이 도시에서도 중요하게 되었으며, 종전의 국가중심적 또는 거시구조적 접근은 점차 시민사회 또는 단위 커뮤니티 중심의 계획 담론으로 확장되고 있다.

이것은 도시가 더 이상 일방적 위계 구조에 의해 형성되지 않음을 보여준다. 다양한 커뮤니티의 부각과 삶의 질 향상을 위한 노력들은 이러한 변화의 일환이라고 할 수 있다. 또한 새롭게 부각된 가치들은 글로컬(glocalization, 세방화)한 시대적 요청과 지속가능성 이념의 개별적 실

---

5 John Reader, *Cities* (New York: Grove Press, 2006), 김명남 역, 『도시, 인류 최후의 고향』(지호, 2006), 254-257쪽

6 안명준, 배정한, 「통합적 환경설계 이론 기초 연구」, 『한국조경학회지』 37(2), 2009: 14-25쪽

천을 요청하기도 한다. 도시 이론의 패러다임 변화에서 보듯 우리 도시는 점차 각자 개인이 소비하는 공간이 아니라 소통하며 각자 나름의 삶의 가치를 추구하는 생산공간으로 탈바꿈하고 있다. 따라서 도시는 이제 삶을 소비하는 공간이 아니라 가치의 생산공간이라는 새로운 가능성에 눈뜨고 있는 셈이라 할 수 있다. 이런 측면에서 볼 때 우리의 도시농업이 경제성을 기반으로 하는 생산적 활동이라기보다는 심미성을 기반으로 하는 실천적 활동이라는 의미로 먼저 다가오는 것이 충분히 이해된다. 특히 우리의 도시농업은 더욱 그러하다.

● 농업실천의 전환: 경제성에서 심미성으로

보릿고개를 경험한 후 우리나라의 농업은 과거와는 다른 생산의 방식을 모색한지 한참이 지났다. 농촌의 모습은 점차 1차 산물을 통한 직접적 성과보다는 녹색관광, 농촌체험 등과 같은 2, 3차 성과에 더 초점을 두기도 한다. 이것은 농업이 산업적 측면에서보다는 심미성 측면에서 중요해짐을 보여준다. 즉 이미 농업은 고부가가치의 일부 농산물을 제외하고는 그 직접적 산물을 통한 가치 창출보다 그 생산의 과정이 주는 참여와 체험의 가치를 통해 더 주목받게 된 것이다.

여기서 더 나아가 농업 기술의 발달은 땅과 작물의 관계도 재설정하는 양상이다. 아직 기술의 보급이 보편적인 것은 아니나 흙 없는 농업, 햇볕 없는 농업이 얼마든지 가능하다. 그러나 지금의 도시농업이 보편적으로 강조하는 점은 이러한 하이 테크놀로지의 실천이 아니다. 여기에서는 전통적 농업 활동이 주는 노동의 가치에 더 방점을 둔다. 흙을 만지고 햇볕을 느끼며, 그 사이에서 땀 흘려 기르는 작물의 가치에 더 관심을 두는 것이다. 새로운 기술에 대해 결과적 산물만을 기준으로 본다면 들이는

〈그림 10-3〉 경계진 텃밭의 모습. 경계 짓고 한정된 텃밭은 정원의 본질과 닮아 있다.

노동력이나 에너지에 비해 경제성과 효율성이 더 높게 평가될 날이 멀지 않았을지 모른다. 그러나 과정적 산물을 기준으로 본다면 하이 테크놀로지의 실천이 도시농업 실천에서는 그다지 의미가 크지 않은 듯하다. 작물을 심고 기르는 데 더 방점이 있기 때문이다.

이런 측면에서 도시농업을 먼저 산업적 측면(경제성)에서 바라보는 데 주저하지 않을 수 없다. 그것은 도시농업이 삶의 질 향상, 또는 삶의 실천적 확장이라고 이해할 때 문화적 측면에서 먼저 살피고 그 향방을 고려해야 하기 때문이다. 문화 프로그램으로서 먼저 이해하고 그것이 공간 또는 장소와 어떻게 잘 융합될 수 있도록 지원할 것인지 먼저 고민하고 고려되어야 하는 것이다. 그 과정에서 도시농업의 사회적 위상이 확정될 것이며 커뮤니티와 도시 간의 유기적 연계도 가능할 것이다.

한편에선 우려할 수 있다. 그것은 지금의 우리 도시농업 실천들과 이러한 의미적 확장 사이에 다소 거리가 있지 않나 싶기 때문이다. 취미로서의 텃밭 가꾸기에 도시적 녹지 네트워크라는 거대한 의미를 부여한다거나, 그저 내가 기른 풋고추, 상추 몇을 맛보기 위한 활동에 사회적 커뮤니티 활동이라는 공적 의미를 부여한다거나 하는 것들 말이다. 방법은 다양하게 고민될 수 있다. 다만 그 방법들에 어떤 일정한 방향을 강요하지 않는 것이 중요하다.

● 정원의 전환: 사적 공간에서 공적 공간으로

정원은 본래 구획된 지역에서 이루어지는 생산과 즐김(pleasure)의 공간이었다. 그러나 한정은 필연적으로 공간의 사유화를 낳았는데, 이것이 점차 배타적인 성격을 강화하면서 정원이 일반으로부터 멀어지는 결과를 가져왔다. 시민사회의 발전은 그것을 공원이라는 이름으로 공공에 되돌려주었는데, 이때 정원(garden)이 퍼블릭파크(public park)로 확대된 점은 주목할 만하다. 이것이 정원에 대해서는 여전히 사적 공간으로 여기되 새롭게 제공되는 공적 영역에 대해서는 파크로 따로 구분하도록 만들었기 때문이다. 퍼블릭파크는 많이 있지만 퍼블릭가든이 활발하지 못한 것이 이를 단적으로 보여준다.

여기에는 정원의 몰락과 부활이라는 조경사적 변화가 배경으로 작용한다. 19세기까지 이루어진 정원의 몰락과 1980년대 이후 점차 관심의 대상으로 부각된 정원의 부활 사이 약 1세기에 걸친 홀대를 우리는 잘 살펴야 한다. 거기에는 정원에 대한 의미 상실과 주변부화, 정원 가꾸기의 비경제성과 비민주성, 자연과 문화 사이의 분절, 자본주의 상업성의 부각 등 문화사적 변화가 작용하고 극복되는 과정이 고스란히 담겨 있다. 최근 정원이 주목받게 된 것은 정원이 문화와 자연의 접점으로서

부각되고 노동과 예술이 통합되는 장이자 문화적 자연이라는 '제 3의 자연'으로서의 지위가 중요해졌기 때문이다.

조경 분야에서는 이 점을 좀 더 살펴봐야 한다. 퍼블릭파크와 퍼블릭가든 사이의 간극에서 오는 다양한 시도가 있고 이를 적극 수용하려는 설계 차원의 아이디어와 노력도 많기 때문이다. 프라이빗가든(private garden)과 퍼블릭가든(공공정원) 사이에는 모순과 어패가 있을지 모른다. 그러나 도시농사, 도심텃밭이 이러한 어패 또는 모순을 새롭게 변화시키고 있음은 분명하다. 도심텃밭의 커뮤니티 형성 기능과 도시 미관 향상 기능, 도시 녹지 네트워크 기능, 커뮤니티 활성화 기능 등 한정된 정원에서는 볼 수 없던 공적 활동들이 활발하기 때문이다. 이러한 양상에 보다 적극적으로 '공공정원'이라는 명칭을 부여해주는 것도 필요하다고 생각한다. 도시농사는 이러한 측면에서 조경의 추가된 방향성이자 실천 영역으로 검토될 수 있다.

이런 측면에서 현대 도시공원(urban park)의 생산적 기능에도 주목할 필요가 있다. 현대 도시계획시설로서의 공원 기능에는 이러한 측면이 충분히 반영되어 있지 못하다. 이를 검토하여 부각되고 있는 도시농사, 정원문화의 요청들을 수용해야 한다. 생산 공원과 공공정원의 가치는 몇 가지 방식으로 요약될 것이 아니라 보다 확장적으로 탐구해야 할 새로운 영역이기도 하다.

우리 도시농사의 모습

이처럼 지금 우리 도시농업을 둘러싼 배경에는 사고와 태도의 전환이라는 큰 흐름이 자리하고 있다. 도시가 점차 주인공이 된 도시민들의 삶과 문화의 중심으로 되살아나고, 농업이 지난 시대의 생산 방식이 아니라 체험적 가치와 노동의 아름다움이 가득한 현대적 실천 활동으로 강조되고, 정원이 사적 활동의 장이 아니라 공적 교류와 실천의 장으로 재발견되면서 도심텃밭이 새로운 의미를 가지고 우리 도시에서 정원문화로 재탄생하고 있는 것이다.

여기서 다시 강조하고 싶은 점은 지금 우리에게 텃밭은 노동과 예술, 삶의 실천 등이 통합된 작은 정원으로 이해될 수 있는 점이고, 그 정원은 자연을 체험하고 일상을 실천하는 도심의 중요한 자연 체험의 장소라는 점이다. 그리고 그러한 실천의 과정에서 발생하는 부산물, 예컨대 도심 열섬화 저감, 에너지 절감, 커뮤니티 형성, 정서적 효과, 생태계 강화 등은 도심 퍼블릭가든이 주는 지속가능성에 대한 이점의 일부가 된다는 점이다.

도시 정원은 그 역사가 짧지 않다. 정원을 만드는 행위를 조경이라고 할 때, 조경의 시원은 건축, 토목, 원예 등 원시에서 시작된 인접 분야와 비슷한 시점으로까지 거슬러 올라간다. 이때부터 조경은 하나의 문화로 이해되고 받아들여지며, 조경의 대표적인 산물인 정원은 여러 가지 조경 중에서도 조경문화의 정수를 보여주는 대상이라고 할 수 있다.

여기서 정원은 전통적으로 특정한 소유자와 한정된 공간에 있는 것(the enclosed garden)이 원래 모습이었다. 그러나 현대의 정원은 누구 한 사람만의 점유물이라고 하기에는 주변 경관에 미치는 영향이 커졌고, 정원의 한 유형인 텃밭 또한 그 산물이야 소유자에게 한정될 수 있다지만 주변 경관에 미치는 영향은 우리 모두의 것(the disclosed garden)이 되었다고 할 수 있다. 그러므로 현대 도시의 텃밭은 쉽지 않겠지만 배타적

이어서는 곤란하다. 내게 몸이 먼저 즐거운 텃밭이면서 남에게 마음이 먼저 즐거운 텃밭정원(public garden)이어야 한다.[7]

● 우리의 전통 도시농사

과거의 도시는 지금과 같지 않았다. 도성의 형태를 완고히 했던 조선시대만 하더라도 궁과 도성 내외에는 다양한 형태의 생산용 땅(텃밭)이 있었다. 당시 회화에서 도심텃밭 활용 모습은 시각적으로 확인할 수 있다. 〈동궐도〉를 보면 근농장(勤農場)의 모습을 확인할 수 있는데 이는 왕이 생산의 과정을 몸소 체험하기 위한 일종의 시험 포지이자 텃밭이었다. 풍흉을 점치고 농사의 노고를 체험하면서 백성을 위한 정사에 충분히 참고하였던 나름의 기능적 텃밭이었던 것이다.

민가 텃밭의 경우는 좀 달랐다. 성 밖 또는 성내 토지에 구획을 지어 텃밭을 일구었는데 성내 텃밭의 경우는 식생활과 의생활을 위한 생활밀착형이었던 것으로 보인다. 사대부 민가를 그린 작자 미상의 〈옥호정도〉에서는 과원과 채원이 당시 공간적으로 어떻게 배치되었는지 직접적으로 확인할 수 있다.[8] 또 다산 선생의 『목민심서』에는 선생이 서울에 살 무렵 공무를 마치고 집에 돌아오면 직접 잔가지를 잘라주면서 뽕나무를 가꾸었다는 기록이 있는데, 수년 후 무성하게 자라 해마다 비단을 짤 수 있었다고 한다.[9] 이러한 당시의 이용은 낙안읍성의 성 내외 텃밭 모습에서도 짐작해 볼 수 있다. 그림과 문헌만으로 온전히 확인할 수는 없겠으나 이미 오래

---

7 Architecture International Rotterdam, *The Public Garden: the enclosure and disclosure of the public garden*, edited by Anne-Mie Devolder (Rotterdam: NAi., 2002)

8 정재훈, 『한국전통조경』(도서출판 조경, 2007), 278쪽

9 정약용, 『목민심서』, 다산연구회 편역, 『정선 목민심서』(창비, 2007), 205쪽

〈그림10-4〉〈동궐도〉(부분)의 근농장(勤農場)과 〈옥호정도〉(부분)의 민가 텃밭 모습

〈그림 10-5〉 남원 몽심재 텃밭. 일상과 생산이 어떻게 조화를 이룰 수 있는지 전통 주거공간은 보여준다.

전부터 도성 내 백성에게 텃밭은 작물을 생산하여 먹기도 하고, 팔기도 하는 중요 경제적 수단이자 정원이었다.

오늘날 정원이라고 하면 보기 좋은 경치를 집안에 꾸며놓고 즐기는 열락정원(悅樂庭園, pleasure garden)을 먼저 떠올린다. 그러나 앞에서처럼 맨 처음 생겨난 정원은 집안 살림을 펼쳐놓은 마당이기도 하였고, 부족한 먹을거리를 보충하고 약초를 키우기 위한 실용정원(實用庭園, utility garden)이기도 하였다. 프랑스의 조경가 질 클레망(Gilles Clément)은 이런 정원의 시작을 채소밭에서 찾기도 한다. 최초의 정원은 식량 생산을 위해 만들어졌고, 거기에서 시작된 채소밭 정원을 통해 모든 정원이 태어

〈그림 10-6〉 영등포공원에 마련된 텃밭

난다고 강조한다.[10] 이러한 정원의 원형을 황기원은 ① 위요공간(enclosed space)으로서의 정원(gher), ② 생산 환경(productive environment)으로서의 정원(hortus), ③ 열락장소(pleasure place)로서의 정원(eden)의 세 가지 유형으로 구별하기도 한다.[11]

● 우리 도시농사의 현장

도시농업 실천 단체들에 따르면 현재 우리 도심의 텃밭 공간 확보는 어렵거나 부족하지 않은 것으로 지적된다. 시민들의 요구에 따르면 3~10평 정도의 텃밭 공간이 적정 규모로 지적되기도 하는데[12], 실내외 자투리 공간과 텃밭상자의 활용으로 농사일은 도심 어디에서도 가능하다고 한다.

도시농사가 본격적으로 강조되기 시작한 것은 산업혁명 시기로 지적되는데, 더 나은 미래를 꿈꾸며 밀려드는 사람들에게 부족한 물자 보충을 위해 생산의 터전을 제공하면서부터였다. 영국에서는 1930년대

---

10 질 클레망, *Une breve historie du jardin*, 이재형 역, 『정원으로 가는 길』(홍시, 2012), 20~28쪽

11 황기원, 「정원의 원형 시론」, 서울대학교 『환경논총』 20(1987)

12 김수봉, 『공원녹지정책』(대영문화사, 2004), 277쪽

〈표 10-1〉 현대 정원의 구분(1)

정원 유형 구분	대표적 정원 사례
감상 중심형 정원 관조적 감상을 위한 정원. 특별한 실용적 목적보다는 도시 풍경을 잠시 벗어나 자연이 주는 아름다움을 향유하기 위한 정원. 주택정원, 공원, 실내정원 등  아파트 정원	• 자연풍경식 정원(Picturesque Garden): 자연의 모습에 최대한 가깝게 만든 정원 • 암석원(Rock Garden): 기암괴석이 주는 아름다움을 감상하기 위한 정원 • 야생화 정원(Wild Flower Garden): 쉽게 볼 수 없는 귀한 식물을 모아놓은 감상형 정원 • 장미원(Rose Garden): 화려한 꽃의 장미를 주제로 만든 정원 • 조각정원(Sculpture Garden): 예술품과 정원이 어우러져 소요하며 즐기는 정원
참여 중심형 정원 문화적 자연에의 참여를 위한 정원. 정원 만들기와 가꾸기에 직접 참여하는 과정 자체를 중시하며 이러한 경험을 다음 세대와 공유하는 데 의미를 둠. 화단, 주말농장, 텃밭, 영농체험장 등  시민들이 함께 만든 한평공원	• 약초원(허브 가든, Herb Garden, Herbary): 다양한 허브 채소를 기를 수 있는 정원. • 채마밭(Kitchen Garden): 식용 채소를 집터 주변에서 길러 먹던 텃밭정원 • 채소원(Vegetable Garden): 다양한 식용 채소를 기르는 정원 • 주말농장(Hobby Farm, Weekend Farm): 도시 인근에 만들어진 농장으로 농사일을 체험하며 실제 작물도 생산하는 확장된 의미의 정원 • 영농체험장(Farming Experience Center): 도심이나 공원, 하천변 등에서 농사일을 체험할 수 있게 만든 장소 • 커뮤니티 가든(Community Garden): 도시나 마을 등 삶의 공간에서 공동체를 이루어 가꾸는 정원 • 학교정원(School Garden): 정원일을 교육과 연계한 학교 내 조성 정원
표현 중심형 정원 정원 작업을 통해 내적인 표현 욕구를 충족시키는 정원. 참여 활동이 기본이지만 보다 대중적인 차원의 정원이 기능함. 대지예술, 미니멀 가든, 수목원 등  작품 활동으로서의 정원	• 미니멀 가든(Minimal Garden): 형태의 단순화된 아름다움을 조형예술을 중심으로 표현한 정원 • 토피어리 가든(Topiary Garden): 식물을 이용하여 조각하듯 예술적 조형물을 만들어가는 정원 • 온실(Greenhouse): 기후에 맞지 않는 식물을 키우거나, 묘목을 기르기 위한 시설 정원 • 수목원(Arboretum): 취미에 따라 다양한 수목을 한곳에 모아놓은 공적, 사적 정원 • 식물원(Botanical Garden): 식물 연구나 관람을 위해 한곳에 다양한 종류의 식물을 모아 기르는 시설 정원

〈표 10-1〉 현대 정원의 구분(2)

정원 유형 구분	대표적 정원 사례
도시 기능형 정원 도시적 기능을 가진 녹색공간으로 특정 감상자만을 위한 것이 아니라 다양한 도시적 효과를 고려한 정원. 커뮤니티 가든, 옥상정원, 비오톱 가든 등  도심 녹지기능의 정원	• 옥상정원(Roof Garden): 건물 옥상이나 건축물에 만든 정원 • 비오톱 가든(Biotop Garden): 연못을 중심으로 도심에 소생태계를 형성하는 정원 • 실내정원(Interior Garden): 공기정화, 식물감상 등의 목적으로 실내에 만드는 정원 • 박람회 정원(Expo Garden): 행사 후 도시기능의 일부로 재사용하는 장기적 · 단기적, 도시적 기능 고려가 가미된 정원 • 레인 가든(Rain Garden): 도시의 빗물을 옥외공간에서 관리하기 위한 도시 녹색인프라로서의 녹지

전쟁의 와중에 '승리를 위해 일구자'는 슬로건까지 내걸며 경작지 대여를 의무화하기도 하였다. 쿠바에서는 미국의 경제 봉쇄 정책이 시행되던 1990년대 중반, 식량 위기를 타개하기 위해 정부 주도의 도시농업이 장려되어 2006년 현재 아바나시의 경우 야채 소비량의 60퍼센트 이상을 도시에서 생산하고 있기도 하다.[13]

도시농업은 이처럼 사회적, 산업적 요청으로 강조되어온 것이 사실이다. 이러한 사례는 우리 도시농업의 현장에서도 관찰된다. 대표적인 경우가 실천가들을 중심으로 도시농업이 주는 체험적 기능을 사회적 기능으로 확장하여 자녀 교육, 사회복지 확대, 일자리 창출 등의 문제 해결 대안으로 강조하는 것이다. 이를 위해서는 대규모의 텃밭 공간 확보가 필요한데 공원 부지를 통해 이를 해결하자는 주장으로 연결되기도 한다. 그러나 이것은 자칫 공원의 쓰임과 텃밭의 쓰임이 충돌하게 하기 쉬우

13 John Reader, 앞의 책, 264-269쪽

며, 산업적 측면에서 접근하여 현대 텃밭이 가진 문화적, 공간적 의미를 충분히 고려하지 못하고 공원이 가진 풍부한 사회적, 경제적 쓰임을 한정하는 일이 될 수도 있다.

그러나 도시공원의 총체적 기능을 고려한다면 향후 전개될 도시농사와의 혼성은 우리 문화와 사회를 보다 풍요롭게 할 것이다. 그렇지만 그것은 소통과 협력을 장려하는 방향에서, 도심텃밭은 어디까지나 도시정원의 일부이며 공공정원의 성격에서 벗어나지 않는 방향에서 가능할

〈표 10-2〉 도심텃밭의 유형 구분(1)

<table>
<tr><th colspan="2">텃밭 유형 구분</th></tr>
<tr><td>자투리 공간 텃밭
</td><td>• 건물 앞뒤 작은 공간부터 모서리 부분, 길가 등의 자투리 공간 텃밭. 자연지반인 경우도 있으며, 특별한 부가 요소 없이 돌을 골라내고 흙을 부드럽게 한 후 필요한 작물을 심고 가꿀 수 있음
• 햇볕이 잘 드는 공간이면 어디든지 가능한데, 상추, 고추와 같은 작물을 어렵지 않게 기를 수 있음
• 자투리 공간은 대체로 주택가에 많으며, 모양이 일정하지 않음. 대로변이나 하천 주변에서도 많이 볼 수 있는데 토지 소유자와 특별한 약정 없이 이루어지는 경우가 많으므로 주의가 필요함
• 화분이나 상자를 활용한 인공지반을 텃밭으로 이용하기도 하며, 대부분 인근 주민 또는 건물 관리인들이 만드는 경우가 많음</td></tr>
<tr><td>플랜터텃밭
(화분, 용기, 상자)
</td><td>• 자연지반의 확보가 어려운 경우 볕이 좋은 곳에 상자를 구비하고 흙을 채워 텃밭을 만들 수 있음. 식물 성장을 위한 적절한 조건과 환경을 인위적으로 만들어줌
• 대부분의 채소와 관목류는 뿌리가 천근성이어서 깊은 토심이 필요하지 않기 때문에 화분과 같은 텃밭 상자만으로도 충분함
• 최근에는 텃밭 용기가 제품으로 개발되었고, 일조량이 적은 밀집된 주거지역의 경우 거울을 활용하는 기술까지 등장함
• 아직까지 우리 도시에서 텃밭상자는 화분이나 스티로폼 형태처럼 쉽게 구할 수 있는 재료를 활용하는 경우가 많음</td></tr>
</table>

〈표 10-2〉 도심텃밭의 유형 구분(2)

텃밭 유형 구분	
옥상텃밭(옥상정원) 	• 건물의 상부에는 인공지반이 필요한데 화분을 쓰거나 일부 구역에 복토를 하기도 함. 옥상정원이 텃밭이 되기도 함 • 건물이 감당할 수 있는 범위에서 흙과 수분을 조절해야 함 • 경량 인공토와 일반 흙을 적절히 사용하는 것이 좋으며, 배수판을 설치하거나 관수시스템을 고려해볼 필요도 있음 • 기능적 옥상정원이 정책적으로 장려되기도 하는데 이때는 주로 건물의 에너지 절감 차원에서 지적됨 • 교육 프로그램이 결합되어 아이들의 농사체험 또는 자연체험의 장으로 적극 활용되기도 함
실내텃밭 (베란다, 발코니, 로비, 거실 등) 	• 햇볕이 잘 드는 거실은 일종의 온실 역할을 하기도 하므로 식물의 생육에 좋은 조건이 만들어지기도 함 • 실내 환경을 조절하기 위해 식물을 활용하기도 하고 감상을 위해 작은 정원을 만들기도 함 • 온전히 실내에 두기 어려운 경우는 발코니나 베란다를 이용 • 대형 몰에 만들어지는 정원은 인테리어 차원에서 다루어지는 경우가 많지만 아직까지 실내텃밭의 형태가 많지는 않음 • 자연 채광을 위해 광섬유를 활용하거나 LED 조명도 활용함
공원 및 녹지텃밭 (오픈 스페이스) 	• 비교적 대규모로 만들어지고 지역 커뮤니티와 연계되는 영농체험형 텃밭이 공원 내에 들어서기도 함 • 사회적 프로그램이 함께 운영되는 경우가 많아 아이들 교육과 체험에 큰 도움이 됨 • 공원의 일정 공간을 논이나 텃밭 형태의 영농 공간으로 만들기도 하며, 하천변이나 도심 인공지반 위에 만들기도 함 • 적극적인 조성과 관리로 만들어지는 영농체험장이 있는가 하면 도시 그린벨트 지역에 무단으로 조성되는 경우도 있음
주말농장과 관광농원 	• 도시 근교의 여가 활동을 위한 농장. 다양한 방식으로 운영되나 일정 공간을 분양받아 운영함 • 온전히 시간을 들여 농사에 전념할 수 없는 도시민들의 생활 패턴을 잘 반영함. 단순 영농 체험보다는 여가를 즐기며 활용하고 자연을 체험(자연학습)하는 데 더 큰 의미가 있음 • 1980년대 중반 관광농원이 추진되기도 하였는데 농촌의 자연 경관을 여가 활용의 차원에서 이용하자는 목적이었음. 위락시설, 음식시설, 숙박시설 등 관광단지 차원에서 투자가 이루어진 면이 많아 현대 도시농업의 접근과는 다소 차이가 있음

것이다. 이를 위해 도시농업과 조경을 함께 이해할 필요가 있으며, 현대 정원의 몇 가지 유형과 기능에 대한 배경적 이해가 필요하다. 현대 정원[14]은 우리 도시에서 몇 가지 유형으로 나뉘어져 그 역할과 기능을 한다.

기본적인 농사 조건이 갖추어지면 농사체험이 가능하다. 이때 텃밭을 가꾸는 시민들의 여가 활용 특성에 따라서 도시농사 양상이 구분될 수 있다. 이는 농업 생산 활동의 주인공들을 중심으로 하는 것이며, 그 구분은 다양한 목적과 교류에 따라 달리 될 수 있다. 텃밭정원은 따라서 농업이 가능한 터를 어디에 두느냐에 따라 그 유형이 먼저 달라진다. 이것을 바탕으로 현대 도시에서 나타나는 실제 텃밭의 모습을 살펴보면 앞의 표 10-2와 같다.

텃밭정원과 도시의 공진화(coevolution)

생산과 여가가 통합된 도시로의 재탄생이라는 시대적 요청 속에서 도시농사는 세분된 전문 분야에 통섭의 화두를 제시해준다. 유리된 일상과 도시를 통합하고, 기계적 공간과 정서적 감흥을 통합하고, 나아가 소비와 생산을 융합하고, 깊이에만 몰두하는 전문 분야들을 인접 분야와 먼저 교류하도록 요청하는 것이다. 정원이 그 대표적인 교류의 장으로 부각되며, 오래도록 감상의 대상으로만 보았던 정원에 대해 생산의 의미를 되살려주는 것만으로도 그 시사하는 바는 작지 않다.[15]

---

14 정원의 확장이 공원이고 이것이 다시 삶의 측면과 만난다고 할 때 넓은 의미에서 현대의 공원은 넓은 의미의 정원으로 볼 수 있다. 표 10-1 참조.

15 Architecture International Rotterdam, *The Public Garden: the enclosure and disclosure of the public*

이와 함께 조경에 있어 이용자, 즉 조경산물의 소비자에 대한 면밀한 접근도 필요하다. 그것은 대중의 감성과 취향을 어떻게 수용할 것인가에 대한 문제를 던져준다. 누구나 작품을 만들 수 있는 시대이자 아름다움을 추구하고 향유할 수 있는 시대이기에 그것이 지향하는 예술적 경지(경계)에 대한 관심을 늦출 수 없는 것이다.

● 조경미학과 조경의 실천

단절되다시피 한 과거 정원예술이 성취해온 예술적 감성과 실천의 상황들을 그대로 현대 조경 실천과 같은 것이라 말할 수는 없다. 자연과 만나고 풍경의 미학을 말하는 조경의 본질적 속성을 볼 때 뭔가 예술로서의 접점이 있을 것 같기는 한데 조경을 예술이라고 직접적으로 말하는 사람이 그렇게 많지 않고, 정원예술을 순수예술의 그것과 동등하게 인정하지도 않는 상황에서 현대 정원의 위상이 고민되는 것이다. 그런 점에서 정원과 공원의 융합은 의미 있는 양상으로 다가온다. 단순히 정원이 크게 확대된다고 하여 공원이 되는 것은 아니기 때문이다. 정원과 공원의 융합은 정원이라는 경계가 분명한 사적 활동이 복잡한 도시에서 경계가 불분명한 공적 활동으로 확장된 것으로 이해할 수 있다. 아직 정원일이 가진 예술적 가능성이 공적 영역으로까지 확대되지 않은 상황이지만 이것이 점차 정원과 공원의 경계를 지우고 있다는 점에서 면밀한 검토가 필요한 시점임은 분명하다.

지금까지의 사례를 살펴보면, 우리나라의 도시농업은 대중예술을 지향한다. 그것은 경제성을 완전히 배격한 것도 아니고, 순수예술에 완

---

garden, edited by Anne-Mie Devolder (Rotterdam: NAi., 2002)

전히 매진하고자 하는 것도 아니다. 그렇다고 생태주의, 생태미학, 생태적 농업이라는 큰 가치를 온전히 실현하기 위한 것도 아니다. 그것은 우리 일상의 아름다움을 형식적 차원이 아니라 내용적 차원에서 삶의 측면으로 불러들이는 일일 뿐이다. 자연을 일상으로 불러와 정원으로 가꾸는, 즉 정원을 '풍경텃밭'으로 두고 즐기려는 모두의 예술일 뿐이다. 그런 측면에서 우리는 대중예술의 미학이라는 입장에서 도시농사의 결과물에 사고의 즐거움을 부여할 수 있다.[16]

그렇다면 지금 조경의 지향은 무엇이어야 할까? 그것은 조경의 결과가 서비스되는 최종 목적지를 향해야 할 것이고 그것은 도시민 모두가 수요자가 되는 걸 기본으로 한다. 우리가 지금 대중예술이라는 측면을 고민해야 하는 것도 이 때문이다. 이를 위해 먼저 '정원-텃밭(생산경관)-공원'으로 이어지는 대상물의 스펙트럼을 면밀히 살펴야 한다. 기대와는 달리 조경의 대중적 확장 과정은 굉장히 무겁고 어렵게 진행되어왔는데, 이는 그 산물의 모호함에서도 발생하지만 결과적으로는 그 지향이 대중적이지 못하였음도 보여준다. 도시농사는 도심에서의 농업 기술 발달 덕분에 정원의 가능성을 순수예술의 측면에서가 아니라 대중적 측면에서 확장시키는 계기로 작용된다. 그것은 국외의 사례가 아니라 우리나라에서 시작되고 있다는 데 큰 의미가 있다. 정원과 공원의 공진화(coevolution)를 함께 생각하자는 것은 이러한 배경 때문이다.

이러한 배경 아래, 조경미학의 관점에서 보면 에밀리 브래디(Emily

16 대중예술이라고 하면, 얼마 전까지만 해도 그 통속성으로 인해 저급하게 받아들여졌다. 그러나 누구나 작품의 생산자가 될 수 있는 시대가 되면서 대중의 예술은 그 위상을 달리한다. 대중예술의 미학적 접근에 대한 이론은 최초의 대중예술미학자 박성봉의 저작에서 다양하게 확인할 수 있다. 참조, 박성봉, 『대중예술의 미학 - 대중예술의 통속성에 대한 미학적 접근』(동연, 1995)

Brady)의 견해는 의미 있게 다가온다. 미학자 스테파니 로스가 정원이 우리의 삶에 부여하는 의미를 감각적 즐거움, 지식과 사고의 환기, 행위의 장이라는 세 가지 측면에서 파악하고, 아놀드 벌리언트가 참여 개념을 통해 경관과 감상자의 전체적인 통합 상황을 제안한 것에 반해, 그는 '통합미학'(the Integrated Aesthetics)을 통해 보다 확장된 미학적 입장을 취한다.

에밀리 브레디는 벌리언트식의 전체론적인 해석이나 완전히 몰두하는 참여를 강조하지는 않는다. 대신 그는 통합미학의 요소로서 다감각적 참여, 무관심성, 정서와 기분, 상상력 등을 지적하며, 풍경의 미적 감상을 더 개방적이고 풍부하게 할 수 있다고 주장한다. 상상력은 통합미학의 구성요소 가운데서 가장 중요하게 다루어지는데, 그것은 예술작품에의 참여에서 나타나는 것이 아니라 일상적인 영역에서 미적 영역으로 가져올 때 나타나는 것으로 본다. 브레디는 상상력이 인간의 경험 중 하나이며 예술작품은 그런 경험 중의 하나일 뿐임을 강조한다. 상상력은 풍경을 미적으로 감상하는 일반적인 방식을 넘을 수 있는 새로운 가능성을 보여주는 것이다.[17]

이처럼 조경미학적 접근은 조경의 실천적 확장의 단서를 제공해 준다. 17세기 픽처레스크 논쟁을 반복하는 것처럼 보이기도 하지만, 경관과 풍경을 중심으로 진행되는 이러한 미학적 이론 변화는 조경에 새로운 형식의 실천을 요청한다. 상상력과 같은 개인적 차원의 콘텐츠가 통합의 핵심 주제로 지적되는 점은 큰 의미가 있다. 통합미학의 핵심적 측면이 농업이라는 실천적 측면과 도시농사라는 주제로 접속하는 지점이

---

17 Emily Brady, *Aesthetics of the Natural Environment* (Alabama: The Univ. of Alabama Press, 2003). 이에 관한 국내 연구로는 남정순, 『풍경의 미적 감상에 관한 연구: 에밀리 브레디의 '통합미학'을 중심으로』(영남대학교 박사학위논문, 2007)가 있다.

기 때문이다.

● 생산경관의 부활과 아방-가드닝

도시에 되살아나는 텃밭들은 새로운 자연 활용법을 보여준다. 정원이란 자연을 만나고 이용하던 곳이었는데 현대의 그것은 마이클 폴란(Michael Pollan)식으로 말하면 '세컨드 네이처'(second nature)를 일상적으로 경험하는 곳이 되었다. 이것은 감상만을 위한 정원 소유가 바뀌는 계기이며, 도시 커뮤니티 형성의 매개체 기능까지 포함한다.

도시농사는 랜드스케이프의 감상적 측면에 더하여 생산성이라는 새로운 측면을 지적해준다. 이것은 조경의 대상물인 경관이 측정할 수 없는 감상적 가치가 아니라 직접적인 산물과 행동으로 재접속하는 모습을 보여준다. 경관의 역동성이 되살아나는 것으로, 명사가 아닌 동사로서의 경관에서 더 나아가 형용사(감탄사)로서의 경관이 되어감을 의미한다.

농촌진흥청의 2011년 연구에서는 도시농업이라는 행위가 도시민을 행복으로 이끄는 데 있어 다섯 가지의 매력을 준다고 지적한다. 그것은 몸과 마음의 건강, 가꾸는 재미, 나누는 행복, 뿌듯한 자부심, 먹는 즐거움 등이다. 도시와 농업이 만나서 이루는 가치는 경제적, 환경적, 사회적, 교육적 측면에서 중요하다고 지적된다. 그리고 그것은 농업의 새로운 블루오션으로서 기대하게 만드는 요인이다.[18] 그러나 농업은 이제 일반적으로 잘 알려진 '농업'으로서의 이해를 넘어서 생산이라는 특권을 지향하는 인프라스트럭처(infrastructure), 어바니즘, 건축, 조경의 변형으

18 송정섭, 한승원 등, 「도시농업의 매력과 가치」, 『인터러뱅』 5호 (농촌진흥청, 2011)

로서 이해해야 한다.[19] 그것은 농사일(정원일)이 이미 실천적 삶, 문화로 되살아나고 있음을 보여준다.

여기서 한나 아렌트(Hannah Arendt, 1906~1975)가 활동하는 삶의 기초로 지적한 '노동(labor, 근로), 일(work, 작업), 행위(action)'를 생각해 볼 수 있다. 노동이 사적인 필연성에 속하는 고역이자 일시적인 것이라면 일은 공적이고 창의적인 특성을 보인다. 행위는 사람과 사람 사이 사물을 거치지 않는 활동이다.[20] 작업의 영역에서는 인간이 노예가 아닐 수 있다. 정원에서 일은 노동이라기보다는 작업으로서 인간과 세계가 만나는 상황을 만들어준다. 따라서 이르조 세판마는 "작업(work)의 미학은 만족을 생산해주는 일(work)의 중요성을 강조해준다. 여기서 노하우와 디자인 솜씨가 사회적 이상과 목적에 결합된다."는 지적으로 경험의 환경으로서 정원일이 사회적 조경과 어떻게 만날 수 있는지 말해준다.[21]

그것의 대표 격으로 '전위적 가드닝'[아방-가드닝(Avant-Gardening)]은 도시의 재생까지 불러오는데 뉴욕을 중심으로 벌어지는 스쾃(squat)의 변형된 모습이라고 할 수 있다. 스쾃이 소유자가 불분명하거나 방치된 건축물을 불법점거하는 행위라면, 아방-가드닝은 소유자가 불분명하거나, 투자가치가 없어 방치되었거나 한 토지를 정원일(가드닝)에 사용하는 것이다. '커뮤니티 가든'과 '아방-가드닝'은 간단히 말해 표면상으로는 시의 소유지이지만 사실상 버려진 조그마한 땅을 지역주민들이 협력해

---

19 캐서린 베넷(Katherine Bennett), 「공원 디자인의 새로운 변화와 전망」, 『도시공원 국제심포지엄-도시공원에 대한 새로운 지평』(한국조경학회, 2010), 95쪽, 재인용.

20 Hannah Arendt, *The Human Condition* (Chicago: Univ. of Chicago Press, 1958), 인진우, 태정호 역, 『인간의 조건』(한길사, 2010)

21 Yrjö Sepänmaa, *The Beauty of Environment*, (2nd ed.) (Denton, Tex: Envirnmental Ethics Books, 1993), Tex: p.76.

서 정비하고 일구어 식물을 심고 정원을 만드는 운동이다. 전쟁이나 불황 같은 국가 주도로 제공된 것이 아니라 지역민들이 자율적으로 '공공공간'을 다시 세우고 음식을 생산하는 것이다.[22] 이로써 도시의 불법점거운동이라는 딱지를 떼고 도시 외부공간을 재생시키는 새로운 방법으로서, 특히 장소 재(再)형성의 새로운 시도로 주목받게 된다.

● 통합성(integrity) 구현과 조경의 확장

다이애나 발모리는 거의 20여 년 전 도시공원의 미래를 여섯 가지 갈래로 진단하였다. 그는 공원에 대한 활동 무대를 지적하며 앞으로 어떤 변화를 보이며, 이러한 변화가 어떻게 새로운 디자인의 변화를 만들어낼 수 있는지 넓은 윤곽으로 제시하였다. 결국 새로운 형태의 복잡한 아이디어들의 통합을 이룰 것이라고 내다보았는데, 이런 무대들은 도시에 대한 변화, 재정과 관리(민관 파트너십)의 변화, 공원 프로그램의 변화, 가용 토지의 변화, 디자인 프로세스(협력적 모델)의 변화, 디자인 결과물과 자연물의 관계성 변화 등 여섯 가지 범주이다.[23] 지금의 시점에서는 그의 지적이 유효하였는지에 대한 판단보다는 그가 그런 여러 범주와 그것으로 이루어지는 통합적 상황에 주목했음을 의미 있게 보아야 한다.

그것의 연장으로 조경진은 피터 닐(Peter Neal)과 존 홉킨스(John Hopkins)의 21세기 조경의 미래 방향 네 가지에 주목한다. 첫째는 땅 위에 작업하는 예술, 둘째는 땅과 작업하는 생태, 셋째는 땅을 통하여 작업

22 고소 이와사부로(高祖岩三郎), 『뜰=운동이후(庭=運動以後)』, 후지이 다케시 역, 『VOL 01』[東京: IBUNSHA(以文社), 2006], pp.126~133

23 Diana Balmori, "Park Redefinitions," Herbert Muschamp *et al.*,, *The Once and Future Park* (1st ed.) (Princeton Architectural Press, 1993), pp.39~45.

하는 사회, 넷째는 땅을 위해 작업한 지속가능성 등이다. 여기서 예술은 디자인의 중요성을 강조하고, 생태는 기술적인 문제 해결의 측면을 중시하고, 사회는 사람들의 이용과 공동체를 만들어가는 과정을 강조하고, 지속가능성은 이 세 가지 측면을 종합적으로 고려하는 것이다. 이를 바탕으로 그는 사회적 가치를 제고하기 위한 조경의 실천 방향을 세 가지로 제시한다. 첫째로는 지속가능성 이슈의 실천적 해법을 제시하고, 둘째로는 조경이 제공하는 공공공간을 통하여 사회적 통합이 이루어지게끔 하고, 셋째로는 세방화(glocalization) 시대의 조경이 고유한 정체성을 창출할 것인가를 고민해야 한다고 강조한다. 이를 바탕으로 조경가는 코디네이터로서의 역할과 책무를 잊지 말아야 할 것을 재차 강조한다.[24]

이처럼 통합의 요청과 방향성은 꾸준히 제시되고 있다. 여러 상황의 재검토가 필요하겠지만 여기서는 통합이라는 방법론의 지향성이 중요하게 보인다. 이것은 다시 사회생태학자 에드워드 윌슨의 다음과 같은 제안을 떠올리게 한다.

> 학문의 커다란 가지들을 통합하고 문화 전쟁을 종식시키는 방법은 딱 하나뿐이다. 과학 문화와 인문학 문화 간의 경계를 국경으로 보지 않고 양쪽의 협동 작업을 애타게 기다리고 있는 미개척지로 보는 방법뿐이다. … 그들은 창조적인 자매들일지는 몰라도 공통된 언어를 가지고 있지 않다.[25]

---

24 조경진, 「조경의 사회적 가치와 실천방향」, 도시조경기본계획 수립을 위한 도시 그린인프라 구축과 디자인 실천전략 심포지엄 자료집(한국조경학회, 2010), 1~11쪽

25 Edward O. Wilson, *Consilience* (New York: Knopf, 1998), 최재천, 장대익 역, 『통섭-지식의 대통합』(사이언스북스, 2005), 231쪽

통합(성)은 이와 같이 새로운 영역으로의 확장을 의미한다. 그것은 이질적인 것들을 화학적으로 결합하여 동질화하는 것을 의미하지 않는다. 그것은 이질적인 것들을 종합하여 그 특성을 개별적으로 유지한 채 창의적인 새로움과 새로운 완전함을 추구하는 것이다.[26] 윌슨은 공통된 언어를 만들라 강요하지 않는다. 각자를 유지한 채 창조적인 진화를 모색하자는 것이다. 통합이란, 통섭이란 그런 것이며, 코디네이터로서 도시농업과 만나게 될 조경은 이 점을 잊지 말아야 한다.

프로그램과 공간 사이의 조정자 역할로서 조경이 제공해야 할 사항은 충분한 것 같다. 도시공원의 총체적 기능을 먼저 고려한 후 요청되는 도시농사와의 혼합이 고려되어야 할 것이며, 조경은 그에 대한 충분한 답을 마련할 수 있어야 할 것이다. 다만 그것이 도시민의 주체적 소통과 협력을 장려하는 방향에서 도심텃밭이 어디까지나 도시 정원의 일부이자 퍼블릭가든의 성격임을 벗어나지는 않아야 할 것이다.

---

26 우리는 흔히 융합이라는 말을 자주 듣게 되는데, 조경 유관 분야 사이에서도 심심치 않게 사용된다. 그러나 융합과 통합은 방법론에서 상당한 차이가 있는 개념이다. 융합과 통합뿐만 아니라 모든 분야에서 혼합을 이르는 여러 용어가 있으며, 그것은 다시 네 가지의 단계로 구분되는 것으로 보인다. '조합(assemblage)-통합(integration)-융합(convergence)-통섭(consilience)'이 이것으로, 그 특성을 잘 이해할 필요가 있다. 그리고 이것을 바탕으로 하는 통합설계(Integrated Design)가 요구된다. 안명준, 「현대 조경의 통합(성)과 통합설계」(미발표 논문, 2012)

| 찾아보기 |

| 지은이 소개 |

김문환 서울대학교 문리대 미학과 및 동대학원에서 미학을 전공하고 이어 독일 프랑크푸르트대학에서 철학박사학위를 취득하였다. 서울대 인문대 미학과 교수로 재직하면서 공연예술학 협동과정(석 · 박사 과정)을 개설하여 전공주임을 맡은 한편, 한국미학회 회장, 한국공연예술평론가협회 회장, 한국연극학회 회장, 그리고 한국문화정책개발원장 등을 역임했다. 일본 도쿄대학, 츠쿠바대학, 게이오대학, 그리고 릿츠메이칸대학의 방문교수 및 객원교수를 역임했다. 2004년에는 국제교류재단의 후원으로 미국의 하버드, 예일, 그리고 UC버클리 등 6개 대학에서 한국문화를 주제로 한 순회강연을 마쳤다. 2004년 문화발전에 기여한 공로로 보관문화훈장을 서훈받았고, 2005년 성공회대학교에서 신학박사학위를 수득했다. 저술로는 『미학의 중심』(서울대학교출판문화원, 2001), 『예술과 윤리의식』(소학사, 2003), 『문화교육론』(서울대학교출판문화원, 1999), 『문화경제론』(문예출판사, 1999), 『문화외교론』(소학사, 2004), 『미학자가 그려보는 인문도시』(지식산업사, 2011), 역서로 『환경의 아름다움』(신구문화사, 2000)을 비롯하여 많은 저서와 편저, 그리고 역서가 있다.

김연금 geumii@empas.com
서울시립대학교 조경학과를 졸업했고 같은 학교에서 석사학위와 박사학위(조경 전공)를 받았다. 이후 1년 동안 영국 뉴캐슬대학교에서 박사후연구(post-doc.)를 가졌고 현재는 서울 약수동에서 '조경작업소 울'을 운영하고 있다. 실천과 이론의 순환을 추구하며 그 실천은 조경계획과 설계라는 전문적 작업이기도 하며, 글쓰기를 통한 소통이기도 하며, 이 사회 일원으로서의 시민 활동이기도 하다. 이러한 순환을 이끄는 키워드는 '조경과 삶의 공간, 일상의 경관, 커뮤니티 디자인' 등이다. 커뮤니티디자인 센터의 일원으로 2002년부터 한평공원 만들기 프로젝트를 진행하고 있고, 다양한 사이트를 대상으로 커뮤니티디자인, 마을만들기를 실험하고 있다. 저서로는 『텍스트로 만나는 조경』(공저, 나무도시, 2007), 『커뮤니티디자인을 하다』(공저, 나무도시, 2009), 『소통으로 장소만들기』(한국학술정보, 2009), 『우연한 풍경은 없다』(나무도시, 2011)가 있다. 역서로는 『조경설계 키워드 52』(공저, 나무도시, 2011)가 있다.

배정한 jhannpae@snu.ac.kr

서울대학교 조경학과를 졸업하고 같은 대학원에서 석 · 박사학위를 받았으며, 미국 펜실베이니아 대학교 디자인대학원에서 박사후연구(post-doc.)를 했다. 현재 서울대학교 조경 · 지역시스템공학부 교수이다. 지은 책으로 『조경의 시대, 조경을 넘어』(2007)와 『현대 조경설계의 이론과 쟁점』(2004), 번역서로 『라지파크』(이상 도서출판 조경, 2010)가 있다. 『건축 · 도시 · 조경의 지식 지형』(나무도시, 2011), 『공원을 읽다』(나무도시, 2010), 『봄, 디자인 경쟁시대의 조경』(도서출판 조경, 2008), 『텍스트로 만나는 조경』(나무도시, 2007), 『봄, 조경 사회 디자인』(도서출판 조경, 2006), 『LAnD: 조경 · 미학 · 디자인』(도서출판 조경, 2006), 『LOCUS 2: 조경과 비평』(조경문화, 2000), 『LOCUS 1: 조경과 문화』(조경문화, 1998) 등 다수의 책을 여러 동학과 함께 펴냈다. 행정중심복합도시 중앙녹지공간, 용산공원 등 대형 공원의 기획과 구상에 참여하는 등 통합적 설계의 실천을 모색하고 있기도 하다.

송정섭 songjs105@korea.kr

서울시립대학교에서 2000년 자생식물을 주제로 한 연구 및 논문으로 이학박사학위를 받았다. 1997년 한국야생식물연구회를 창립하고 총무 및 회장을 역임하면서 우리나라 자생식물의 화훼화 기틀을 마련하였다. 저서로는 『원색도감 한국의 자생식물 초본류, 목본류』(공저, 심미인쇄, 1989, 1990), 『우리꽃 기르기』(공저, 농진청 표준영농교본, 2003), 『생활원예』(공저, 한국방송통신대학교 출판부, 2008), 『도시농업』(공저, 농촌진흥청 표준영농교본, 2010) 등이 있으며, 야생화의 실용화를 위한 학술 활동의 일환으로 100여 편의 논문을 발표(한국원예학회)했고 자생화 분야의 세미나, 워크숍, 토론회 등을 주관하였다. 농촌진흥청 국립원예특작과학원 신화훼연구실장, 화훼과장을 역임하면서 화훼산업 발전 및 로열티 문제 해소를 위해 고품질 화훼 생산기술과 국산품종 개발을 주도하였다. 2010년 4월부터 농업진흥청 도시농업연구팀장을 맡아 우리나라 도시농업 R&D를 총괄하고 있으며, (사)한국도시농업연구회 부회장을 맡고 있기도 하다. 2010년 '365일 오늘의 꽃' 이야기를 한국판 앱(m.rda.go.kr/mobile/home/flower_today.php)으로 만들었으며, 2011년 3월부터는 페이스북을 통해 오늘의 꽃(www.facebook.com/365flowerstory)을 매일 연재하고 있다.

안명준 inplusgan@gmail.com

고교 시절 교정을 걸으며 느낀 아름다운 가을 아침 풍경에 매료되어 지금까지 조경을 공부하고 있다. 서울대학교에서 조경학 학사, 석사 및 박사수료하였고 서울대학교 조경미학연구실을 거쳐 현재 (재)환경조경발전재단 사무국장으로 일하며, 통합설계/미학연구실에서 학위논문을 준비 중이다. 강원대, 단국대, 천암연암대, 세종대 등에서 조경미학, 조경학개론, 환경과조경, 농촌경관계획, 컴퓨터그래픽 등을 강의했으며, 저서 및 논문으로 『LAnD: 조경 · 미학 · 디자인』(공저, 도서출판 조경, 2006), 『현대 경관을 보는 열두 가지 시선』(공저, 한국학술정보, 2006), 『봄, 디자인 경쟁시대의 조경』(공저, 도서출판 조경, 2008), 『아름다운 농장 만들기 - 조경으로 일구는 아름다운 풍경목장』(이매진, 2009), 「현대 경관의 매체적 특성 연구」(서울대학교 석사학위논문, 2006), 「조선시대 풍속화에 나타난 도시숲의 현대적 해석」(공저, 환경복원녹화학회지, 2008), 「통합적 환경설계 이론 기초 연구」(공저, 한국조경학회지, 2009) 등을 발표하였다.

윤상준 alpinet0504@hotmail.com

영국 셰필드대학교 조경학과에서 정원의 역사 및 역사정원 보전이론과 정책에 관한 연구로 박사학위를 받았다. (재)환경조경발전재단 사무국장을 역임하였고 현재 (재)아름지기의 선임연구위원으로 있으면서 2013 순천만 국제정원박람회 자문위원, 경기농림재단 정원문화위원회 위원, (사)한국전통조경학회 총무집행이사 등으로 활동하며 정원과 녹색문화 정착에 기여해왔다. 한양대, 동국대, 서울여대, 서울시립대, 국립한경대, 계원예술대 등에서 강의하는 한편 저술 활동도 부지런히 해오고 있다. 대표적인 저서로 『영국의 플라워 쇼와 정원문화』(도서출판 조경, 2006), 『영국의 플라워 쇼와 정원문화 증보개정판』(나무도시, 2008), 『윤상준의 영국정원이야기 1:12인의 정원 디자이너를 만나다』(나무도시, 2011) 등이 있다. 논문에는 "Advanced Horticultural Techniques in Korea: the Earliest Documented Greenhouses"(공저, Garden History, 2007), 「리차드 마이어의 게티 센터에 나타난 건축적 특성에 관한 연구」(공저, 기초조형학연구, 2009), 「영국 역사정원보전 역사 및 현황에 대한 연구: 내셔널 트러스트를 중심으로」(공저, 한국전통조경학회, 2010) 등이 있다.

임거영 sweetolive@hanmail.net

서울대학교 조경학과를 졸업하고, 같은 대학에서 석사학위를 받았다. 서울대학교 환경생태계획연구실에서 DMZ 지역의 습지를 포함한 환경생태계획, 생태도시와 관련한 프로젝트들을 수행했다. 부산대에서 도시조경론, 환경생태계획, 지리정보체계, 디지털조경 등을 강의했으며, 초등 · 중학생을 대상으로 한 환경생태교육 '자연아카데미'를 1년간 운영하며, 생태문화체험학습을 진행했다. 부산대 도시조경연구실과 함께 밀양시 녹지네트워크, 거창군 국토환경디자인 시범사업 등을 수행했으며, '생태적 건전성, 지속가능성, 환경교육, 마을만들기'를 키워드로 계속 공부하고 있다. 논문으로 「광역 생태네트워크 연계성을 고려한 도시 내 · 외부 서식처 네트워크 연결 방안에 관한 연구」(서울대학교 석사학위논문, 2006)가 있다.

정명일 jeongil@korea.kr

「*Gymnocalycium* 속 선인장의 교잡육종체계 확립」으로 2002년 원광대학교 원예학과에서 박사학위를 받았다. 1992년부터 농촌진흥청 원예연구소에서 국내외 최초로 *Gymnocalycium* 선인장(비모란선인장)의 품종육성을 시작하여 100여 품종을 육성하였다. 육성된 품종들은 네덜란드, 독일, 미국, 캐나다 등 20여 개국에 수출되어 국내 화훼수출의 초석이 되었다. 도시농업과의 인연은 2007년부터 국립원예특작과학원 화훼과 생활원예연구실장으로 재직하면서 시작되었다. 2010년 생활원예연구실이 도시농업연구팀으로 확대 개편되면서 도시농업분야 국가 R&D 사업을 주도하게 되었다. 2012년 현재 농촌진흥청 국립원예특작과학원 도시녹화연구실장으로 재직 중이며, (사)한국도시농업연구회 총무이사로도 활동한다. 주요 저서에 『도시농업 표준영농교본』(공저, 농촌진흥청, 2010), 『즐거운 과학을 위한 원예통합교육 프로그램』(농촌진흥청, 2010), 『화훼장식 표준영농교본』(공저, 농촌진흥청, 2009), 『선인장은 사막에서도 잘살아』(웅진출판사, 2008), 『생활원예 표준영농교본』(공저, 농촌진흥청, 2005), 『푸른아이 선인장편』(웅진출판사, 2004), 『선인장과 다육식물 재배표준영농교본』(공저, 농촌진흥청, 2001) 등이 있다.

함성호 haamxo@gmail.com

오지래퍼(oziraper). 오지랖 넓게 이것저것 다 들쑤시고 다녀서 스스로 붙인 직함이다. 1983년 영화하다가, 『문학과 사회』 1990년 여름호에 시를 발표. 그러다가 1991년 『공간』 건축평론 신인상을 받았다. 이후 닥치는 대로, 일테면 시, 건축, 만화, 모든 평론, 미술, 무용기획, 공연기획, 연출, 등 음악 빼고는 다했다. 음악은 육체훈련이 가혹해서 배우지 못했다. 시집으로 『56억 7천만 년의 고독』(1992), 『성타즈마할』(1998), 『너무 아름다운 병』(2001), 『키르티무카』(이상 문학과지성사, 2011)가 있으며, 티베트 기행산문집 『허무의 기록』(문학동네, 1998), 만화비평집 『만화당 인생』(마음산책, 2002), 건축평론집 『건축의 스트레스』(문학과지성사, 2004), 산문집 『당신을 위해 지은 집』(마음의숲, 2011), 산문집 『철학으로 읽는 옛집』(열림원, 2011)을 썼다. 현재 건축실험집단 'EON' 대표.

황주영 juyounghwang@gmail.com

이화여자대학교에서 불문학과 영문학을 공부하고, 같은 대학의 대학원 미술사학과에서 서양 미술사를 공부했다. 석사논문의 주제였던 풍경화와 정원에 대한 공부를 더 하기 위해 떠난 파리에서는 정작 공원과 정원, 미술관과 거리에서 더 열심히 살았던 거 같기도 하다. 서울대학교 협동과정 조경학 과정을 수료하고, 미술과 조경의 경계 사이의 보이경이(步移景異)하는 영역에서 활동하고 있다. 이화여대, 국립한경대, 단국대, 계원예술대에서 미술사와 조경사, 조경미학 등을 강의했다. 『파리의 심판』(다빈치, 2008)과 『정원을 말하다: 인간의 조건에 대한 탐구』(공역, 나무도시, 2012)를 번역했고, 논문으로는 「18세기 영국 정원의 풍경화적 속성에 관한 연구」(이화여대학교 석사학위논문, 2006), 「*ut pictura hortus* : 18세기 영국 풍경식 정원에 관한 연구」(미술사학보, 2006), 「윌리엄 켄트의 풍경식 정원에 나타난 풍경화적 속성」(미술사논단, 2007), 「정원 미로의 형태와 의미에 관한 역사적 고찰」(공저, 한국조경학회지, 2010), 「16~17세기 이탈리아와 프랑스 정원과 『힙네로토마키아 폴리필리』」(미술사학보, 2011) 등이 있다.